兒童發展心理學

(原『兒童發展』修訂版)

劉 金 花 主編

林 進 材 校訂
國立臺南大學教育學系教授

五南圖書出版公司 印行

校訂者簡歷

林 進 材

- 國立臺南大學教育學系教授
- 國立臺灣師範大學教育學博士（主修課程與教學）
- 當過中小學教師 10 年、大學教師 20 年
- 國家高考一級及格、當過公務人員
- 曾任大學總務長、主任秘書
- 教過學生包括幼稚園、國小、國中、高中職、大學教師、成人等
- 有 30 年教學經驗
- 出版課程與教學專書 10 餘冊，發表課程與教學論文數 10 篇

再版前言

　　《兒童發展心理學》一書自一九八七年出版至今已有十二個年頭，共印刷了六次。在此期間，兒童發展心理學領域各方面的研究又有了許多新的進展。主要表現爲：(1)兒童社會性發展和社會化方面累積了更多的研究材料；(2)兒童認知發展方面，新皮亞傑理論和訊息處理理論在進一步發展；(3)兒童認知發展和社會性發展結合的研究更加密切；(4)兒童心理發展的理論研究與實際應用研究相結合，改變了以往輕視應用研究的傾向。

　　爲了更有效反映當代兒童心理學領域的發展狀況，更深入地結合兒童發展心理學的實際教學，我們在維持初版結構體系的前提下，從以下幾個方面作了修改：

　　(1)精簡了部分章節。原書體系較龐大，此次修訂，我們將初版的四篇十五章改爲三篇十二章，使之更切合實際教學。初版時有些理論問題在當時爭論和分歧較大，曾花了較多筆墨論述，現在有的爭議已趨於統一，有的已不再是人們關注的焦點，故從簡處理。

　　(2)增加了部分內容。我們主要增加了對國內、外新的研究成果和觀點的介紹。如初版中兒童社會性發展的部分較爲薄弱，此次充實了較多的內容。

　　(3)對初版中的某些不妥之處，包括印刷上的錯誤等，作了修改。

　　本書初版時由李丹、金瑜、張人俊、張福娟、李其維、洪戈力、戴忠恆和劉金花八位學者參與編寫，李丹任主編、劉金花任副主編。由於各種機緣，具體參加本次修訂的是劉金花（第一、三、四、五、八、九、十、十一、十二章）、金瑜（第二章）、繆小春（第六章）、戴忠恆（第七章）等四位學者。李丹教授對這次修訂再版工作

惠予熱情的關懷與指導。修訂版由劉金花任主編，負責全書的設計、邀稿工作。

　　本書的修訂工作雖在計畫之中，但因編者自身種種的侷限，加上準備不足，若仍有疏漏與不當之處，懇請識者不吝指正。

　　本書可供一般大學、師範院校心理學系、教育系、幼兒教育系、幼保科系的學生、研究生作教材使用，也可供中小學教師和其他兒童教育工作者從事教學和科學研究時參考。

校訂者序

　　兒童發展心理學是一門記錄兒童成長軌跡的重要學科，透過對兒童發展的實際觀察提出相關的理論，作爲擬訂兒童有效教育策略的依據。理論提供實務方面的論辯途徑，實務引導理論正確的思考方向。透過兒童發展心理學的探討，導引我們對人類成長過程中「秘而不宣」或視爲「理所當然」的現象，作學理方面的檢證，進而對成長的軌跡有更深層的認識。兒童發展心理學的探討，無論是相關理論的整合與批判，實務方面的研析與統整，對人類漫長的幼稚期而言，具有啟發性的正面意義。從兒童心理學理論的探討，讓我們對生命的成長有深刻的認識，從而發掘生命現象，尊重生長的自然軌跡，有效掌握成長中的辯與變。從兒童心理學實際現象的記錄，導引對各種生命存在意義的思索，進而重視生命的存在價值。

　　有幸，拜讀華東師範大學出版，劉金花教授主編《兒童發展心理學》一書，收穫良多。對兒童發展心理學一科，有更深入的認識。劉教授對兒童發展心理學一科的論理相當深闢，書內章節條理分明，主題闡釋鞭辟入裡，對初接觸兒童發展心理學者及有意從事相關研究者而言，無異是一本不可多得的好書。書內對理論的介紹相當完整，對實際現象的描述相當中肯，可引導讀者對兒童發展心理學一科產生相當的興緻。

　　全書內文計分十二章，第一章爲導論，介紹兒童發展心理學研究的基本理論問題；第二章爲兒童心理發展的生物學基礎，論述生命的開始、遺傳基因、先天素質、身體、腦和神經系統的發展；第三章爲嬰幼兒感知覺的發展，說明嬰幼兒感覺與知覺的發展；第四章爲兒童認知發展，介紹皮亞傑的思維發展理論；第五章爲兒童認知發展，介

紹信息處理理論；第六章爲兒童語言的發展，闡釋兒童語言的發展情形；第七章爲兒童智力的發展，說明智力的相關理論和概念；第八章爲兒童情緒的發展，介紹情緒的相關理論和現象；第九章爲兒童個性的發展，說明個性發展的相關理論和實際現象；第十章爲兒童性別角色的社會化，說明性別定型化過程與產生差異的因素；第十一章爲兒童人際關係的發展，論述同伴關係的發展；第十二章爲兒童道德的發展，介紹兒童道德認知、道德行爲、道德情感的發展情形。

　　筆者承蒙五南圖書出版公司的邀請，擔任《兒童發展心理學》一書的校訂工作，誠惶誠恐、戰戰兢兢，唯恐有負原主編者的期望，然在盛情難卻，又期盼國內在兒童發展心理學方面的研究有番榮景之下，勉力答應艱巨的校訂任務。在校訂過程中，對於原書拜讀再三，惟恐與原意產生些微的出入而相去甚遠。對於原作者在《兒童發展心理學》一書的內文、涵義、體例、用字遣詞方面，作最大的保留和尊重。然兩岸在學術方面的思考方向、用字遣詞、引經據典、現象論證、理論詮釋等，自有其存在的差異。爲使讀者能在閱讀本書時，能儘快進入作者的思路網絡，產生學理兩方面互爲主體性，本書在校訂過程中，筆者在希冀保留原貌與地域性、文化性、學術性的差異兩難中作抉擇，實非易事。

　　本書校訂過程中，首先感謝五南圖書出版公司的厚愛，提供筆者自我挑戰與對兒童發展心理學科目再回首的機會。最後，感謝吾愛（妹子）在精神上、心理上、生活上、信心上的支持與鼓勵，讓我在學術發展路上，充實而不寂寞，在生活上有所倚靠而不孤單。本書如對學術或學理有任何的貢獻，完全歸功於上述人員。

林進材　筆於

國立臺南師範學院初等教育學系

一九九九年七月八日

目　錄

第三篇　情緒、個性的發展和社會化

第一篇

總　論

第一章　導論

　　兒童發展心理學是一門何種性質的學科？它研究哪些內容，有哪些基本的理論，理論的發展經歷了哪些歷史性變化？運用哪些具體的研究方法？這些都是本章討論的主要問題。

第一節　概　述

一、兒童發展心理學與發展心理學的關係

　　發展心理學，從狹義而言，就是指人類個體發展心理學。它研究個體從受精卵形成到死亡的整個生命過程中心理和行為的發生與發展的規律性，以及人生各個階段的心理年齡特徵。從廣義而言，發展心理學包括動物心理學或比較心理學——比較動物演進過程中不同階段的代表性心理，研究動物各種心理發展的情形與規律性；比較人類在不同時期各民族的心理發展，研究人類心理發展的歷史輪廓和規律，以及研究人類個體一生心理發展規律的個體發展心理學，此即為發展心理學的定義。

　　從邏輯上言，發展心理學應全面地研究人生的各個階段。但傳統觀念中，研究者將發展心理學焦點放在研究嬰幼兒、兒童與青年。「發展心理學」一詞就往往與「兒童心理學」、「青年心理學」、「發生心理學」等名詞交互使用。所以，至今仍有不少「發展心理學」實際上仍是以兒童為研究對象。

　　發展心理學最初的研究興趣僅限於學校兒童，後來才往前推移到學前兒童，再擴展到新生兒與胎兒。第一次世界大戰後，發展心理學學者開始研究青年。直至第二次世界大戰前，只對成年早期作了很有限的一些研究。所以，一九三三年，麥爾斯（Miles）曾提醒人們，對成年早期、中年期和老年期的發展了解太貧乏的事實。

　　邇來，隨著社會的進步，老年人口比例迅速增長，老年人的社會

問題也越來越引起人們的重視與關注，於是在發展心理學中又分化出一個特殊的分支——老年心理學。最近又有學者強調中年期的研究，因為人們在中年期若能很好地適應生理與心理上的變化，老年期的適應問題就相對地會大大減少。

總而言之，現在的發展心理學已逐步分化出各個以專門年齡階段為研究對象的分支學科。它主要包括嬰兒心理學、幼兒心理學、兒童心理學、青年心理學、成年心理學、中年心理學和老年心理學等範疇。

兒童發展心理學是發展心理學的一門分支學科，是研究兒童心理發展規律的一門科學。

兒童發展心理學所研究的兒童，有一個科學性的年齡範圍定義，不同於平常所稱的「兒童」（如幼兒、小學生），一般是指從出生到青年前期，即從出生到十七、十八歲左右的個體，均稱之。

二、兒童發展心理學的研究內容

兒童發展心理學研究的主要內容如後：

1. 描述兒童心理發展的一般性模式

一個在生理上和心理上軟弱無助的新生兒是如何一步步生長、變化和發展起來的歷程，是兒童發展心理學首先要探討的問題，也是兒童發展心理學得以創立的一個基本前提。兒童的身體動作是如何發展變化的；兒童的語言是如何發展的；兒童的認知是如何發展的；兒童的社會行為是如何發展的；兒童的情緒是如何發展的；兒童的個性是如何形成的，兒童的道德是如何發展的等等，研究此類的問題都是為了描述和了解兒童心理發展的模式。如兒童出生時只會哭，到四、五個月時能發出類似說話的牙牙學語，到將滿一歲左右說出第一個詞，

然後又逐漸地說出由兩、三個詞組成的語言；繼而從不完整句到完整句，從簡單句到複雜句。此即為兒童伴隨年齡增長語言發展的模式。真正的心理發展模式應該具有普遍意義，即反映生活在各種社會文化背景下的兒童共同具有的發展過程。如皮亞傑（J. Piaget）描述的兒童思維發展的四個階段，被稱為是兒童思維發展的普遍模式。

2. 揭示兒童心理發展的原因和機制

此部分的內容主要回答或研究有關兒童心理變化發展的原因。例如：兒童如何發展語言能力的？為什麼兒童能在出生後短短的三、四年內就能掌握自己種族的語言？為什麼在不同種族或不同國家的兒童，儘管自己的母語都不相同，可是語言的發展都會經歷相似的階段呢？是否存在先天的語言機制呢？皮亞傑所揭示的兒童認知發展階段是兒童認知發展的普通模式，為什麼必須經過這四個階段呢？認知階段不變地推移的原因或條件是什麼呢？對上述內容的研究許多心理學家根據蒐集到的資料，然後提出自己種種的理論假設，經過進一步的觀察、實驗與驗證等，構建種種兒童心理發展的理論。

3. 解釋和測量個別差異

雖然每個兒童發展經歷的階段，或發展變化的模式是相同的，但每個兒童心理發展的速度、發展最後達到的水平、各種心理過程和行為的特點並不相同。有的兒童外向、熱情、善於處理人際關係，有的兒童內向、冷漠、討厭與人接觸；有的兒童擅長藝術，有的兒童善於抽象思考；有的兒童攻擊性很強，有的兒童樂於助人；有的兒童軟弱自卑，有的兒童孤傲好勝，……兒童與兒童之間存在的這些差異是如何形成的呢？如何測量這些個別差異的存在呢？這也是兒童發展心理學研究的基本內涵。

4. 探究不同環境對發展所產生的影響

　　兒童生活在不同的環境裡——家庭、鄰居、學校、社區、文化團體、社會經濟團體。此類環境有時候被描述為兒童行為的生態圈。不同的生態環境對兒童發展會產生何種的影響呢？此為兒童發展心理學的重要研究課題。例如，不同的家庭結構（完整家庭或破碎家庭、獨生子女家庭或多子女家庭）對兒童發展會有何種不同的影響呢？同樣的家庭結構，不同的兒童教養方式（如專制的、民主的、溺愛的、冷漠的等）對兒童個性形成有何種影響呢？鄉村環境和城市環境對兒童發展有什麼影響？社會經濟地位高的和社會經濟地位低的家庭對兒童的教育有什麼不同特點呢？曾進托兒所、幼稚園與在家撫養會對兒童產生什麼不同影響呢？居住在公寓裡與居住在平房裡是否對兒童發展產生不同影響？了解兒童生態環境對兒童發展的影響可以進一步揭示兒童心理發展的原因和機制，也能為如何正確指導兒童健康的發展創造必備的條件。

5. 提出幫助和指導兒童發展的具體方法

　　描述兒童心理發展的模式，揭示兒童心理發展的機制和原因，測定和解釋發展的個別差異，探討不同環境對發展的影響，目的只有一個，就是為了幫助兒童順利地度過每個發展階段，協助兒童解決在發展中遇到的困難或暫時性的障礙。兒童發展心理學不僅要解決發展是什麼、為什麼的問題，還要解決怎麼辦、如何指導發展的問題。理論的建構不僅僅是為了解釋種種心理現象發生與發展的過程和原因，還應該結合社會實際用來指導兒童正常、健康的發展。前面的研究可以稱之為基礎性研究，而後一部分的研究可以稱之為應用性研究。這兩個部分的研究是促進兒童心理科學發展不可缺少的要素。而且此兩部分的研究並非為絕對分離的。例如，有些心理學家試圖利用兒童對不同聲音呈現時吸吮模式的變化，來測定還不會說話的嬰兒是否具有區

別不同語音的能力。幾年來，臨床心理學家利用這種技術來確定兒童的聽覺是否有損傷，此方面的發展乃為心理學研究的另方面發展。

三、兒童心理學研究課題的來源

兒童發展心理學要永遠保持旺盛的理論發展，需要不斷深入地提出新問題，創造各種新的研究方法解決新問題。新的研究課題來自哪裡？如何選擇研究課題？選擇什麼樣的研究課題？此為每位學習和研究兒童發展心理學的人都需要考慮和選擇的議題。

繆森（P. H. Mussen, 1990）在與同儕合著的《兒童發展和個性》一書中描述兒童心理學研究課題的來源（見圖1-1）。

從圖1-1中可見，兒童心理研究的問題有三個來源：(1)對兒童發

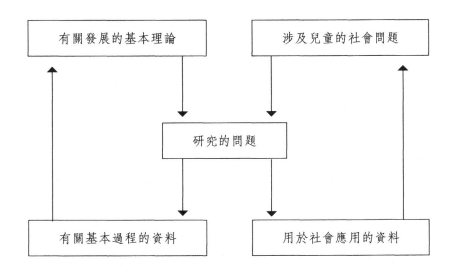

圖1-1　兒童心理學研究問題的來源

研究問題的來源：來自基本理論和社會爭端；而對每一類問題
的回答又反而有助於形成另外一些研究課題。

展過程本身的探究和描述，例如：兒童的遊戲如何發展、兒童對母親的依戀要經過哪幾個階段、認知如何發展等等；(2)對基本理論假設的檢證。詹姆斯基認為兒童語言的獲得與兒童腦中具有先天的語言獲得裝置有關。什麼是語言獲得裝置呢？有沒有語言獲得裝置？這就要通過幾種方法對此種理論假設作檢證。弗洛伊德認為，餵食和大小便訓練與兒童人格的發展有關。是不是真的有關呢？這些都是進一步需要探討的問題；(3)兒童的社會性問題。例如，現在國內獨生子女家庭越來越普遍，獨生子女因為沒有兄弟姐妹，使得他們變得「自我中心」、依賴、自私，甚至成為「問題兒童」呢？獨生子女是不是就比多子女家庭的孩子行為問題多呢？此為一個非常實際的問題。又如，父母離異對兒童產生何種影響呢？如何協助這些兒童從家庭的陰影中走出來？等等。

兒童發展心理學本身是屬於基礎性研究和應用性研究的交叉點，在學習和研究兒童發展心理學時，必須同時掌握這兩個方面。

第二節　兒童發展心理學的基本理論問題

探討有關兒童發展心理學研究的對象或任務，延伸幾個基本的理論問題。此方面的爭議內容如後：

一、關於遺傳與環境的爭論

在探討兒童心理發展因素的過程中，長期以來存在著關於遺傳和環境在發展中產生各種作用的爭論。此種爭論又稱之為「先天與後

天」之爭、「成熟與學習」之爭，或「生物因素與社會因素」之爭。
此爭論大致上經歷三個主要的階段：

1. 絕對決定論

　　爭論的雙方將遺傳與環境完全對立起來，或強調遺傳決定發展，
完全否定環境的作用；或環境決定發展，完全否定遺傳的作用。遺傳
決定論以優生學創始者高爾頓（Galton, F.）為代表。他認為個體的
發展及其品性早在生殖細胞的基因中就決定了，發展只是內在因素的
自然開展，環境與教育僅起引發作用。他在《天才的遺傳》（1869）
一書中寫道：「一個人的能力乃由遺傳得來，其受遺傳決定的程度如
同有機體的形態和組織之受遺傳決定一樣。」

　　環境決定論者以行為主義創始人華生為代表。華生有言：「給我
一打健康的嬰兒和一個我自己可以給予特殊培養的世界。我保證在他
們中間任意選擇一個，訓練成我想要培養的任何一種專家：醫生、律
師、藝術家、大商人，甚至是乞丐、小偷，而不管他的天賦、愛好、
能力、傾向性以及他祖宗的種族和職業。」（1930）

2. 共同決定論

　　極端的遺傳決定論和極端的環境決定論逐漸失去了影響力，因為
事實證明，兒童心理的發展不可能完全排除遺傳的作用，也不可能沒
有環境的作用。於是，既承認環境影響，又承認遺傳影響的共同決定
論出現了。共同決定論的代表人物是「輻合論」的倡導者斯騰（Stern,
W., 1871~1938）。輻合論的核心是，人類心理的發展既非僅由遺傳
的天生素質決定，也非只是環境影響的結果，而是兩者相輔相成所造
就的。這是一種折衷主義的發展觀。斯騰在《早期兒童心理學》一書
中提到：「兒童的發展並非單純是天賦本能的漸次顯現，也非單純由
於受外界影響，而是內在本性和外在條件輻合的結果。」「兩種因素
同為發展不可缺少的成分，雖然其所占比重可因事而異。」

　　圖 1-2 為斯騰說明遺傳和環境雙重作用的示意圖。這裡 X_1、X_2 代表不同的機能，它們具有不同程度的遺傳和環境的影響。從圖中可見，X_1 機能的環境影響較大，而 X_2 機能的遺傳影響較大。

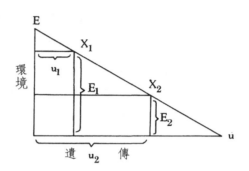

圖1-2　遺傳和環境雙重作用示意圖

　　另一個共同決定論者魯克森伯格（Luxenburger, H.）則用另一幅圖表示遺傳與環境的作用（參見圖 1-3）。

　　如圖 1-3 所示，機能 X_1 的遺傳因素為 E_1、環境因素為 u_1；機能 X_2 的遺傳因素為 E_2、環境因素為 u_2；用 E 與 u 的比例來顯示兩者的關係。對角線的兩端是最極端的例子，百分之百地受遺傳或環境的影響。

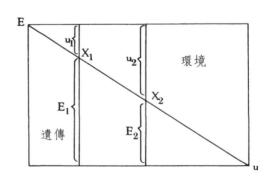

圖1-3　遺傳與環境的作用

這兩個圖示似乎表示：發展＝遺傳×環境，或者發展＝遺傳＋環境。可是，遺傳和環境是不同的兩種特質，「×」或「＋」的結果究竟是什麼呢？許多人提出了此種質疑？

格賽爾（Gesell, A., 1880～1961）認為支配發展的因素有兩個：成熟和學習。學習與生理上的「準備狀態」有關，在未達到準備狀態時，學習不會發生，一旦準備好了，學習就會生效。這就是成熟——學習原則。格賽爾的理論——成熟優勢論，主要來自雙生子研究。圖1-4是格賽爾「雙胞胎爬梯實驗」的結果。

圖1-4中，兩個雙胞胎（同卵），在不同時間開始訓練爬樓梯，最後達到的成績是一樣的，說明成熟前的訓練並無多大作用。據此，格賽爾提出了等待兒童達到能接受未來學習水平的論點。他認為影響發展的機制是生理上從不成熟到成熟的變化過程。這個過程就是為學習作準備的「準備過程」。格賽爾尚認為，兒童的發展有一定的生物內在進度表，它與一定年齡相對應。所以，他特別重視「行為的年齡值與年齡的行為值」，制定出了嬰兒的「行為發育常模」（《發育診斷學》，1941）。格賽爾雖然認為「素質構成因素最終決定對所謂『環境』的反應程度，乃至反應方式」，但也認為在評價生長時「不

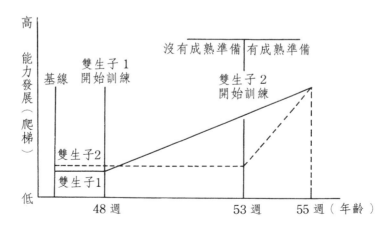

圖1-4　雙胞胎訓練爬梯的結果

應忽視環境影響——文化背景、同胞、父母、營養、疾病、教育等」。他還提出「兒童的成長特徵實際上是內在因素與外在因素之間相互作用的最後產物的表現的論點……。」但是，格賽爾提到的「相互作用」並未在他的理論中得以體現。而實質上他的成熟優勢論還是偏向於遺傳決定論或內因論。

3. 相互作用論

在共同決定論的理論基礎上，一些心理學家進一步分析了遺傳與環境兩個因素的關係，提出了相互作用論。相互作用論的代表人物是皮亞傑。他假設個體天生有一些基本的心理基模（schema），在個體與外部環境作用時，運用「同化」與「調適」的機制，不斷改變和發展原有的心理基模，最後達到較高層次的結構化，使兒童對環境的適應能力也越來越強。相互作用論的代表人物除皮亞傑外，還有阿納斯塔西（Anastasi, A.）、沃納（Werner, H.）、瓦龍（Wallon, H.）及蘇聯的維列魯學派的心理學家。

相互作用論的觀點是當前普遍承認的觀點。它打破了是遺傳決定發展，還是環境決定發展的長期的、簡單化的機械爭論的局面。相互作用論的基本論點可以歸納如下：

(1)遺傳與環境的作用是互相制約、互相依存的

一種因素作用的大小、性質依賴於另一因素。如具有精神分裂症潛在傾向的個體發病與否，取決於個體遇到的環境壓力，而沒有此種遺傳傾向的個體，即使環境壓力再大，也不易發生此類疾病。一種嚴格的、高要求的教學，對高智力的兒童而言，能充分地發揮其潛能，但對一個低智力的兒童而言，可能是適得其反。

(2)遺傳與環境的作用是互相滲透、互相轉化的

換言之，有時遺傳可以影響或改變環境，而環境也可以影響或改

變遺傳。遺傳改變環境的典型例子就是 RH 溶血病。如果懷孕的母親是 RH 陽性，懷的第一個孩子是 RH 陽性，這未出世的孩子的血液透過胎盤進入母親的循環系統，使母親的血液產生 RH 抗體。當懷的第二個孩子又是 RH 陽性時，母親的 RH 抗體就會進入孩子的血液，侵襲他的紅細胞，造成流產死胎、心臟缺陷等問題。對苯酮尿症的治療是環境影響遺傳作用的典型例子。（參見本書第二章內文）

此外，從種系發展的角度看，遺傳和環境本身就是互相包容的。遺傳是種系與環境長期相互作用的結果，或者說是種系以機能結構的形式鞏固下來的環境作用的反映。從個體發展來看，受精卵形成的一瞬間，遺傳和環境兩個因素的作用就糾纏在一起，相互影響。

(3)遺傳與環境、成熟與學習對發展的作用是動態的

不同的心理或行為，不同年齡階段，遺傳和環境的作用大小也不同。通常是年齡越小遺傳的影響越大；低級的心理機能受環境制約少，受遺傳影響大；越是高級的心理機能（如抽象思考、高層次情感）受環境的影響也越大。

由於相互作用論強調主體與客體的交互影響，尤其是皮亞傑提出的主體通過自己的「動作」與「外部環境」發生作用，凸顯了主體的能動性，這是發展觀點的重大改變。

遺傳與環境、先天與後天絕對化的爭論，基本上隨著相互作用論的興起告一段落，然而相互作用論就是最完滿的發展觀嗎？這正是需要進一步探討的。如以皮亞傑的理論來說，雖然描述了遺傳與環境兩個因素如何相互作用，而推動了兒童認知結構的完善化，但他還是過於強調遺傳的或成熟的影響，而輕視教育的力量。此論點顯然遭到頗多訾議。

我們認為，在發展完善兒童發展觀的同時，應當深入探討下列議題：(1)如何使每一個兒童具有最優異的遺傳因子；(2)如何為每一個兒

童創造能充分發掘其潛能的優良環境，此為心理科學、醫學科學、教育和社會共同發揮的功能。

二、發展的連續性與階段性

兒童心理的發展變化是連續的，還是分階段的？是漸進式的，還是跳躍式的？發展心理學家們對此存在分歧的意見。一般強調發展是由外部環境決定的理論，不認為發展有什麼階段可言，而只有量的累進。行為主義和社會學習理論都持此種觀點。強調發展主要是由內部成熟或遺傳引起的，例如：成熟論、皮亞傑的認識發生論、弗洛伊德和艾里克森的心理分析理論都認為發展有階段性，是由量變到質變的過程。

心理活動與其他事物的發展一樣，當某些代表新質要素的量累積到一定程度時，於是新質代替舊質躍上優勢地位，量變引起了質變，發展出現了連續中的中斷現象，新的階段開始形成（見圖1-5）。從

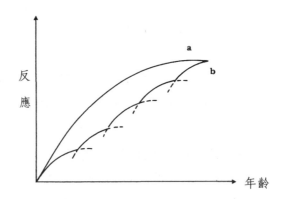

圖1-5　發展既是連續的，又是分階段的

a.為一條平滑向上的曲線，代表發展是連續的累進。
b.為波浪向前的曲線，代表發展既是連續的，又是分階段的。
　圖中數字表示五個階段。

圖 1-5 中我們可以看出發展既是連續的，又是分階段的；前一階段是後一階段出現的基礎，後一階段又是前一階段的延伸；舊質中孕育著新質，新質中又包含著舊質，但每個階段占優勢的特質是主導該階段的本質特徵。例如，即使是處於前運算階段的兒童，也還常常保留著感知動作階段的動作思考特徵，同時也會有一些具體運算階段抽象的概括和逆向的思考。發展是多層次、多水平的，而非單一的、孤立的。

許多發展心理學家認為兒童心理發展是具有階段性的，每個階段具有不同於其他階段的本質特徵，這些特徵與一定的年齡相對應。由於心理學家研究的領域不同，蒐集和採用的發展材料不同，劃分心理年齡階段的標準也不完全相同，有的依據生理發展（如柏爾曼）；有的依據心理性慾發展（如弗洛伊德）；有的依據種系發展史（如斯騰）；有的依據認知結構的變化（如皮亞傑）；有的依據活動變化（如達維多夫）；有的依據學制。到目前為止，如何真正按照兒童心理發展本身的客觀規律劃分發展階段的問題，尚未完全得到解決。參照國內外現行的年齡階段劃分方式，將兒童心理發展的階段作如下劃分：

(1)新生兒期（出生至一個月）。

(2)乳兒期（一個月至一歲）。

(3)嬰兒期（一歲至三歲）。

(4)童年早期或幼兒期（三歲至六、七歲）。

(5)童年中期（六、七歲至十一、十二歲）。

(6)童年晚期或少年期（十一、十二歲至十四、十五歲）。

(7)青年早期（十四、十五歲至十七、十八歲）。

三、兒童的主動性與被動性

不管是理論工作者或是實際工作者，一般不會明確地界定兒童為消極被動的個體，然而在實際工作中卻認為兒童是消極被動的個體。此種假定為：(1)不是從兒童的實際出發，而是從教育者的需求和想像出發，將知識硬塞給兒童；(2)不考慮兒童自身的積極性，只強調外部的獎勵和懲罰；(3)在教學上強調注入式，不重視啟發式和誘導式；(4)不尊重兒童的興趣、愛好和個性特點，不把孩子看成是獨立的個體，強調盲目的聽話和服從。

在兒童發展理論上，無論是環境論者、遺傳論者或成熟論者，都未將兒童當作一個能動的主體。兒童在成長過程中或者是受外部環境所驅使，或者是被內部生物學因子所規範，唯獨缺乏個體自我的力量。

將兒童視為主動的個體，就必然要尊重兒童，將兒童當成是一個有自己的氣質特點、性格特點、興趣、愛好，有探究性的獨立個體；重視鼓勵和表揚；重視開發兒童的「優勢領域」；充分發揮兒童自身的積極性和主動性。

四、發展在時間上的穩定性或不穩定性

早期智力測驗成績高的兒童，長大後的智力是不是也一定高？早期因體驗與父母分離而形成焦慮高的兒童，長大後會不會依然有高度的焦慮感，甚至有高度的不信任感？幼時攻擊性強的兒童，長大後是否依然具有攻擊性？這些問題都涉及到發展的特徵是不是相對穩定的問題。若答案是肯定的，就意味著早期的行為可以預測以後的行為。

有不少人從事此方面的研究，但答案並不一致。此方面要視研究者強調的論點而言，有人強調有機體的變化和適應性，有些人強調穩定性和一致性。此方面問題的回答，同時還要看研究的具體內容和研究對象的年齡階段。例如，有些行為就比另一些行為更為穩定。在兒童早、中期好攻擊的人，到青少年和成年時也往往是個愛挑釁的人。但利他行為在各個時期的表現就可能不一樣。另外，由於同一特徵在不同年齡階段會有不同的表現形式，更進一步顯示了發展問題的複雜性。

五、不同情境中的一致性

一個在家裡「肆無忌憚」的兒童，在學校裡是不是也「無法無天」？一個見到陌生成人就害怕的兒童，會不會對同齡兒童也感到害怕？一個一向很誠實的孩子，在充滿誘惑的環境裡會不會做出不誠實的事情來？對這些問題的回答實際上是要說明：一個人的特徵或性格影響一個人的行為，或是情境影響一個人的行為；或者說，一個人的行為是一定情境下特有的，還是在各種場合下都會表現出來。研究的結果說明，一個人的特性和情境變化都會影響行為。有些理論家強調不同情境下行為表現的一致性，有些則更強調情境的影響。極端的環境論者認為情境決定行為，除非情境保持不變，兒童的行為才會保持一致性。而強調生物學因素和兒童內部特徵的人，則期待兒童行為表現的穩定性與一致性。

上述這些問題一直左右著發展心理學家們的思考和研究，在下一節裡，我們透過對本世紀兒童心理學歷史的回顧中，可以更進一步看到它們的影響。

六、兒童心理發展的「關鍵期」問題

　　「關鍵期」（critical period）這個概念是從植物學、生理學和形態學移植過來的。如德·斐利斯（De Vries, H.）發現只有在植物衍生的某個特定時期，加上某種條件才會產生特定的形態變化。他將這個特定期稱為「敏感期」。或者說，一個系統在迅速形成時期，對外界刺激特別敏感。人類胎兒在胚胎期（二至八週）是有機體體內系統（呼吸系統、消化系統、神經系統等）和器官迅速發育生長的時期。此時的機體對外界抵抗力十分微弱，胎兒受到不良刺激影響，很容易造成先天缺陷。這個時期就是生長發育的關鍵期。依據研究，許多先天性發育缺陷都是在這個時期形成的。

　　關於心理發展是否有關鍵期，即是否有某個特定的時候，有機體最容易學習某種行為反應，最早起源於動物心理學家勞倫滋（Lorenz, K., 1937）對動物銘印（imprinting）行為的研究。勞倫滋發現鵝、鴨、雁之類的動物在剛剛孵化出來後，由於接觸其他種類的鳥或會活動的東西（如人、木馬、足球），它們就會將這些東西當作自己的母親緊緊跟隨，結果，對自己同類「母親」卻無任何依戀情節。此種現象稱之為「銘印」現象。勞倫滋認為此種現象只發生在極短暫的特定時刻，一旦錯過了這個時機就無法再學會，因此又稱關鍵期為「最佳學習期」。

　　後來的一些研究者認為，「銘印」一詞太偏狹，時間亦太短暫，故有人（Sluckin, W.）以「早期學習」一詞來取代之。

　　人類的心理發展是否存在關鍵期或敏感期呢？斯拉金（Sluckin, W.）在對各種文獻作了綜合後，認為人類心理也有類似情況，如攻擊性行為、音樂學習、人際關係建立、探究行為等，經早期學習更為有效。其他一些研究也認為，兒童學習語言、聽覺、視覺形象有關鍵

期的存在。

　　但是，人類心理發展或行為獲得是否有關鍵期還是個爭論中的問題。有的認為，這是動物特有的行為特點，人不一定有；有的認為人類即使有關鍵期也不一定是那麼短暫，甚至是不可逆轉的。我們認為對關鍵期的問題可作進一步的探討，但有一點是要注意的，過於強調關鍵期的重要性，可能使我們墜入新的宿命論陷阱之中，而失去求真、求實的科學化來論證謬誤。

第三節　兒童發展心理學的歷史回顧

一、科學兒童心理學的誕生

　　關於兒童心理學研究的許多基本課題的爭論，如兒童的本性，兒童是生來聰敏、愚笨的，還是後天環境教育造成的，可以一直追溯到西方的古希臘時期以及中國先秦的孔孟時代。但以兒童作為正式的科學研究對象，還是近百年的事。德國生理學家、實驗心理學家普萊爾（W. Preyer, 1842～1897）於一八八二年出版了第一部科學的、系統的兒童心理學著作《兒童心理》。它標誌著科學兒童心理學的正式誕生，普萊爾並成為科學兒童心理學的奠基人。

　　科學兒童心理學的誕生與近代社會物質文明和精神文明的迅速發展有關，與近代自然科學發展（細胞的發現、能量守恆和轉化定律的發現、物種進化的發現）有關，與西方哲學思想和教育發展的要求有關。其中進化論創始人達爾文（C. Darwin, 1809～1882）、英國哲學家洛克（J. Locke, 1632～1704）和法國思想家、哲學家和教育家

盧梭（J. Rousseau, 1712～1778）等都是科學兒童心理學的先驅。
達爾文發展的觀點；洛克的「白板說」；盧梭的遵循自然、按照兒童
特點的教育，都對兒童心理學理論的形成有著深刻的影響。

二、西方兒童心理學的發展

　　西方兒童心理學的發展可以劃分為三個時期：

1. 二十世紀早期

　　二十世紀早期的兒童心理學研究始於霍爾（G. S. Hall, 1844～
1924）。霍爾是美國兒童心理研究運動的創始人，享有「美國兒童心
理學之父」的稱號。他提出了個體心理發展的「復演說」；發明了研
究兒童心理的新技術──問卷法，首先運用這種客觀研究的方法，大
規模地對兒童和青少年進行研究；撰寫了第一本青少年心理的巨著
《青少年心理學》（1904）。書中有關社會認知發展和社會態度變化
的材料，對後來的皮亞傑和柯爾柏格的思想有一定影響。

　　此時期的研究具有以下幾個特點：

(1)強調發展是成熟的結果

　　許多心理學家認為，兒童心理的變化是成熟的結果。他們將研究
的重點放在各個年齡兒童心理和行為的差異上，並認為這種差異是兒
童發展先天的普遍模式。如當時格賽爾兒童發展研究所的兩位心理學
家就發表了這樣的觀點：「……兩歲、五歲和十歲，……兒童的行為
處於平衡狀態……。在這些相對平穩和平靜的年齡後，有一個短暫的
時期，……表現出顯著的不平衡。兩歲時行為的平衡在兩歲半時被打
破，五歲時行為的平衡在五歲半至六歲時被打破，……四歲、八歲、
十四歲是兒童行為表現最明顯的時期……。」

(2)蒐集描述正常發展的材料

此時期研究重點的確立與發展是成熟的結果的理論思想有關，也與兒童心理學發展初期需要累積大量的資料有關。如當時麥卡錫（1946）對兒童語言發展的描述性研究，帕騰（Parten, 1932）對兒童遊戲社會性發展的研究描述，斯坦福——比納量表（斯比量表）的制定與不斷修訂（1916, 1937）等等。兒童心理學家通過此類研究，目的是為了找到兒童心理和行為正常發展的常模，並用它來確定兒童的發展是否正常。

(3)弗洛伊德理論和行為主義理論興起

弗洛伊德（S. Freud, 1856～1939）創立的心理分析理論逐漸被大家所了解。弗洛伊德認為兒童的發展要經過一系列的「性心理」發展階段，在發展過程中會遇到一些特殊的情緒衝突。只有在衝突被解決後，兒童才能成熟，成為健康的成人。弗洛伊德十分重視早期經驗，強調親子關係的重要性，認為兒童早期是個性發展的關鍵期。這對發展心理學重視早期經驗和嬰幼兒研究起了很大的推動作用。儘管現在的心理學家對弗洛伊德理論提出了許多質疑，但研究過程中思考的許多問題都源自弗洛伊德的觀念。

華生（J. B. Watson, 1878～1958）是行為主義理論的創始人，「極端的環境論者」。他主張將心理學變成純粹客觀的自然科學，反對對意識的研究。他將行為分析為「刺激—反應」（S-R）的單元並加以解釋。他在其兒童心理的專著《兒童的心理護理》（一九四一年中文版）中認為，一切行為都是刺激—反應的學習過程。他運用條件反射的實驗方法，進行了許多兒童心理實驗的開創性研究，重點是研究兒童的情緒和情緒行為（如害怕、嫉妒和羞恥）。

2. 第二次世界大戰後到六〇年代中期

(1)闡明和檢驗解釋兒童行為的理論

第二次世界大戰後，兒童心理學家將兒童的研究當作實驗心理學的一個分支加以處理，要求系統地闡述和檢驗解釋兒童行為的理論。此時期心理分析理論和行為主義理論已成為美國兒童心理學的支柱。兒童心理學家們在研究影響兒童行為的過程和變量的假設時，常常求助於此兩種理論。他們關心的問題有：早期餵食經驗會影響以後的依賴嗎？不同類型的獎勵和懲罰會影響學習嗎？兒童教養活動與良心有什麼聯繫呢？等等。他們感興趣的不只是描述行為，而是預測和解釋兒童行為的原因。他們強調研究外顯的行為，而不是看不見的心理事件或意識生活。

(2)強調環境對發展的影響

與前一時期將發展視為成熟的結果的觀點相反，此時期的兒童心理學家特別強調環境對發展的影響。他們不願去設想生物學因素是否可以決定兒童的行為，對早期心理學家們研究的兒童發展的階段或年齡變化不感興趣，而是更關注環境和情境對行為的影響。

(3)偏向實驗室研究

此時期的兒童心理學家更重視可以對變量加以控制的實驗室研究，不喜歡自然情境下的研究。他們認為後者的研究有許多影響無法控制，使研究者不能歸納出哪些重要的因素在影響行為的結論。如當時的社會學習理論者做了許多實驗室實驗，來支持他們提出的行為可以通過觀察與模仿獲得的主張。

3. 六〇年代中期到現在

(1)重新驗證了皮亞傑理論

皮亞傑（ J. Piaget, 1896～1980 ）是當代最著名的兒童心理學家，建立了結構主義的兒童心理學或發現認識論。他從二〇年代起就在瑞士系統地研究兒童認知發展，創造性地用弗洛伊德的「臨床法」研究兒童，提出了認知發展的四個階段，和作為認知發展的特殊領域的道德認知發展的階段。三〇年代至五〇年代是皮亞傑理論的成熟期，但是由於當時行為主義處於極盛時期，掩蓋了皮亞傑的影響。皮亞傑對兒童發展的普遍性（ 而不是個別差異 ）很感興趣，認為兒童的發展是成熟和經驗相互作用的結果，將兒童視為是積極主動的有機體，無須成人直接的指導或對環境的安排，兒童會自己去尋找刺激，組織自己的經驗。他的觀念改變了人們對兒童的基本看法。

(2)重新研究遺傳和成熟對行為的影響

當然，這不是簡單的重複，現在的研究設計都凸顯生物學特徵和內在環境提供經驗的相互作用。例如，研究者假設嬰兒都有依戀照料者的生物學傾向，但是每個嬰兒的依戀性質是不同的。研究發現，兒童的氣質以及父母的照顧行為都會影響依戀的類型。

(3)試圖將認知發展和社會行為聯繫起來

早期的研究者將認知發展和情緒、社會行為區分為兩個孤立的對象加以研究，現在人們已經將兩者聯繫起來考慮。兒童對社會情境的思考、對道德課題的思考，會對兒童的社會行為產生相對的影響。例如，一個兒童被另一個兒童推倒在地。如果該兒童認為那是對方故意的報復，他就可能採取攻擊性行為；若認為那是偶然撞倒的，就可能自認倒楣而作罷。

(4)將兒童心理學知識應用於社會實踐

兒童心理學早期研究有部分是與社會需要緊密相連的。如比納為了完成對智力缺陷兒童的篩選工作，保證他們得到有利的教育，與西蒙一起制定了第一個智力測驗的量表（1905），經過三年的修訂後又發表了第二次量表。又如華生在宣傳他的行為主義思想時，也十分重視用這種思想來指導兒童教育。他強調教育要適合兒童現有的文化，不要墨守成規，強求社會統一的「理想」和「標準」，強調兒童習慣的培養，主張取消體罰。華生還對兒童的護理提出了詳盡的規定。可是到了五〇、六〇年代，許多發展心理學家迴避應用性問題，感到沒有足夠的知識向父母和與兒童互動的人提出足夠的建議。

進入了八〇、九〇年代，社會發生了急劇的變化。如家庭的大小、結構、組成人員和家庭的功能都產生了相當大的變化，婦女參加工作的比率越來越高，離婚率也迅速增長，青少年懷孕、吸毒和犯罪率上升，虐待兒童現象蔓延。這一切現象都向發展心理學工作者提出了挑戰。實際上，近一、二十年來，兒童心理學家們在應用性研究上已投入了相當的研究人力。如對發展過程中產生的一些現實問題的研究：胎兒發育和優生問題的研究；嬰幼兒早期教育的研究；家庭親子關係和兒童教養類型的研究；獨生子女的研究；離婚家庭兒童的研究；青少年犯罪問題研究等等。如對教育教學過程中一些現實問題的研究：乳嬰兒的學習途徑、獎勵和懲罰的研究；社交技能訓練的研究等等。此外，許多與兒童心理學結合的應用學科，如兒童發展心理語言學、兒童發展心理生物學、兒童發展心理病理學、兒童發展心理社會學等的形成，也是應用研究的重要標誌。

第四節　兒童發展心理學的研究方法

　　通常心理學上採用的一般方法如觀察法、實驗法以及測驗法等，同時也都是兒童發展心理學研究的基本方法。這些方法所需要遵循的原則在研究兒童心理時同樣適用，本書除結合各章闡述具體研究時加以引用並介紹外，針對兒童發展心理學上常見的研究設計類型進行理論分析。

一、橫向研究

　　橫向研究又稱橫斷研究，是在同一時間裡，對相同年齡的不同兒童進行觀察、實驗或測量，探究心理發展的規律或特點。例如，為了研究一至三歲兒童詞彙發展的特點，可以在同一時間裡對一歲、兩歲和三歲三組兒童作詞彙數量的測定。結果可以告訴我們這三個年齡組兒童各自的詞彙數量，以及出現詞彙的詞性，哪些詞彙早出現，哪些詞彙晚出現。

　　橫向研究的優點是研究時間短、取樣大，一般只需幾天或幾個月，能迅速地獲得大量的數據資料，研究過程省時省力。另一個優點是，因為取樣大，材料更具代表性，因為時間短不易受時代變遷的影響。

　　然而，橫向研究也有不足之處。由於受試者來自相同範圍年齡的個體，無法確切地反映心理發展的連續過程和特點。尤其是要探究心理發展的趨勢和發展的轉折點，早期經驗對後期心理發展的影響時，橫向研究無法獲得滿意的效果。

二、縱向研究

縱向研究又稱縱式研究，是對同一個或同一群個體，在較長的時間內進行定期的觀察、實驗或測量，探究心理發展的規律。例如，美國的托爾曼（Terman, L. M.）從一九二一年開始對一千五百二十八名資優兒童進行追蹤研究，直到八○年代末仍未間斷，累積了這些受試者從童年（當時被試者平均年齡為十一歲）、少年、青年到成年和老年的成長發展資料。

縱向研究的優點是，透過對個別或若干個體的長期追蹤性研究，可以獲得心理發展連續性和階段性的資料，尤其是可以弄清發展從量的變化到質的變化的過程，探究早期發展與以後階段心理發展的關係。這是橫向研究無法替代的。同時，縱向研究可以對兒童各個方面作細膩的、整體的觀察，以比較心理不同方面的關係，以及各種因素對發展的影響，從而深入了解發展的機制和原因。

縱向研究的缺點在於受試的代表性問題。由於縱向研究歷經的時間長，耗資多，選擇的受試者不可能像橫向研究那樣數量大。同時，也因為所花時間太長，難免有受試者流失的現象，使原本不多的樣本更加小，可能影響取樣的代表性。縱向研究有時需要反覆受試做某幾項測驗，可能使被試者產生厭煩情緒和「學習效應」（即所謂的「受試者效應」）。

此外，長期的縱向研究很容易受時代變遷和家庭環境變化的影響，這些變化勢必會影響研究結果。有的結果本身有一定的時代意義，過了這段時間或許就失去了重要性。

為了避免縱向研究與橫向研究的缺點，又能取兩者所長，人們設計了幾種縱向與橫向相結合的方法，例如，要研究三至十二歲兒童的心理發展，可以取三歲、六歲和九歲三個樣本，同時追蹤四年。此時

樣本分別由六歲、九歲和十二歲，六歲組和九歲組各重複一次。研究
時間由原來需要的十年減為四年。如此既節省時間又達到研究目的。

三、跨文化研究

　　跨文化研究（又稱之為交叉文化研究），是指同一個課題通過對
不同社會文化背景的兒童進行研究，以期探討兒童心理發展的共同規
律，和不同的社會生活條件對兒童心理發展的影響。跨文化研究的好
處主要能更好地形成理論和對變異量作出更全面的考慮，能擴大變異
量範圍，有助於分清變異量，並確定情境對行為的影響。例如，有些
發展理論所依據的只是研究者在本國進行的一些有限觀察，很難說是
完善的，只有在世界不同地區進行嚴格的檢驗，才能被認為是完善
的。如皮亞傑的認知發展階段的研究，四個發展階段的順序在任何文
化國度裡如果是不變的（雖然每階段達到的年齡上有先後），則生物
因素的作用可以被肯定；如果不同文化的兒童的階段順序顛倒變化，
則既說明這一條階段發展規律並不具有普遍性，同時也說明階段出現
的更替，更多為社會因素所左右。又如語言發展的一些規律及其理
論，更需要通過不同民族不同語言種族的跨文化研究。如嬰兒期出現
的雙詞句階段的研究結果，曾在六個國家的六個語種得到反覆驗證。

　　另外，從某一國度裡得出的某些人格特徵的研究結果是否具有普
遍意義，更需要進行跨文化的探討。如在現代美國社會得出的一些少
年期的心理特點是否與我國青少年的心理特點相同，如何分析這些特
徵所產生的社會文化背景，是值得探討的。又如性別差異的一些研究
放到那些男女地位相反的國家、民族中又會產生什麼結果，也值得深
思。總之，跨文化研究將會使心理學家形成更完善的理論，更好地概
括規律，更好地確定哪些發展模式是具有普遍意義的，哪些發展模式
只是特定文化因素的產物。

參考書目

一、中文部分

1.中國大百科全書心理學卷：《心理學史》，中國大百科全書出版社，一九八五年版。

2.皮亞傑著，左任俠譯：「皮亞傑的理論」，載於《西方心理學家文選》，人民教育出版社，一九八三年版。原文（英文）載 P. H. Mussen 主編：《兒童心理學手冊》，第三版上卷（一九七〇年）、第四版第一卷（一九八三年）。

3.申繼亮、李虹等：《當代兒童青少年心理學的進展》，浙江教育出版社，一九九三年版。

4.朱智賢主編：《兒童心理學史論叢》，兒童心理學教學參考資料第二分冊，北京師範大學出版社，一九八二年版。

5.牟文博主編：《兒童諮詢百科全書》，吉林人民出版社，一九九一年版。

6.克雷奇等著，周先庚等譯：《心理學綱要》（上），文化教育出版社，一九八〇年版。

7.R·M·利伯特等著，劉範等譯：《發展心理學》，人民教育出版社，一九八三年版。

8.林崇德、朱智賢：《兒童心理學史》，北京師範大學出版社，一九八八年版。

9.威廉·C·格萊因著：《兒童心理發展的理論》，湖南教育出版社，一九八三年版。

10.查子秀：《兒童心理研究方法》，團結出版社，一九八九年版。

11.〔日〕堀　內敏著，謝艾羣譯：《兒童心理學》，湖南人民出版社，一九七九年版。

12.劉範主編：《發展心理學》，團結出版社，一九八九年版。

13.〔日〕藤永保著：《縱論發展心理學》，臺灣心理出版社，一九九二年版。

二、英文部分

1.A. Anastasi: *Psychological Testing*, 4th ed, N. Y., 1976.

2.E. M. Hetheringtong & R. D. Parke: *Child Psychology－A Contemporary Viewpoint*, 2nd ed, 1979.

3.H. Gardner: *Development Psychology*, 2nd ed, Introduction, 1982.

4.P. H. Mussen & J. J. Conger 等：*Child Development and Personality*, 1985, 1990.

第二章 兒童心理發展的生物學基礎

　　在第一章裡，我們談到兒童心理的發展受到遺傳因素的影響，又受環境因素的影響。此兩種因素從兒童發展初始就糾纏在一起，它們互相依賴、互相滲透，在一定條件下還會互相轉化。現代人對此種矛盾的探究不再是幼稚地去比較哪個因素比哪個因素更重要，而是要知道如何為兒童創造最佳的遺傳條件和環境條件，使兒童的潛能得到充分的發展。本章將用現代人類遺傳科學知識來闡明生物遺傳過程以及遺傳和胎內環境對兒童發展的影響。

第一節　生命的開始與遺傳基因

　　個體的發展是基因型（遺傳型）變化為表現型的過程。個體的基因型（遺傳型）是從上一代獲得的遺傳物質。作為人類，所有的人都具有某些共同屬性和類似的發育階段，但每一個體也具有獨特的特點。這種多樣性不僅表現在他們的身體特徵上，而且也表現在他們的行為上。一些嬰兒可能多數時間在睡覺，而另一些可能啼哭急躁，還有的醒著但很安靜，似乎在觀察房間。決定人與人之間既相似又相異的遺傳物質是什麼？這個令人感興趣的問題，直到近代才在一定程度上得到較科學化的解釋。從細胞水平上來說，遺傳物質就是指細胞核內的染色體，若從分子水平上來說，則是指構成染色體的主要物質去氧核糖核酸（DNA）。

　　一個人獨特的發展軌道是從受精卵（或者叫合子）開始的。受精卵借助細胞分裂迅速繁殖並發育成未來的胎兒。人體中存在著兩類構造和功能不同的細胞。第一類細胞是生殖細胞，它由女性的卵細胞和男性的精細胞組成。第二類細胞是人類所有的其他細胞，稱之為體細胞或人體細胞。這些細胞構成了諸如骨骼、肌肉、消化、呼吸器官和神經系統這些組織。含有胎兒全部遺傳物質的兩種生殖細胞的體積明顯不同。卵細胞是人體最大的細胞，精細胞是最小的細胞，一個卵細胞的重量大約是精細胞的九萬倍。雖然卵細胞和精細胞彼此懸殊如此之大，但兩種細胞對後代的遺傳特徵所引起的作用幾乎相等。每一個細胞的細胞核內有被稱為染色體的線狀體。染色體上的一個個有遺傳功能的節段被稱為基因，它含有指導一個人發展的遺傳密碼，載負著一代代傳遞下去的遺傳信息。

一、染色體、DNA 和基因

　　細胞分裂時，我們能從光學顯微鏡中用肉眼看出細胞核中形狀清晰的染色體。染色體上有一著絲點，當染色體複製時，縱向並列的兩個染色體只在著絲點的地方連在一起。每一種生物的染色體數目是恆定的。人體細胞含有染色體數是四十六條，即二十三對染色體。一對染色體的兩條染色單體，其大小、形狀和結構相同，叫同源染色體，其中一條來自母方，一條來自父方。在二十三對染色體中，二十二對為常染色體，一對為決定性別的性染色體。女生的一對性染色體是相同的，它們叫做 X 染色體，而男性的性染色體則包括一個 X 和一個很小的 Y 染色體（參見圖 2-1）。

　　染色體主要由脫氧核糖核酸（DNA）和蛋白質這兩類化學物質組成。每一染色單體的骨架是一個連續的 DNA 大分子。從分子水平研究來看，DNA 是遺傳物質，所以有人稱染色體是遺傳物質的載體（參見圖 2-2）。

　　直到一九四四年，人們才認識到 DNA 的重要性。一九五三年，兩位科學家〔美國的華生（James　Watson）和英國的克里克（Francis　Crick）〕根據 X 衍射資料提出了 DNA 分子雙螺旋結構和功能模式，為此在一九六二年他們獲得了諾貝爾獎。有人稱 DNA 雙螺旋結構模式和功能的發現是二十世紀的三大發現之一。

　　DNA 分子像一個盤旋上升的梯子（參見圖 2-3），梯子的兩邊由磷酸和脫氧核糖連接而成，梯子的階梯由每一邊和脫氧核糖相連的鹼基通過氫鍵（圖中的虛線）配對相連而成（圖 2-4）。每一個鹼基一邊和脫氧核糖相連，另一邊通過氫鍵和相對位置的鹼基相連。四種鹼基是：腺嘌呤（A）和胸腺嘧啶（T），鳥嘌呤（G）和胞嘧啶（C）。鹼基的配對有一定的規律，其中 A 與 T 配對，G 與 C 配

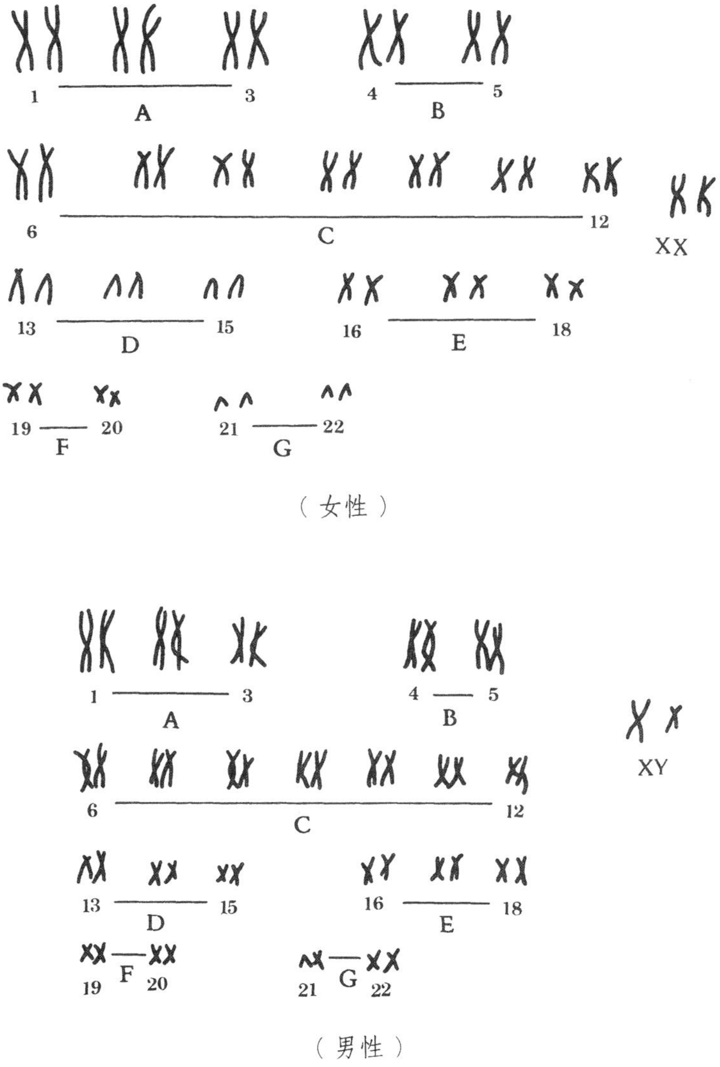

（女性）

（男性）

圖2-1　正常人的染色體

每一染色體含有兩條染色單體。根據染色體的相對長度和著絲點的位置，將染色體順序地排成二十三對。標有A─G的是二十二對常染色體，標有X和Y的是一對性染色體。

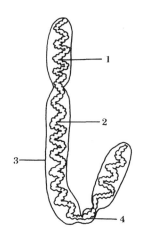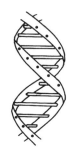

圖 2-2　染色體的內部結構圖解　圖 2-3　螺旋梯子形狀的 DNA 分子

1. 染色絲，可以看到它的螺旋；
2. 染色體基質；3. 膜；4. 著絲點

對，這被稱為鹼基互補原理。一個磷酸、一個脫氧核糖和一個鹼基分子構成了一個核苷酸，因此梯子的每一級也就是一對核苷酸。所以，可以說 DNA 分子實際上是由兩個核苷酸長鏈所組成，每一核苷酸長鏈由許多核苷酸所構成，兩個長鏈由許多氫鍵固定起來。

　　現代分子遺傳學研究表明，基因是具有特定遺傳功能的最小單位，是儲存特定遺傳信息的功能單位。它是脫氧核糖核酸（DNA）的一個節段，由許多核苷酸組成，帶有指導核糖核酸（RNA）活動的遺傳密碼。人體活動離不開蛋白質，每個基因上的 DNA 帶有形成一定類型的蛋白質的指令。在傳遞來自細胞核中的 DNA 指令到組成細胞的其餘部分的細胞質的過程中，RNA 充當信使，在細胞質中指令被執行。這些指令指導細胞質中的氨基酸合成蛋白質。不同類型的基因決定了組織結構的發展和控制細胞的新陳代謝過程。當這些基因中有一個缺陷時，明顯地有可能在兒童身上產生發展上的偏離現象。

　　前面已經提到鹼基的配對受規律的限制，但是幸運的是鹼基的前

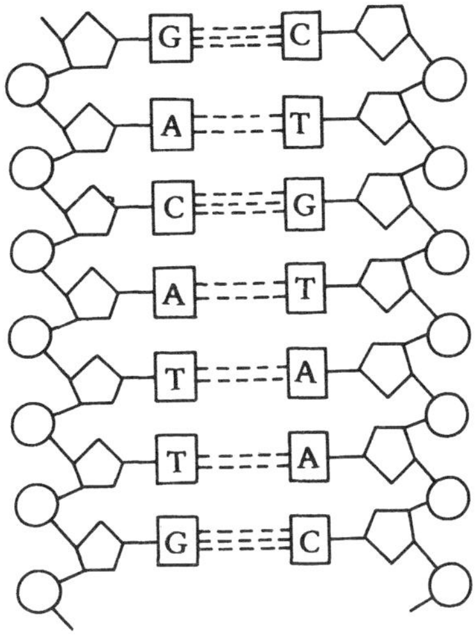

○表示磷酸　★表示脫氧核糖　□表示碱基　＝＝＝表示氫鍵

圖2-4　螺旋拉直以後的DNA分子

後排列順序不受任何限制。正是由於這一點，就使 DNA 分子有了蘊藏著極其豐富的遺傳信息可能。一對對的碱基可以任何的順序跟在其他一對對碱基後面，單個基因的 DNA 梯級，可長達兩千級。當今遺傳學家認為賦予每個基因特性的正是這些梯級兩邊碱基的排列順序，遺傳密碼正是由這些化學梯級兩邊按一定順序排列的碱基組成。四個碱基有無窮無盡的排列方式，而不同的排列順序則代表了不同的遺傳信息。可以說世界上沒有兩種生物的碱基排列是相同的。正是碱基此種排列的無限多樣性決定了 DNA 的無限多樣性，從而也決定了個體遺傳的多樣性。

　　DNA 在生成方式上的特點是自我複製。簡單的過程是這樣的（圖2-5）：DNA 雙鏈自行解開，碱基從它們的梯子裡分離開來，C 和 G 分離，T 和 A 分離，成為兩複製核苷酸長鏈；然後 DNA 分子

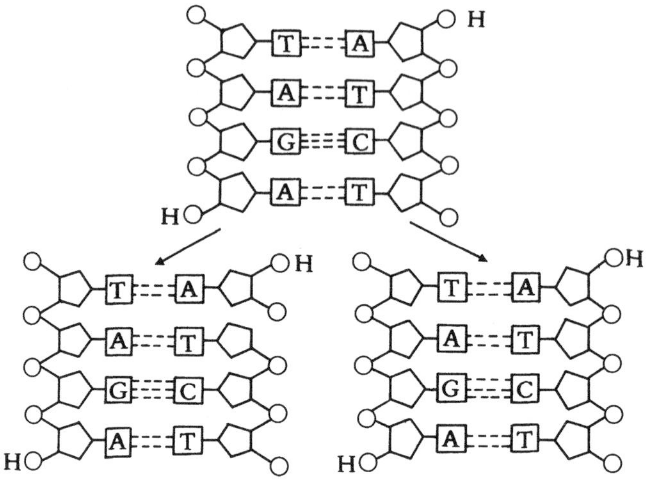

粗線條部分表示新合成的單鏈；○磷酸；⬠脫氧核糖；□碱基

圖2-5　DNA複製的示意圖

的每一半作為從周圍細胞物質中形成失去部分的副本之框架，細胞中
已經製造好的核苷酸原件根據碱基配對原則逐個連接，建造了一個和
分離前那一半相同的另一半。這樣就形成了兩個與原有結構完全一樣
的新的 DNA 分子。由於 DNA 分子具有自我複製的功能，祖輩便能
把他們的 DNA 複製一份傳給後代，保持種的延續。由於這一點，人
體的所有細胞才有可能載有和受精卵同樣的遺傳密碼。

二、減數分裂和受精作用

　　減數分裂是在生殖細胞成熟過程中發生的，它的特點是染色體複
製一次，細胞連續分裂兩次，其結果是使原有細胞的染色體數目減少
一半。現以一對染色體為例來說明這一過程（參見圖2-6）。在第一

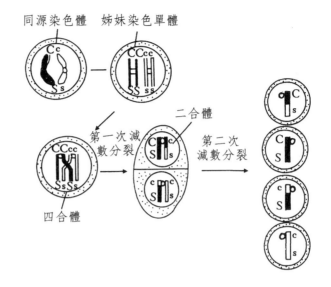

圖 2-6　減數分裂模式圖

（以一對染色體爲例）

次細胞分裂時，初級精母細胞的同源染色體中的每條染色體先進行複製，一條複製成兩根結構相同的姐妹染色單體，由一著絲點連著（二合體），同源染色體交叉並進行某些節段的交換；四根染色體連在一起，有兩個著絲點，稱為四合體；四合體排列在赤道板上，同源染色體分開，分向兩極，形成兩個次級精母細胞，細胞裡每條染色單體是姐妹染色單體（二合體），這是第一次分裂。進入第二次細胞分裂，二合體又排列在赤道板上，此時著絲點分裂，於是姐妹染色單體就彼此分開，形成兩個精母細胞，而兩個初級精母細胞則形成四個精細胞。每個精細胞只得到二十三條染色體，對於原來精母細胞中的四十六條染色體來說，染色體的數目減少了一半。所以，這個過程稱為減數分裂，而這個過程同樣也發生在卵細胞生成過程中（圖 2-7）。精子和卵子中染色體數目都是二十三條，父母的遺傳物質通過減數分裂部分地分配到精子和卵子中，為受精卵遺傳物質的組成做好準備。

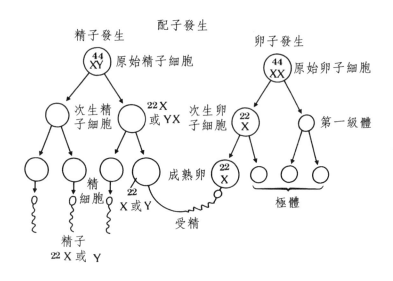

圖2-7　男性與女性的減數分裂順序

因精子發生過程而形成四個精子細胞（左邊）；
因卵子發生過程而形成一個卵子和三個極體（右邊）。

　　生殖細胞經過減數分裂成為配子（精子和卵子）。配子的染色體
數目是原來細胞染色體的一半，而通過受精作用，精子與卵子結合生
成的合子（受精卵），染色體又恢復到原來的數目。由此可見，減數
分裂與受精作用是相輔相成的兩個過程，通過這兩個不同的過程，形
成並保持了一個物種所特有的染色體的數目和內容。受精卵裡的二十
三對染色體所載的 DNA 決定了一個人的遺傳基因，而父母各為受精
卵提供了染色體和基因的一半。

　　精子和卵子結合生成合子時，可能有的結合的次數是巨大的，一
個生殖細胞在成熟過程中，通過減數分裂可能產生 2^{23} 種染色體分配
不同的配子。一對父母經過受精作用則可能產生六十萬億以上染色體
分配不同的受精卵。此外，增加此種遺傳變異性的是一種被稱為交換
的現象。在減數分裂開始時，伸展得像平行線一樣的兩條染色體配成
對，然後每一條染色體相對的部分脫離下來並且自己又依附到鄰近的

染色體上，就這樣基因在一對對染色體之間進行交換，和這些基因聯繫的遺傳特性也就被載到不同的染色體上，染色體事實上已被改變，交換的過程擴大了，並且非常廣泛的參加到複製的遺傳特性可能結合的排列中去。當然還有許多其他因素和環境影響，而這都增加了遺傳多樣化的可能性。一般認為，世界上除同卵雙生子外，根本不可能產生兩個遺傳上完全相同的人。

三、有絲分裂和細胞增殖

合子形成後馬上開始細胞分裂，新的個體開始了自己獨特的發展。從合子到新生嬰兒，一般要經過四十四次細胞分裂，產生 2^{44} 個細胞。嬰兒出生後，大概再經過四代細胞分裂，便可達到成人的細胞數。通過細胞的不斷增殖，又經過細胞生物化學過程的不斷地進行，種種性質各不相同的細胞分化了出來，形成許多器官構造，出現許多性狀。這個增殖過程在人體則是通過細胞的有絲分裂進行的。有絲分裂不同於減數分裂，它實際上是細胞染色體進行有規則的分裂變化的過程（圖 2-8）。每次細胞分裂都伴有染色體的複製。以人體為例，人體的體細胞都有二十三對染色體，有絲分裂進行時，首先是染色體自我複製，複製後的染色體相互分離，四十六條染色體朝細胞一極移動，另外四十六條染色體朝另一極移動，以後細胞分裂為二，成了兩個相同的子細胞，有絲分裂的結果所產生的兩個子細胞都有與親代相同數目的染色體。染色體內 DNA 的結構都是相同的。正是這樣，受精卵的遺傳基因通過不斷的有絲分裂，傳遞給人體的全部細胞。

四、蛋白質的合成

　　蛋白質是生命的基本物質，非常重要，它有兩方面的功能：第一，它是細胞結構的基礎，許多種細胞的基本成分是蛋白質；第二，細胞的一切生物化學過程都需要酶的參與，所有的酶都是蛋白質。

　　蛋白質的種類繁多，結構複雜，但無論如何複雜，它仍是由重複出現的少數基本單位組成的。組成蛋白質的單位是氨基酸。現已查明，存在著二十種氨基酸，它以不同種類、數目和排列組成了無數種蛋白質。根據遺傳學研究，我們知道這一切又是由一定結構的 DNA

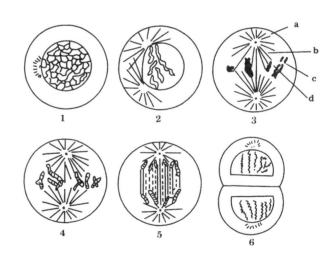

圖2-8　有絲分裂圖解

1. 分裂以前的細胞。
2. 前期：染色體出現，中心體分開，核膜將要破裂。
3. 中期：染色體在赤道板上。a. 中心體，b. 紡錘絲，c. 染色體，d. 著絲點。
4. 後期：染色體分兩半向兩極移動。
5. 末期：染色體到達極部。
6. 末期：染色體逐漸消失，細胞核出現，細胞分爲兩部。

片斷（基因）所控制。

　　蛋白質的合成過程是遺傳信息傳遞的過程。蛋白質和染色體不同，它的合成不是通過複製方式，而是通過一系列翻譯的過程。第一步是轉錄，這是 DNA 將遺傳信息傳遞到 RNA（核糖核酸）的過程。第二步是翻譯，將 RNA 轉錄來的遺傳信息指導合成蛋白質（包括酶）的過程。在整個合成過程中，DNA 是蛋白質合成的模板，遺傳密碼（核苷酸上碱基的順序），決定了蛋白質的結構，而一定結構的蛋白質的新陳代謝則決定人的某一結構和形狀。

　　從以上介紹中，我們可以了解到，父母的生殖細胞帶有的遺傳物質通過減數分裂而部分地分配到配子（精子和卵子）中去；在受精過程中，精子和卵子結合而形成受精卵，這樣受精卵就具有父母各一部分的遺傳物質；受精卵經過不斷的有絲分裂，使發育成的個體的全部細胞中都含有跟受精卵相同的遺傳物質；而正是細胞遺傳信息（基因）決定人體各種蛋白質等物質的合成，並通過它們決定一個人包括神經系統特點在內的生物特徵。父母的生物特徵就是這樣傳給子女的。

　　人體的每個細胞和受精卵一樣，都是四十六條染色體，它們包含了造就整個人體的全部遺傳信息。儘管染色體數目一樣，但在人體的發育過程中細胞的形態和功能則會發生多種多樣變化，如皮膚細胞和肝細胞的形態和功能就不一樣。目前對這個問題的解釋著重在基因調節方面，受精卵的全部基因都有活性，也就是全部信息都在活動，因而能發育成一個人，而其他細胞只有少數基因在起作用，也就是少數信息在起作用，有些基因在一定條件下被激活而起作用，有些基因失去活性不起作用。至於為什麼會出現此種現象，此為生命科學研究尚未解決的主要問題。

五、顯性和隱性基因

　　作為現代遺傳學基礎的初始工作大多數是由十九世紀末的孟德爾（Goregor Mendel）做的。他的研究是利用負載在染色體上的一對基因決定一種性狀（例如在雜交植株中花的顏色）的遺傳模式進行的。雖然當前的遺傳學家進行了更加複雜的研究，然而孟德爾提出的一些原則仍然為大家所接受。

　　每種生物都表現出各種性狀，如高和矮、黑色眼睛或棕色眼睛、色盲與正常。這些性狀都是由成對的基因來決定。這成對的基因位於相對染色體對等的位置上，故稱等位基因。換句話說，等位基因就是指在同源染色體上位置相同、控制相對性狀發育的基因，一個來自母方，一個來自父方。兩個等位基因在決定它們所控制的性狀表現時，其作用並不是平等的，其中一個基因力量較強，另一個基因力量較弱。在決定子代的性狀表現時，力量較強的，在性狀上能表現出來的基因叫顯性基因；力量較弱的，而沒有表現出來的稱隱性基因。當來自父母雙方的一對等位基因中兩個都是顯性基因或兩個都是隱性基因時，稱為純合子，否則就是雜合子。舉例來說，如果一個女孩有來自父母雙方形成鬈髮的等位基因，那麼她是純合的；但是如果她有來自雙親一方的鬈髮等位基因，還有來自另一方的直髮等位基因，她就是雜合的。在複合子裡，雖有隱性基因存在，但它不能決定性狀表現，表現出來的性狀只有顯性基因才能決定的性狀。只有當顯性基因不存在時，隱性基因才能表現其性狀。這就是為什麼人和動物的有些性狀不一定代代都出現，而要隔一代或幾代才出現的原因。我們平時看到的每個人的特徵是個體的表現型，這些表現只是個體能傳給其子女的基因型的部分表現。基因型（又叫做遺傳型）是生物體一切遺傳基礎的總和，是肉眼看不到的東西。表現型（又叫做表型或現象型）是所

有性狀的總和，是可以觀察到的，它是基因型和環境相互作用的結果。如果 A 代表鬈髮基因，a 代表直髮基因，那麼有可能存在的等位基因的結合有 AA，aa 或 Aa（aA），也就是有三種不同組合的基因型，而具有這三種基因型的個體則只表現了兩種性狀，也就是只有兩種表現型。AA 是鬈髮，aa 是直髮，Aa 或 aA 也是鬈髮（圖 2-9）。

值得補充的是，實際上單基因的遺傳現象是很少的，許多特徵（例如身高、體重、膚色、視力）是由許多基因的共同作用決定的（多基因遺傳），另外單個的一對基因可能對一個以上特徵有影響（多效性）。多基因遺傳使某種特性趨向於連續地發生變化。以智力為例，個體並非處於極其聰明或極其愚笨的兩個極端，相反地，他們大多處於這兩個極端之間的整個範圍之內。多基因遺傳對於人類具有重大意義。由多基因決定的特性特別容易受環境的影響，許多基因的效力不在出生時顯示，而隨著時間的推移顯露出來，如性成熟、禿頂、長壽和神經系統退化的出現等。由於科學研究水平的限制，在這方面人們還了解得不多。

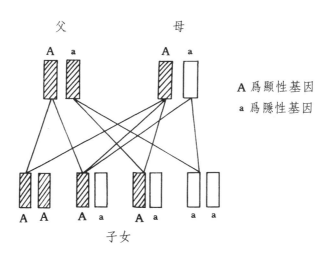

圖 2-9　一對性狀的遺傳模式圖

六、遺傳疾病

我們已經知道遺傳物質的載體是染色體，遺傳物質是 DNA（基因）。它們的變化往往使人類引起遺傳疾病。遺傳疾病的數量大得驚人，現已查明的有上千種。

遺傳病一般由基因突變和染色體異常造成。

基因突變是細胞內遺傳物質的化學成分、DNA 鏈上某一小段由於某種原因所引起的分子結構的變化。突變發生後按照各種遺傳方式傳遞給後代。基因遺傳病傳代規律複雜。可分為常染色體顯性遺傳、常染色體隱性遺傳、性連鎖顯性遺傳、性連鎖隱性遺傳等。

按照常染色體顯性遺傳方式傳遞的疾病有軟骨發育不全症（一種矮小症）、杭廷氏舞蹈病（一種神經系統漸漸退化的病症）、青光眼的某些症狀、多趾畸形等。個體只要有一個缺陷基因，就成遺傳病患者，而且肯定會將這個缺陷基因代代相傳。

由常染色體隱性遺傳方式造成的疾病有鐮狀細胞性貧血、家族黑蒙性白痴（一種中樞神經系統的敗壞病）以及苯丙酮尿症（簡稱 PKU）。

苯丙酮尿症是一種先天性代謝缺陷，臨床症狀主要如下：(1)皮膚顏色較淡，毛髮在新生兒階段正常，而後逐漸從黑色轉為黃色；(2)在兩歲之內可以看到神經及精神症狀：如肌張力高，軀體常常前後擺動，行走時步伐短，姿態有點蹣跚。有部分患者表現膽小，約 25% 患者有反覆發作的昏厥，不易控制；(3)智力方面，在新生兒階段，不容易發現有什麼明顯的差異，而後就逐漸落後，85% 患者智力只在白痴的水平，極少數（1%）能夠達到正常水平。苯丙酮尿症的發生率為萬分之一，患者壽命縮短，只有 25% 左右的病人能活到三十歲。對這種病的病因目前已有所了解。患者體內存在著一對阻礙苯丙氨酸

氫化酶生成的常染色體隱性基因，由於肝臟缺乏這種酶，以致蛋白質中的苯丙氨酸不能氧化成酪氨酸，只能變成苯丙酮酸。大量苯丙氨酸及其酮酸，累積在血液和腦脊液中，一部分隨尿排出。大量苯丙氨酸及其酮酸對正在迅速發育的嬰兒神經系統造成不同程度的損害，長此以往就會毒害中樞神經系統，造成進行性智力落後。嬰兒在出生時表現是正常的，但是隨著苯丙氨酸逐漸增多，智力缺陷的症狀逐漸表現出來。

　　常染色體隱性遺傳病只有當兒童同時從父母雙方繼承一個異常基因（pp）時才出現。每二十人當中大約有一人攜帶苯丙酮尿症隱性基因（p）。如果一個雜合型（Pp）的人和一個攜帶兩個苯丙氨酸正常代謝的顯性基因（PP）者結婚，他們的孩子表現正常。然而，如果父母雙方都是表面正常但攜帶同樣病變基因的雜合型（Pp）者，他們的子女將有 25% 的可能成為苯丙酮尿症患兒，有 25% 的可能性同樣繼承兩個正常基因而成為正常者，另有 50% 的可能性成為像父母一樣的攜帶者（圖 2-10）。

　　在近親通婚中，攜有相同病變基因的相遇機會比一般人要高得多，因為近親結婚的人是同一近祖的子女，而這同一近祖具有同一缺陷基因的可能性較大。據查，苯丙酮尿症患者父母近親的比較多。禁止近親結婚是防止遺傳病發生的一項必要措施。

　　苯丙酮尿症引起的遺傳基礎代謝失調可由及早飲食干預而得到制止，這再一次強調了遺傳並不意味著不能改變的事實。目前，已經有方法檢查父母親是否攜帶苯丙酮尿症隱性基因，如此可直接對胎兒進行檢查，以便制定出生後的飲食治療計畫。現在只要採集出生後二或三天的新生兒的一滴血，即可對上述疾病作出明確診斷。如果嬰兒很早就餵養一種代乳品，限制含有苯丙氨酸的食物（如麵包、蛋、魚、牛奶等）的進食，如此由苯丙酮酸引起的損害就可被制止。兒童繼續限制這種食品直到童年中期，那時大腦的發育已到達頂峰，就不會被累積起來的苯丙氨酸傷害了。早期飲食治療的重要性在圖 2-11 中已

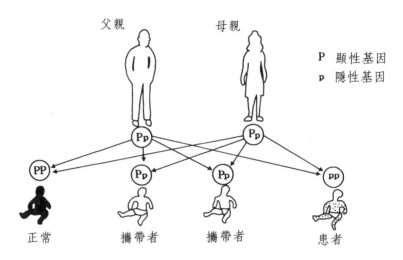

父親　　　　母親

P　顯性基因
p　隱性基因

Pp　　　　Pp

PP　　　Pp　　　Pp　　　pp

正常　　　攜帶者　　　攜帶者　　　患者

圖 2-10　苯丙酮尿症發生的遺傳方式

顯示了，它指出了治療開始的時間和 PKU 病人後來智商（IQ）之間的關係。從圖 2-11 中，我們可以看到生命開始的幾個月裡治療的效果迅速下降的事實，七個月開始的飲食治療已經為時太晚，稍能倒轉失調破壞的方向。這是我們強調早一點治療的重要例子，為了防止小兒痴呆，干預的時間是相當重要的。

　　依據研究，有一百五十種已知的疾病是由伴性隱性基因所傳遞的。病變基因通常由一個表面正常的母親的 X 染色體所攜帶，但是只是在男性身上表現出來。如果帶有 X 病變基因的母親（攜帶者）與一個正常的男子結婚，她們的兒子有 50% 的機會繼承母親異常的染色體，成為遺傳病患者，有 50% 的機會繼承母親正常的 X 染色體，成為父親一樣的正常者；他們的女兒有 50% 的可能性繼承母親異常的 X 染色體，成為像母親一樣的攜帶者；另有 50% 的機會繼承兩個都是正常的 X 染色體，成為正常者。如果父親是帶有 X 病變基因的患者，他絕不會將此種基因遺傳給兒子（因為他傳給兒子的只能是 Y 染色體，而且是一個正常的 Y 染色體），而有可能將這種病變基因傳給他的女兒，從而使她成為疾病的媒介者。血友病、肌肉營養

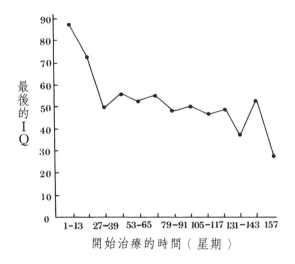

圖 2-11　苯丙酮尿症患兒飲食控制開始的
年齡（星期）和智力之間的關係

障礙症（一種進行性的肌肉消耗症）、脊髓共濟失調症（一種脊髓退
化疾病）、紅—綠色盲（圖 2-12）等都是透過這種方式遺傳的。

　　染色體異常是由於細胞核內染色體數目減少或增加，染色體某一
節段的短缺或易位造成的。我們能從光學顯微鏡中看到這一現象。由
於每一染色體內包含有近千個基因，因此染色體異常往往表現為多種
缺陷的綜合症，病情比較嚴重。

　　唐氏綜合症是最常見的染色體先天缺陷，它又稱為先天愚型、伸
舌樣白痴。它是以身體和智力的遲鈍為特徵的，並且有相當獨特的身
體特徵。患者一般臉形圓滿，兩眼旁開，塌鼻樑，口小舌大，伸舌流
涎，耳朵畸形。另外還有一些不正常的特徵，如蹼指或蹼足（俗稱
「通關手」），牙齒異常，用笨拙的扁平足行走。他們較易患白血病
和心臟病，常因呼吸道感染導致早夭。過去患者能活到青春期的是極
不平常的事，現在如果患者得到及時的治療（例如對肺炎使用抗菌
素），生命將大大地延長。與其他類型的（例如多動的、任性的、不

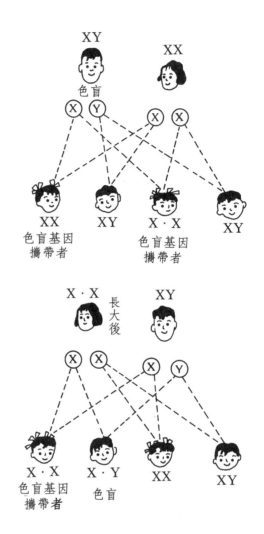

圖 2-12　男子的色盲基因的遺傳示意圖

不傳兒子只傳女兒；但女兒不表現症
狀，卻能生下色盲的外孫。

能控制行為的）兒童相比，唐氏綜合症的大多數兒童充滿感情、安
靜、性格較開朗，因而很有可能長時間被關在家裡。

　　一九五九年，有人證實了唐氏綜合症是由於第 21 號常染色體上

的偏差所引起。這是遺傳學上的重要突破，也是首先得到證明的由常染色體的異常引起人類疾病的病例。唐氏綜合症歸因於第 21 號常染色體的易位或沒有分離。在易位時，21 號染色體的一部分附加到另外的染色體上，通常到第 13、14、15 或 22 號染色體上，這樣，四十六條染色體的正確數目是出現的，但是它們的正確排列被破壞。更常見的是染色體沒有分離，得病的個體在第二十一對常染色體上有三條染色體，所以這種病也被稱作 21—三體症。這多餘的染色體分配可能是生殖細胞在減數分裂過程中出現的，是減數分裂失敗的一種結果。當一個在第 21 號染色體上含有兩條染色體的精子（或卵子）跟異性的正常的卵子（或精子）結合為受精卵之後，細胞內第 21 號染色體就有三條，個體就可能得病。有跡象表明減數分裂中發生的染色體畸變一般出現在母親方面，其危險性隨產婦年齡的增長而增大。對於年齡為四十至四十五歲的母親來說，危險性要比年齡為二十至二十四歲的母親大約五十五倍。為什麼會出現這種現象，目前還沒有明確的研究結論。但有一點可以推測，高齡婦女可能產生一些卵細胞退化或者更多的射線導致增加染色體不正常的可能性。

　　唐氏綜合症可以在出生前通過羊膜穿刺術早期發現。在羊膜穿刺時，一根針插入羊膜囊，吸一點羊水，此種液體含有胎兒身上脫落的細胞，檢查這些細胞就可以知道某種染色體和新陳代謝異常的存在。懷孕的第十六週是進行羊膜穿刺的最好時間。這個時候有足夠的胎兒細胞落在羊水中，而且這時胎兒還很小，不會因穿刺而被傷害。另外，這時如發現有異常，人工流產是比較安全的。和治療苯丙酮尿症不一樣的是，目前尚無治療唐氏綜合症的方法。

　　除了常染色體發生的異常外，還有性染色體異常引起性分化上的疾病。例如發生在女性的特納氏綜合症，患病女子只有四十五條染色體——二十二對常染色體和一條 X 染色體，少掉另一條 X 染色體，是 XO。此病患者頸部增厚，身材矮小，缺乏卵巢組織，第二性徵未能發展，智力發展遲緩。男性克羊費爾特氏綜合症患者有一條附加的

X染色體，是XXY，而不是男性的XY染色體排列。雖然他們不生育，但他們有很多女性的特徵，例如乳房的發育和長成，圓又寬的女性臀部體型，睪丸小，智力發育遲緩。

當有害基因顯示作用時會造成兒童發展的偏離，有的嚴重地造成腦和神經系統發育的障礙，導致智力落後，影響兒童心理的正常發展。為了減少一切誘發後代遺傳性疾病的有害基因，創造具有優異素質的兒童，人們首先必須掌握遺傳規律，開展優生學研究；其次，設置遺傳諮詢機構，開展產前檢查，設法將有害基因從人類基因庫中清除。而更積極的途徑是，通過遺傳工程的研究不斷提高基因水平，保證兒童的遺傳質量。我們相信，隨著科學水平的提高，這是可以辦到的。

第二節　胎兒的發育與先天素質

遺傳基因對兒童先天素質具有重要作用，但是兒童的先天素質不是單純由遺傳基因決定的，兒童的先天素質是遺傳基因和胎兒發育過程的環境因素之間相互作用的結果。在這一節中，我們將探討胎兒的發育過程和使胎兒正常發育的條件。

一、胎兒的發育過程

1. 胚種期

從受精卵到胎兒降生，其間大約二百七十天，需經歷三個階段。第一個階段是胚種期，也稱組織和組織分化前期。卵細胞受精後，一

方面繼續向子宮移動，一方面開始有絲分裂。第一次細胞分裂大約在受精後二十四小時（或三十六小時）內進行，此後細胞按等比級數迅速分裂，約在受精後的第八天（或第九天）胚種進入子宮。進入子宮前受精卵的營養靠自己的卵黃。進入子宮後，植入在子宮壁上，營養靠母體供給。此時期結束時出現胚胎。

2. 胚胎期

懷孕後的第二週到第八週為胚胎期，又稱細胞和組織分化期。此時期細胞發展極為快速，胚胎分化出三個細胞層：內胚層、中胚層、外胚層。人體各個器官就是在這三個胚層的基礎上分化而形成。外胚層是形成皮膚、感覺器官和神經系統的基礎；中胚層進一步分化成為肌肉、血液和循環系統；而內胚層則產生消化系統和其他內部器官與腺體。胚胎浸泡在羊水之中，通過胎盤跟母體進行物質交換。到兩個月時，它的長度約為三‧八厘米至五厘米，體重約為兩克，與受精卵相比增加了兩萬倍，在人的整個生命歷程中，胚胎期是發展最快的時期。此時它大體上已像個人的樣子了，四肢已得到相當的發育，有了手指與足趾，臉、耳朵、眼睛、嘴都已清晰可見，心臟在跳動，神經系統顯示出最初的反應。在這個時期，胚胎對環境的影響非常敏感。

3. 胎兒期

懷孕後的第三個月到出生為止是胎兒期，也稱器官和功能分化期。各組織器官生成並進一步分化。在這個階段的早期，胎兒成長達到高峰，以後趨於緩慢。胎兒的發展主要是使已形成的組織與器官更趨分化，軀體比例改變，大約要比原來長大二十倍，機能增加。五個月的胎兒其內部器官及神經系統大致完成並開始發揮作用，還出現了一些對其在子宮中生存有關的反射。胎兒在出生前的三個月中又為出生後對生命有至關重要意義的機能（如吞嚥、便溺、消化道的肌肉運動）作「高級準備」。

懷孕後的每一天對一個人的發展來說都是重要的。但相比之下，妊娠的頭三個月是關鍵性的，四分之三的流產發生在這一階段。環境中的致畸因子在胚胎期和胎兒期的初期作用最大，這是因為在細胞和組織分化前期，所有細胞和組織都是按照嚴格的步驟和精確的規律進行繁殖、分化、遷移和消長，並有條不紊地形成各個器官的原基，對這一階段的任一環節和步驟的干擾，都會引起各式各樣畸形的發生，嚴重的甚至會發生死胎、流產的現象。

二、胎兒正常發育的條件

任何一個個體在受精卵形成的那一瞬間，其特有的遺傳基因就已決定。有些先天缺陷是遺傳的。但是，生命從開始形成的那一刻起，甚至在這之前就已受到環境的影響（配子形成過程也受到環境影響）。因而有一些先天缺陷是由於環境的危害或環境和遺傳的某種相互作用而引起的。胎兒完全依靠母體生存，孕婦的健康、營養、工作、環境、藥物、疾病和她受到的輻射，甚至她的情緒和心理狀態都會或多或少地對胎兒產生影響。胎內的環境對胎兒的生長和出生後的發展具有重要意義。以下將影響胎兒發育之環境的重要方面逐一地進行介紹。

1. 孕婦的營養

胎兒的營養供應是通過臍帶和胎盤的半滲透薄膜，從母體的血液系統中汲取的，因此，懷孕期的營養對母親和胎兒都至關重要。

許多研究指出，母親營養良好，妊娠和分娩就會比較順利，出生的孩子也更為健康；而母親營養不足，就很可能生出不足月的或體重較輕的孩子，或者造成孩子死胎，或者產後不久即死去的現象。

營養與大腦發育有很大關係。在懷孕五個月以後，胎兒的大腦開

始逐漸形成，在出生前人類腦細胞的數量是直線增長的。腦細胞的分裂增殖是一次性完成的，這個分裂過程貫穿整個胎兒期，到出生時腦細胞的分裂已近尾聲。初生嬰兒的大腦細胞數目已接近成人的85～90%，但體積小，腦細胞結構簡單，彼此之間的連接尚處於接線階段。營養不良的嬰兒腦細胞數低於正常數（有時只有預期量的60%），這些嬰兒在子宮內就受營養不良的損害。據國外一些研究發現，母親在妊娠初期營養不良，胎兒受害很大。如果六個月以前的胎兒營養不良，成為智力落後的可能性是很大的。另一些研究指出，在妊娠期的最後三個月中，母親營養不良所產生的影響更為明顯。看來究竟什麼時間營養不良產生的後果最為嚴重，還不能作出明確的結論，但是母親的營養對胎兒的發育有很大的影響，這一點則是非常明確的。一般孕婦在妊娠早期嘔吐反應易導致胎兒缺乏營養。有些人害怕發胖，或擔心胎兒過大增加分娩的困難，而不敢多吃食品這是不妥的。有些研究者認為，孕婦的飲食一般可不加控制。

2. 孕婦的疾病

孕婦的身體健康和營養一樣是十分重要的。尤其是懷孕後的頭三個月內，母親患病對胎兒發育影響最大，某些病毒和微生物對胚胎具有導致畸形作用。比細菌還小的病毒能輕易地經過胎盤長驅直入直接影響胚胎。如一九六四年至一九六五年冬天，一種德國麻疹流行病席捲美國，造成三萬名胎兒和新生兒的死亡，還留下了兩萬名殘廢兒童。在病毒感染中，風疹病毒對胎兒的危害最大。這種病毒在一般人身上顯得並不太嚴重，但是如果患者是位懷孕未滿四個月的婦女，它就會對胎兒產生非常嚴重的影響。受到風疹病毒感染的嬰兒產生先天缺陷的可能性是三比一，可能造成的缺陷有中樞神經系統損壞、心臟缺陷和發育遲緩的現象。此外，孕婦得了流行性感染病很可能使嬰兒產生唇裂現象。

3. 藥　物

　　藥物、有毒化學物質和環境污染干擾正常胚胎發育，引起畸胎。二十世紀六〇年代初，日本和西歐一些國家近萬名嬰兒畸形的悲劇事件，導因於藥物引起嚴重後果的例子。乃是由於前列嬰兒的母親在妊娠的頭三個月，為了消除妊娠反應而服用了「反應停」（thalidomide），而「反應停」此種藥物含有某些化學致畸因子。此種畸型嬰兒四肢特別短，上肢呈現出長骨缺損，腦骨、尺骨可以完全不存在，手好像直接從肩部長出，下肢畸形可波及髖關節，造成下肢明顯的外展。

　　藥物的作用方式，一方面是本身直接地透過胎盤，對胎兒產生和母親同樣的效果，另一方面是藥物調整了母親的生理狀態，從而也改變了子宮內的環境。

　　我們已經知道某些藥物是有害的，例如抗菌類中的鏈黴素和四環素。如果母親在妊娠期服用四環素會引起未成熟的嬰兒骨骼發育遲滯的現象；如在妊娠後期服用，會使嬰兒的牙齒變黃。過量的維生素A、K、C、D、B_6的服用，包括保胎用的黃體酮在內的激素的過量使用，都會使胎兒身體生長帶來有害的結果。

　　其次，雖然父親服藥不會影響胎兒的成長，但藥物可能破壞染色體而影響精子，進而影響遺傳因子的傳遞作用。

　　探討藥物對發育中胎兒的不良影響，主要目的在於引起對孕婦服藥問題的重視。有些孕婦有病不服藥，結果貧血無法改善，高血壓無法得到妥善控制，有的發生抽搐，也會對胎兒產生不良影響。一般妊娠七個月後，胎兒發育已較為完善，藥物（除四環素、鏈黴素及各種放射性同位素外）影響甚微外，而孕婦在此段時期內又最容易得病，為保證安全分娩，這時孕婦有病，一定要配合醫生進行治療。

4. 輻　射

　　輻射會引起基因突變、染色體被破壞的現象。懷孕早期的母親，尤其是在懷孕後六週之內，X射線的輻射對胎兒影響最為嚴重，因為此時正是主要器官發育的關鍵時期。如果孕婦受了X照射，就會使孩子產生小頭畸形、智力缺陷、顎裂、失明、唐氏綜合症、生殖器畸形等。

　　二十世紀二〇年代的一項研究發現，七十四名孕婦曾在各種條件下接受X射線的輻射，結果新生兒中只有三十六名是正常的，其餘的孩子中，二十三名嚴重發育遲緩，十五名呈現體格過小或失明等現象。

　　目前，孕婦不接受X射線處理已為人們所知，需要特別指出的是，一個婦女如有懷孕的打算，就不能再接受盆骨部位的X射線檢查，否則小小的疏忽會造成嚴重的後果。

5. 孕婦的情緒

　　我國自古以來就講究胎教，有孕期「清心養性，避免七情（喜、怒、憤、思、悲、恐、驚）所傷」之說。在很長的一段時間裡，胎教被認為是唯心的，逐漸被人遺忘。現在看來，這也是值得研究的一個問題。六〇年代起，國外（如日本和美國）有些學者開始從事胎教的研究，從研究中取得一定的效果，胎教遂又受到相當的重視。我國對胎教的研究和應用，在最近幾年裡有了新的開始。母親的情緒、心理狀態對胎兒的發育也有影響，如起伏不定的情緒或長時間低落的情緒狀態等。例如一個心情寧靜、舒暢的母親，和一個心情緊張、憂慮的母親相比，她的胎兒是生活在大不相同的環境裡，兩者血液中的化學成分、全身循環流動的激素以及細胞的新陳代謝都不相同。母親發怒、害怕或憂愁會使內分泌腺，尤其是腎上腺分泌出各種不同種類和不同數量的激素。使細胞新陳代謝產生變化，血液裡的合成物也發生

變化。這些新的化學物質被送到胎盤，使胎盤的循環系統產生變化，由此影響胚胎的發育。胎兒對母親的憂傷、恐懼和焦慮的反應是，活動次數幾乎立即明顯地增多，活動的激烈程度也明顯加強。心理學家依奇曼（Eichman）和格塞紐斯（Gesenius）在一九五二年研究調查德國柏林和其他地區的五十五所醫院，發現在一九三三年希特勒上台之前的七年內，兒童神經系統畸形發生率是 1.25%，在希特勒統治下的七年內，發生率增加到 2.38%，一九四〇年到一九四五年第二次世界大戰期間，又增加到 2.58%，一九四六年至一九五〇年是戰後最困難的時期，兒童神經系統畸形發生率竟高達 6.5%。分析起來，孕期憂慮和惶恐狀態的加重和營養缺乏及疲勞等是新生兒畸形率增加的主要原因。戴維斯（Davids）等人的研究指出，懷孕後焦慮不安的母親比起情緒正常的母親而言，在分娩時更容易出現問題，導致生出異常的孩子。此乃因為當孕婦情緒緊張時，在妊娠的關鍵期，腎上腺皮質會分泌出過量的氫化可鬆激素，進而阻礙胎兒頜骨（口腔上部和下部的骨頭和肌肉組織，它是分離口腔和鼻腔的組織）正常合轉，出現顎裂，當裂縫延伸至上唇時出現唇裂。但是這個研究也發現，受到影響的孩子中有 25% 的親屬是顎裂和唇裂，因而此種先天性的畸形很可能是遺傳和緊張感（環境因素）交互作用的結果。

　　先天素質的優劣將影響兒童心理發展的速度、水平和特點。研究表明，智能不足兒童有 50% 以上是先天因素造成的。因而維持胎兒正常發育的條件和環境是非常重要的，尤其是孕婦本身的身體健康。

第三節　兒童身體、腦和神經系統的發展

　　兒童在發育過程中，由於遺傳和生活環境（營養、體育鍛鍊、疾病）等因素會出現各方面（形態、身體機能、性成熟等）的個體差異，但兒童生長發育的一般規律還是存在的。本節主要介紹兒童出生後身體、腦和神經系統發展的一般規律和特點。

一、身體的發展

　　人體的生長發育不是直線上升，而是呈波浪式的，發展的速度是不等速的，有時快些，有時慢些，彼此交替著進行。兒童的生長有四個顯著的時期：(1)從出生到兩歲，發展十分迅速；(2)兩歲到青春發育期，發展較平緩；(3)青春發育期開始（男孩約在十三至十五歲，女孩約在十一至十三歲），發展急劇迅速，變化極大；(4)十五、十六歲到成熟，發展又趨緩慢。

1. 身高和體重

　　兒童身體發展的重要特徵是身高和體重。它們象徵著內部器官，如呼吸、消化、排泄系統以及骨骼的發育。

　　從出生到成熟的整個發育時期，兒童的身高和體重都在增長，一般女孩約可長到十八歲左右，男孩約可長到二十歲左右。不同的生長週期中兒童的身高和體重增加的速率是不同的，發育的速度呈 S 形（見圖 2-13）。有兩個最快的發展期或稱高峰期。第一個高峰期在出

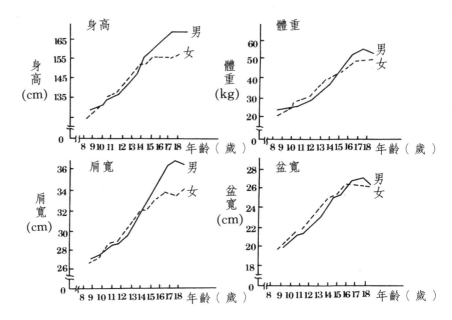

圖 2-13　男女學生身高、體重、肩寬、盆寬的發育曲線

（引自聽恭紹等，1963）

生後的第一、二年。在第一年內兒童的身長增加二十至二十五厘米，
為出生時身長（五十厘米）的 50%；體重增加六至七公斤，為出生時
體重（三公斤）的二倍。第二年兒童的發展速度也是較快的，身長增
加十厘米，體重增加二‧五至三‧五公斤。此後，增長速度急劇下
降，身高在兩歲後每年增加四至五厘米，體重增加一‧五至二‧五公
斤，保持了一個相對平穩的速度。相形之下，嬰兒期與兒童早期（大
約在五歲以前）比兒童中、晚期（五至十二歲）增長要快些。到青春
發育期又出現第二個高峰期。此時身高每年增加一般為六至七厘米，
體重每年增加一般為四至五公斤，以後增長速度又開始減緩，直到發
育成熟，骨骼鈣化完成後，身高才停止增長。兒童的身高和體重的增
長水平可用以下公式計算：

身高（厘米）＝實際年齡×5＋80（二歲後）

體重（公斤）＝實際年齡×2＋8（一歲後）

以上公式容易算但不精確，數據僅供參考。關於兒童的身高體重，各地區都有年齡常模，可自行對照。偏高或偏低對兒童的成長發育均不好。

依據相關研究指出，男女兒童在身高、體重、肩寬、盆寬等的發育曲線上出現了兩次交叉（圖2-13）。第一次交叉在九至十歲，交叉後女性各項指標的發育水平都超過了同年齡的男性，說明女性已經開始了青春發育期的發育突增階段。第二次交叉在十四至十六歲，交叉後男性各項指標的發育水平又超過了同年齡的女性，此乃說明男性青春發育期的發育突增階段已開始，而女性則已開始進入緩慢階段。以後男女差距繼續增加導致男性在十八歲時身高、體重、肩寬、盆寬的絕對值較女性達到了更高的水平，而身高和肩寬的差距更為明顯。最後，形成了成年男子身體較高、肩部較寬，成年女子身體豐滿、臀部較寬的不同體態特點。

2. 身體各系統的發展

身體各系統的發展也是不平衡的（圖2-14）。

個體出生後腦和神經系統的發育最快，在最初的六年內繼續以最快的速度發展著，學前期已接近成人水平。

淋巴系統的發育在第一個十年中表現出一種特殊的速度。這是因為兒童時期機體對疾病的抵抗力弱，需要強而有力的淋巴系統來進行保護；十歲左右發展達到最高峰，已達成人時期的200%，說明十歲左右的兒童已獲得相當的免疫力，身體健康處於最良好的階段。在第二個十年期間隨著其他各系統逐漸成熟和對疾病抵抗力的增強，淋巴系統逐漸退縮。

生殖系統的發育在童年時期（即第一個十年）幾乎沒有什麼進

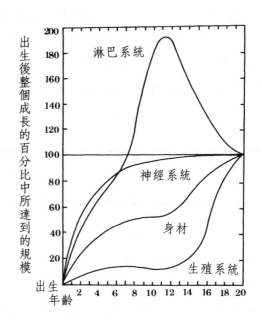

圖 2-14　四種成長系統發展的不同模式

展。而在全身第二次發育開始以後才迅速發展。此正好說明個體在全身沒有達到成熟時，生殖系統的迅速發育是沒有必要的。

　　兒童身體方面的發展，除體型身材上增大外，各個器官系統生長速率也在不斷變化著。因此隨著年齡的增長，兒童身體的比例也在變化。正常的發展遵循兩項原則：頭尾原則（從頭到尾）和遠近原則（由近而遠）。

　　身體的發展嚴格依據頭尾原則，則身體各部分的發展必須從頭部延伸到身體的下半部。成長次序是頭部→頸部→軀幹→下肢。頭部發育早於頸部，頸部發育早於胸部，胸部發育早於腰髓，上肢發育早於下肢。胎兒的頭、腦和眼睛的發育比軀幹和兩腿要早，出生以後，這些部分的發育依舊先於身體的下半部，因此整個身體的各部分比例顯得不對稱，直到其他部分的發育迎頭趕上時，這種不對稱的現象才完全消失（圖 2-15）。個體在胎兒期有一個特大的頭顱（占身長的二分

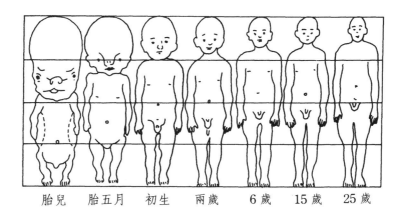

圖 2-15　由胎兒到成人身體發育的比例

（引自 W. T. Robbins, 1928）

之一）、較長的軀幹及短小的兩腿，經過發育，到成人時變為較小的頭顱（占身長的八分之一）、較短的軀幹及長腿的形態。從出生到成人的發育過程中，頭只長了一倍，軀幹增長兩倍，上肢增長三倍，下肢增長四倍（參見圖 2-16）。

　　另外，根據遠近原則，個體發展是從身體的中央開始，延伸到邊緣部分。頭部和軀幹比四肢先發育，手臂和腿比手指和腳趾先發育。

　　了解兒童身體發展具有波浪形而不是直線上升的這個特點後，可以依據不同年齡時期全身及身體各部的發育速度，安排各年齡兒童的活動和營養方面的供應，以促進兒童的正常發育。

二、兒童大腦和神經系統的發展

　　眾所周知，腦神經系統是兒童心理發展的物質基礎，因而對於它們的發展就有進一步詳細介紹的必要性。

　　在懷孕後的第四週，胚胎第一個形成的部分是神經系統，首先發

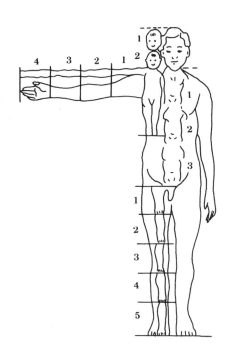

圖 2-16　嬰兒至成人身體各部分發育的比例

（引自 A. A. Knopf, 1943）

展的是神經系統的低級部位。在懷孕八週時，胚胎的大腦皮層已經可以分辨出來了。到第二十六週時，胎兒大腦皮層基本上已具有和成人的腦一樣的六層結構，這是大腦形態上的初步發展。大腦皮層的細胞主要是在懷孕第十五至十八週形成的，到出生後六個月開始延至兩歲，腦細胞繼續分裂，數目增加，體積繼續增大。兩歲以後，腦細胞停止增殖，但腦細胞的發育仍在繼續進行。

1. 腦重量的增加

個體的成長中，腦是優先發育的，出生時新生兒的腦重是三九〇克左右，已達到成人腦重的 25%，而同時期新生兒的體重僅為成人體重的 5%（新生兒體重為三公斤左右，成人體重平均為六十公斤）。

出生後兒童腦重量隨著年齡而增長，增長的速度是先快後慢。第一年腦重的增加最快，以每天約一克的速度遞增，九個月時達到六六〇克，第一年末的發展達到出生後需要發展的 50%；兩歲半到三歲時腦重量發展到九〇〇克至一〇一一克，相當於成人腦重的 75%。此後幾年發展漸緩，到六、七歲時兒童的腦重接近於成人水平，約一二八〇克，達到成人腦重的 90%。此後的增長就很緩慢，九歲時約一三五〇克，十二歲時約一四〇〇克，到二十歲左右停止增長。

2. 腦皮層結構複雜化

出生後腦的發展主要在於腦皮層結構的複雜化和腦機能的完成化。根據大腦生理學的研究，兒童大腦重量的增加並不是神經細胞大量增殖的結果，主要是神經細胞結構的複雜化和神經纖維的延伸。新生兒的大腦皮層表面較光滑，構造十分簡單，以後神經細胞突觸數量和長度增加，細胞體積增大，神經纖維開始以不同的方向越來越多地深入到皮層各層（兩歲前神經纖維的延伸多係水平方向，兩歲後則有斜線與垂線纖維）。與此同時，神經纖維的髓鞘化逐漸完成，神經纖維髓鞘的作用主要是保證神經興奮沿一定的道路迅速傳導。髓鞘化是腦內部成熟的重要標誌。新生兒出生時，腦的低級部位（脊髓、腦幹）已開始鞘化，以後的發展不均衡，先是與感覺運動有關的部位，然後是與運動系統有關的部位，最後是與智力活動直接有關的額頭、頂葉區髓鞘化，六歲末幾乎所有皮層傳導通路都已鞘化。

個體的成長過程，從六歲至二十歲之間，雖然腦的重量僅僅增加 10%，但是腦細胞的結構和機能卻不斷地進行著複雜化的過程，尤其是在十八至二十五歲之間，複雜化的過程更加劇烈地發展著。

3. 兒童腦電圖的特徵

腦電波的測量和分析是揭示心理現象大腦機制的一種重要方法。腦的活動會產生電流，原因很複雜，可能與生物細胞的生命活動、新

陳代謝時發生的某些物理和化學的變化有關。腦電波的電壓很低，以
微伏計算（1 微伏等於 1/100 萬伏特，即我們日常用電燈電壓的兩萬
萬分之一），通過儀器可將腦電波活動的情況記錄下來成為腦電圖。

　　腦電波頻率是腦發育過程的最重要參數。人腦電波有多種形式，
其中 α 波是人腦活動最基本的節律，頻率為 8～13 次 / 秒。成人 α 波
呈現頻率相當穩定，一般說 10±0.5 次 / 秒的 α 波節律是人腦與外界
保持最佳平衡的節律。θ 波的頻率一般為 4～7 次 / 秒，正常成年人
在清醒狀態下很少出現 θ 波。δ 波的頻率一般為 0.5～3 次 / 秒，意
味著皮層活動性降低，正常成年人在清醒狀態下絕少出現。

　　依據兒童和成人腦電圖的比較研究，心理學家發現兒童腦電圖的
發展趨勢是：新生兒的腦電圖多為 δ 波，並且呈現不規則、不對稱、
不成形；隨兒童年齡增長，腦電波趨於有規律，頻率升高。一般五個
月時枕葉開始出現 θ 波，一至三歲時 δ 波減少，θ 波增多，同時出現
少量 α 波；四至七歲時 θ 波減少，α 波增多；八至十二歲時 θ 波開始
從枕葉、顳葉、頂葉消失，α 波占主要地位；十三歲左右腦電波基本
達到成人標準❶。

　　兒童腦的發展成熟問題是研究兒童發展的中心問題之一。若以兒
童的腦皮質細胞的電活動頻率基本上達到 α 波範圍與 θ 波基本上消失
作為成熟的指標，則兒童的枕葉到九歲基本上成熟，顳葉到十一歲基
本上達到成熟，而全皮質（指枕葉、顳葉與頂葉而言）則到十三歲才
基本成熟，可見兒童大腦各區的成熟程序是由後往前分別進行的，其
程序是枕葉（O）→顳葉（T）→頂葉（P）→額葉（F）。（圖
2-17）自 O 至 T 再至 P 此一線路已被證實，而自 P 至 F 這段線路是
依據關於兒童腦的組織學材料的一種假設。這條「O→T→P→F」線
路是正常兒童的腦逐漸發展至成人的必然規律。許多智能不足兒童的

---

❶劉世熠：《我國兒童的腦發展的年齡特徵問題》，載自《心理學報》，一九六
　二年第二期。

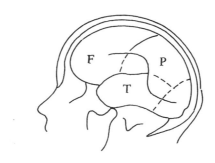

圖 2-17　兒童腦發展成熟程序示意圖

（「O－T－P－F」線路）

O－枕葉；T－顳葉；P－頂葉；F－額葉

腦的發展則在線路的始端（O）即已中斷，而遲鈍兒童腦的發展則可能在線路的某個轉折部分中斷。

　　一些相關研究也指出兒童腦的發展有其嚴格的程序性，它的發展基本上是逐漸的與連續的，但不是等速的、直線的。大約在四至二十歲年齡階段中有兩個顯著的加速時期，第一次是在五至六歲左右，第二次在十三至十四歲左右。此兩個顯著加速的時期使心理腦的發展在一定程度上呈現一種「斷續」或「飛躍」現象。第一個顯著加速的時期標誌著枕葉 α 波與 θ 波間鬥爭最劇烈的時期，第二個顯著加速的時期則象徵著除額葉以外幾乎整個皮質的 α 波與 θ 波間的鬥爭基本結束。

4. 腦的反射活動

　　腦的基本活動是反射活動。兒童通過各種感官接受來自體內外的刺激，而後通過大腦的分析加工編碼，作出反應。通過各種反射活動，兒童與外界取得平衡。剛出生的新生兒，大腦皮層還未成熟，神經活動主要是在皮層下部位進行的一些先天遺傳的自主性反射，例如對生存有意義的飲食（吸吮、吞嚥）、防衛、朝向反射等。此外，還

有幾種特有的反射：(1)足趾反射（巴賓斯基反射），觸摸新生兒腳底，則足趾必向上呈扇形張開。此種反應約在嬰兒滿六個月時消失；(2)抓握反射（達爾文反射），當用物品刺激嬰兒手心時，他就會馬上抓緊東西不放。此反射在出生後二至三個月消退；(3)驚跳反射（莫羅反射），手托新生兒，臉朝上，然後迅速下降，新生兒則伸直雙臂，然後縮回緊貼胸前，握緊拳頭。出生後一個月內這種反射表現明顯，四個月消失；(4)游泳反射，將未滿六個月的嬰兒俯放在水裡，他會表現出協調得很好的不隨意游泳動作；(5)行走反射，剛出生的新生兒被人扶在腋下光著腳板接觸平面，他會做邁步的動作，看上去非常像動作協調的行走。此種反射在出生後兩個月左右消失；(6)強直的頸反射，當嬰兒躺著時，將他的頭轉向左側或右側，於是他就伸出與頭轉向一致的那隻手，而把相反方向的手臂和腿屈曲起來。實際上這是嬰兒吃奶最好的姿勢。或有認為嬰兒經常喜歡伸出的那一隻手可能就是他的慣用手，此種反射應在出生後二至三個月消失。從目前研究來看這些反射動作對人類生活的實際意義不大，但發現它們的消失時間可以作為神經系統是否成熟或有無障礙的一種指標。如果在應該消失的時候依然存在，則表明腦和神經系統的發育有可能不正常。因此，這些反射在臨床上有診斷性價值，可用來進行小兒智能發育檢查。目前在一些國家有不少人利用嬰兒先天的游泳反射和行走反射，訓練嬰兒的游泳和提早行走，已有一定成效。

兒童條件反射出現的時間尚有爭論。原蘇聯科里佐娃等人的一些研究認為，兒童第一個條件反射是哺乳姿勢條件反射，它大約出現在出生後十天至兩週。而西方的一些研究認為，新生兒在出生後幾天就能形成一些較複雜的人工條件反射。兒童形成條件反射的速度隨年齡的增長而加快。就整個兒童期來說，兒童形成的條件聯繫帶有很高的穩定性，即能很牢固地、長時間地保留下來。

大腦皮層抑制機能的發展是大腦機能發展的重要標誌之一，抑制性反射（一個刺激引起原來反應的停止或減少）對兒童來說有很大意

義，可以提高兒童對外界變化的環境之適應能力。但兒童抑制性反射產生時間比興奮性反射遲緩（一般認為三至四個月開始產生，而且形成困難，如有些五至六歲兒童建立延緩抑制都很困難），這是因為幼年兒童皮層主動抑制過程比興奮過程弱，兒童年齡越小，神經的興奮過程就比抑制過程占優勢，興奮也特別容易擴散。過高的抑制要求，往往會引起高級神經活動的紊亂，隨著言語（第二信號系統）作用的發展，兒童的條件抑制逐漸精確而呈穩定性狀態。

第四節　兒童動作的發展

兒童動作的發展一開始就和動物動作的發展採取了完全不同的路線。動物出生不久，動作能力就發展得很好，可以自由行動。人類幼兒在出生後的幾個月中僅有兩種身體活動，一種是在人類進化過程中遺傳下來的吸吮、覓食、抓握等一系列反射動作，利用這些反射動作，新生兒與陌生的世界取得了最初的平衡；另一種是一般性的身體反應活動，如蹬腳、揮臂，扭動軀幹等。一般性身體反應活動是嬰兒自發的，無目的的、無秩序性的，身體活動所涉及到的軀體部分極廣，但這些自發性的舞動是日後動作發展的基礎。在出生以後的半年，嬰兒首先發展的是一些感覺能力，至於動作，特別是手的動作和直立行走等運動能力發展較慢。

一、動作發展的規律

兒童動作的發展是在腦和神經中樞、神經、肌肉控制下進行的，因此兒童動作的發展和兒童身體的發展、大腦和神經系統的發展密切

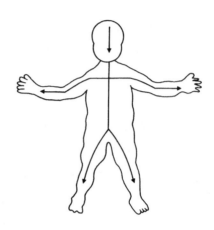

圖 2-18　身體和運動發展
的直線傾向圖

相關。兒童身體的發展有先後次序，兒童動作的發展也表現有一定的
時間順序。在兒童早期，動作的發展在某種程度上象徵著心理發展的
水平，動作的發展同時也促進兒童心理發展。因此，在幼兒智能發育
的檢查中，大（粗）動作和細動作的發展是檢查的一個重要項目，動
作的發展是和身體發展密切相連的，兒童動作的發展也有類似與身體
發展的規律（參見圖 2-18）。

1. 從上至下

兒童最早發展的動作是頭部動作，其次是軀幹動作，最後是腳的
動作。兒童最先學會抬頭和轉頭，然後是翻身和坐，接著是使用手和
臂，最後才學會腿和足部的運動，能直立行走和跑跳。任何一個兒童
的動作發展總是沿著抬頭→翻身→坐→爬→站→行走的方向趨向成熟
的。

2. 由近而遠

兒童動作發展從身體中央開始，越接近軀幹的部位，動作發展越

早，而遠離身體中心的肢端動作發展較遲。以上肢動作為例，肩頭和上臂首先成熟，其次是肘、腕、手，手指動作發展最晚，下肢動作也是如此。

3. 由粗到細，或者由大到小

生理的發展從大肌肉延伸到小肌肉，因此兒童先學會大肌肉、大幅度的粗動作，以後才逐漸學會小肌肉的精細動作。新生兒只會緩慢性的「臂舞腿蹈」，四、五個月的嬰兒要取面前放著的玩具，往往不是用手而是用手臂甚至整個身體。隨著神經系統和肌肉的發育，加之兒童大量的自發性練習，動作逐漸分化，兒童開始學習控制身體各個部位的小肌肉的動作。他們在身體某部分受到刺激後能控制經由有關部位作出相應的動作反應，而抑制身體其餘部分的動作，使反應更加專門化。兒童用手握鉛筆自如地一筆一劃地寫字，往往要到六、七歲才能做到。

二、動作發展的階段

兒童的一些重要動作有一定的發展順序。

1. 頭　部

兒童眼肌控制發生於出生初期。出生後十二小時，嬰兒已出現眼睛注視移動中的成串東西的「眼球震動」運動，在第三到第四週間，已有眼睛逐物的運動。眼睛水平方向的運動出現在第三個月，而垂直方向的運動則在出生後幾週內出現，眼睛圓周式的「環球運動」的出現是在第六週。反射性的微笑，即由某些觸覺刺激引起的微笑可於出生後一個星期看到；此種對人的微笑作出反應的社會性微笑需在第三、四個月才有。滿月的嬰兒俯臥時能將頭部舉成水平位置，發展的

順序是俯臥時能抬頭，然後坐著時頭能豎直，最後仰臥時能抬頭。

2. 軀幹部

軀幹部的主要動作是翻身和坐。嬰兒由側臥轉為仰臥，由仰臥轉為側臥，再則是自由翻轉。約在此同時，嬰兒能控制軀幹部自動坐起，開始時身體前傾，雙臂外伸，兩腿彎曲，腳掌相向，以增加身體上半身的平衡。

3. 手臂和手

手部動作的發展是人類的特點之一，在兒童心理發展上手部的動作具有重大的意義。兒童手的抓握動作具有自己獨特的、動物所沒有的特點。首先，兒童逐步學會了拇指和其餘四指對立的抓握動作，這是人類操作物體的典型方式。嬰兒早期的抓握是使用整個手臂，以後才用拇指，再發展到使用四個手指和拇指。其次，兒童在抓握動作中，逐步形成眼和手，即視覺和觸覺的協調運動。兩隻手在眼的合作下玩弄物體，到同時玩弄兩種物體，繼之會用種種不同的方式來玩弄各種物體，如拿柄搖拔浪鼓、將小球放入瓶中、堆積木等動作。手的抓握動作約在周歲時才接近完成階段。

4. 腿和腳

嬰兒在學會翻身、坐起的動作後逐漸學會了爬行。嬰兒最初往往用著地滑行來代替爬行，也就是嬰兒坐著，用手臂和腿推著身體前進；以後是匍匐爬行，腹部蠕動，用手臂帶動身體前進，兩條腿拖在後面；接著用膝蓋和手爬行；最早約在八個月時才能用手和腳作四肢爬行。腳站的動作與爬行動作的發展，有一段時間是重疊的，以後嬰兒能將自己身體移動到要站的位置，然後扶著東西站立。一歲左右的兒童能扶著東西走路，十四個月時能不用支持物自己獨自走幾步，一般在一歲半時就行走自如了。

5. 動作技能

　　動作技能是一種自動的、迅速的、正確的、柔和的動作，它不是一個單一的動作，而是一連串的上百個肌肉與神經的協調動作。嬰兒在掌握了人類一些基本動作之後，經過多次的練習，開始學習掌握日常生活和遊戲中所需要的較簡單的動作技能，如翻書、穿串珠、摺紙、堆積木、自己端碗拿匙吃飯、穿衣服、脫衣服、開盒子、打開瓶蓋、用蠟筆或鉛筆畫圖、滾球、上下樓梯、跑步和跳遠等。不過，開始時兒童進行以上這些動作時並不協調和熟練。學前期是兒童學習動作技能的最佳時期。這個時期兒童身體柔軟，容易學習許多動作，加上他們喜歡模仿，喜歡不厭其煩地重複同一動作，不怕失敗，也不怕別人嘲笑，因而只要能積極地加以指導和訓練，學前兒童可以獲得許多動作技能。以手的技能而言，他們除了學會飲食、穿衣、個人生活方面的動作外，還能較好地接球、扔球、用剪刀沿著畫線的樣子剪出簡單的圖形，能用紙黏土塑造自己喜歡的但還不是很像的物體，能用筆畫出人和物體，還能學會寫字；從腿和腳的技能來說，他們能學會奔跑、游泳、騎三輪車、走平衡物、攀登、跳舞等動作。

　　對兒童動作和動作技能形成的大致年齡（常模年齡），國內外都有相關的研究。如格塞爾和雪利（Shirley, M. M.）的研究（參見圖2-19、2-20），和李惠桐等人的研究。研究結果詳見表 2-1 和表 2-2。

　　動作和動作技能的掌握對嬰幼兒心理發展具有重要意義，對嬰幼兒智力發展和人格特質的形成有很大關係。對於兒童動作技能的掌握可以協助兒童及早擺脫對成人過度的依賴，學會獨立自由地活動，開擴眼界，增長知識。動作技能是兒童與兒童間交往的媒介，動作笨拙、動作技能發展遲緩的兒童往往無法和同伴打成一片，而動作技能發展較好的兒童容易受到同伴的歡迎和好評。由此可見，在學前期重視兒童動作和技能的發展是十分必要的。

　　男女兒童的動作發展存在差異。兒童在進入學校以後，無論是在

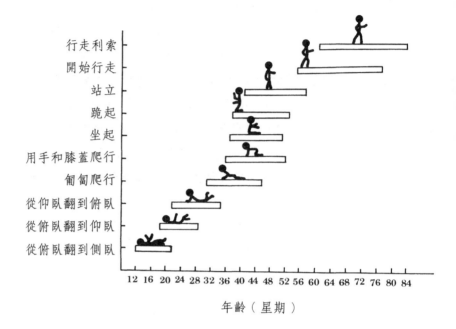

圖 2-19　動作能力的發展

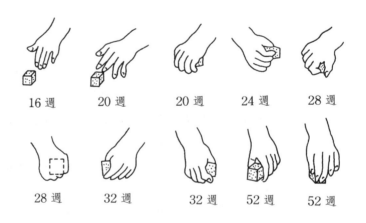

圖 2-20　出生第一年手的技能發展

圖中數字表示兒童按週計算的年齡，而手則表示當時
所能達到的靈巧程度。（引自霍爾沃森，1931）

表 2-1　三歲前兒童全身動作發展順序表

大動作項目	常模年齡	成熟早期年齡	成熟中期年齡	成熟晚期年齡
俯臥抬頭稍起	1.2	—	—	2.0
俯臥抬頭與床面成 45°角	3.6	2.1	3.2	4.0
俯臥抬頭與床面成 90°角	3.8	2.9	3.5	4.5
抱直頭轉動自如	3.3	2.0	2.9	3.7
仰臥翻身	4.2	3.1	3.7	6.8
扶坐豎直	4.9	3.1	4.2	6.3
獨坐前傾	5.2	3.2	4.5	5.9
獨　坐	6.5	4.7	8.1	6.9
自己會爬	9.3	5.9	8.2	10.2
從臥位坐起	9.7	6.9	8.6	11.4
扶腋下站立	4.7	3.3	4.2	5.4
扶雙手站	7.7	5.1	6.6	8.9
扶一手站	10.1	7.0	9.5	10.9
獨站片刻	11.9	9.2	11.2	13.3
扶雙手走步	9.8	7.1	9.3	11.0
扶一手走步	11.8	9.1	10.7	12.7
獨走幾步	13.7	11.2	12.7	15.0
扶物能蹲	11.1	8.2	9.8	11.9
自己能蹲	13.9	11.2	12.6	14.8
會跑不穩	16.7	14.0	15.2	17.7
跑能控制	19.8	15.6	18.3	20.7
自己上下矮床	20.0	14.6	17.1	22.8
雙手扶欄上下樓	19.3	15.0	18.1	20.5
一手扶欄上下樓	23.9	19.4	22.7	28.2
不扶欄上下樓	28.1	21.5	26.1	33.7
雙腳跳	26.7	21.3	24.0	29.5
獨腳站	33.4	23.6	29.5	—
踢　球	17.6	15.0	16.7	21.2
從樓梯末層跳下	31.7	24.3	29.1	34.4
跳　遠	30.5	24.1	28.2	35.4
手臂舉起投擲	29.3	23.6	27.4	33.7
能組織活動	27.1	21.6	25.0	29.4

註：表中的「年齡」單位為「月」。表 2-2 同。

表 2-2 三歲前兒童手的動作發展順序表

細動作項目	常模年齡	成熟早期年齡	成熟中期年齡	成熟晚期年齡
握住拔浪鼓一會兒即掉	1.0	—	—	1.9
玩弄手	2.5	1.8	3.2	3.9
抓住胸前玩具	4.7	3.1	4.2	5.5
自己抱住奶瓶	5.5	3.0	4.4	7.4
可將奶瓶奶頭放入口中	5.8	4.1	5.3	7.9
在手中傳遞積木	6.4	5.0	5.9	6.9
能拿起面前玩具	6.2	5.0	5.8	6.7
拇指和它指抓握	6.9	5.1	6.5	7.9
拇指和食指捏米花	8.9	7.1	8.5	9.9
撕　　紙	9.1	5.7	8.3	9.9
從瓶中倒出小球	13.4	9.4	12.5	14.7
拾取東西	10.1	7.9	9.6	10.9
拿柄搖拔浪鼓	13.2	9.8	12.4	13.8
把小球放入瓶中	12.3	10.7	11.7	13.0
翻書一次一頁	28.3	19.0	24.2	31.9
穿串珠	28.3	21.1	24.2	31.9
摺紙長方形	31.1	22.7	28.3	34.0
摺紙正方形	34.1	23.6	30.8	—
雙手端碗	17.1	12.3	16.0	18.5
一手端碗	27.0	21.3	24.4	29.6
搭橋	28.9	19.5	26.5	34.4
搭火車	28.1	21.8	26.0	30.3
自己動手	27.6	21.1	24.8	30.4
堆積木 2～4 塊	12.9	11.0	12.3	13.8
堆積木 5～7 塊	20.9	18.1	19.0	21.8
堆積木 8～10 塊	—	29.5	—	—

註：表中「—」有兩種意思：一是表示未測出，一是表示這些項目三歲
　　前兒童未達到。

動作的速度、強度、靈活和平衡等方面，或是在動作的具體內容上都有很大的發展變化。同時，男女兒童動作發展上的差異開始呈現出明顯的差異現象。男女兒童動作技巧發展上的差異在學前期已初露端倪，男孩在長肌動作協調方面，如拋球、上下樓梯比女孩強，而女孩在短肌動作方面，如單足跳、奔跑比男孩略遜一籌。埃斯佩斯查德（1963）認為，跑、跳、投擲是兒童活動中的共同因素，可運用此三個因素作為測定男女兒童動作發展差別的依據。他發現男女兒童隨年齡的增長，此三方面的活動都有增進的現象，但是男孩活動的增進是在五至十七歲之間，而女孩的活動增進是在五歲到學齡早期，大約到十三歲時已發展到巔峯了，此後的活動水平或是保持原狀或者下降。青春期前的男孩在動作技能方面的優勢較弱，青春期開始男孩的動作優勢則越來越明顯。

三、動作發展的訓練

在影響動作發展的因素之中，學者比較一致的論點是，影響嬰幼兒動作發展的重要因素是生理成熟度。無論經濟條件、文化教育水平如何，全世界各民族的男女兒童基本上都以同樣順序獲得各種動作的成長。此一事實證實了上述論點。然而，一些心理學家也認為，環境對動作能力的發展具有一定的作用，例如不同的教養方式可以影響動作發展的速度，教養孩子的不同方式會造成動作發展的差異。例如，新幾內亞的阿拉佩希人的嬰兒在獨坐之前就能靠兩手扶住東西站立，這與母親經常豎抱嬰兒有關，如此嬰兒就能用腳去踢抱他的人的手臂和腿。非洲嬰兒在母親背上的襁褓中，因頭缺乏支撐，所以很快就學會了使頭直立的動作。研究者認為，教養小孩的傳統習慣，如中國母親和保育員不讓嬰兒俯臥等，能部分地說明兒童成長過程中所顯現出來的差異。另外，有些研究也指出，長期的動作訓練可以加速動作發

展，但訓練可能對某些活動的影響比其他一些活動大些，例如行走訓練。澤勒佐（Zelazo）和科爾布（Kolb）進行了此項研究，從嬰兒會自然做出行走反射時開始的訓練從出生後第二週開始到第八週結束。二十四名嬰兒被分成四組，積極練習組的嬰兒每天有四次練習，每次三分鐘，在這些時間裡他們被人扶在腋下，腳底接觸平面；消極被動組的嬰兒則躺在小床上，坐在嬰兒座位上，或者坐在父母膝上，輕輕伸屈他們的雙腿和手臂；無練習組的嬰兒沒有訓練，每週測試一次；控制組的嬰兒只是在此項訓練計畫結束時才測試一次，目的是為了弄清楚，無練習組嬰兒確實沒有從每週的測試中學到東西。研究人員發現在積極練習組的嬰兒平均在十至十二個月時就會行走，比常模年齡（十四個月）提早了二至四個月。研究者認為，這可能是行走反射在幫助嬰兒產生更大的活動性方面產生一定的作用；行走動作的訓練有個關鍵時期，因此應該利用行走反射，不要讓其自然消失。

　　目前人們對於兒童的早期教育都十分重視，因而對嬰幼兒動作發展是否經過學習訓練可以加快的問題十分關心。心理學家格賽爾從他所進行的著名雙生子爬梯試驗得出結論：「不成熟就無從產生學習，而學習只是對成熟狀態起一種促進作用。」他提出了「成熟—學習」原則，成熟是學習或訓練的基礎，只有在成熟的基礎上進行學習或訓練，才能有效而成功。否則是無效的，是浪費的。但何種成熟程度是學習或訓練的最佳程度或關鍵時期，何種成熟程度上學習或訓練才能發揮最大作用，獲得最大效益，此又成了心理學工作者進一步探索的課題。

　　李惠桐等人也認為，兒童能做什麼，以及什麼時候能做，成熟度是一個重要的因素。成熟有快有遲，但發展的正常範圍是很廣的。他們把對於某一項目調查受試組 70% 的兒童達到的年齡（即一百名兒童有七十名能達到的年齡）界定為常模年齡，10% 兒童達到的年齡定為成熟早期年齡，50% 兒童達到的年齡定為成熟中期年齡，90% 兒童達到的年齡定為成熟晚期年齡（表 2-1、表 2-2）。以幼兒動作「獨

站片刻」為例，常模年齡為一一‧九個月；成熟早期年齡為九‧二個月；成熟中期年齡為一一‧二個月；成熟晚期年齡為一三‧三個月。10～90% 的年齡距離代表此一階段兒童動作發展的正常範圍，有些兒童在九‧二個月，而有些兒童在一三‧三個月出現獨站片刻的動作，這都屬正常發展。他們的實驗研究和格塞爾、希爾加德（J. R. Hillgard）的研究結果一致。無論在成熟早期、中期、晚期對幼兒進行相關訓練都會成功，但其中成功有早晚之分，效果有優差之別。成熟早期是開始學習訓練的最佳期或關鍵期，效果最好；成熟中期開始學習訓練效果雖不如早期，但比晚期開始學習訓練為好；成熟晚期開始訓練學習雖不如早期、中期效果好，但總比不學習、不訓練要好一些。總之，開始學習訓練在成熟早期效果最好，中期次之，晚期較差。

參考書目

一、中文部分

1.全國高等醫藥院校試用教材：《兒童少年出生學》，哈爾濱醫科大學主編，人民衛生出版社，一九七九年版。

2.R·M·利伯特等著，劉範等譯：《發展心理學》第三、四章，人民教育出版社，一九八三年版。

3.宋杰、朱月妹編譯：《小兒智能發育檢查》，上海科技出版社，一九八一年版。

4.P·H·墨森等著，繆小春、劉金花等譯：《兒童發展和個性》第二、三章，上海教育出版社，一九九〇年版。

5.黛安·E·帕普利、薩莉·W·奧爾茲著：《兒童世界》（上），人民教育出版社，一九八一年版。

二、英文部分

Hetherington, E. M. and Parke, R. D. : *Child Psychology*, 2nd ed, Ch.2, N. Y., 1979.

第二篇
認知和語言
的發展

第三章 嬰幼兒感覺與知覺的發展

　　長期以來，嬰幼兒感知覺研究領域一直被「嬰兒無能」的思想盤據著。隨著早期經驗和早期教育研究熱潮的興起，加之新的研究方式（如錄影磁帶、紅外線照相術和電子計算機等）的採用，人們不僅破除了「嬰兒無能」的陳腐觀念，而且發現嬰兒擁有相當驚人的感知能力、廣闊的反應範圍。有的研究認為，胎兒已具有某種感覺，許多感覺器官在嬰兒出世時已相當完備，不久便能達到成熟的水準。

　　感知覺屬於心理活動中較低級的形式，它出現早，發展快，許多感知覺在嬰幼兒期已達到成人水平。

第一節　嬰幼兒感覺的發展

從個體發展的情況而言，一般是先有各種具體的感覺，然後在此基礎上出現種種知覺，但在現實生活中純粹的感覺是很少見的。為了研究和闡述此方面的論點，本章將兒童感覺和知覺的發展分開介紹如後：

一、評量新生兒感覺的幾種方法

要評量一個個體是否具有某種感知能力，通常需奠基於下列論點：一是個體能否察覺當前存在的客體或刺激源；二是個體能否區別物理上不同的刺激源，此種區別可以達到何種的程度。

對於一個已會說話的兒童和成人而言，回答此兩個問題並不難。例如：「我看見了」、「我聽見了」或「我沒有看見」、「沒有聽到」或「我感覺不到」、「我認為它們是一樣的」等等。但是，對於一個還不會使用語言表達自己感覺經驗的新生兒或嬰兒而言，要用哪些較簡便的方法來加以評量呢？學者專家作了下列幾項假設：如果新生兒的某些行為（不需要專門訓練的行為）總是跟某種刺激物的出現相聯結，而有別於其他情境下的反應，那就可以推斷新生兒能察覺該刺激物，或能與其他刺激物相區分。

1. 反射行為

新生兒出生時已具備一套完整的、非自主性的反射裝置。只要給予適當的刺激，就能引出相對應的反射行為。如輕輕撫摸新生兒的臉

頰，他就能轉頭作覓食反射；用燈光刺激新生兒的眼睛，他的瞳孔就會縮小。這些反射行為的引出，彷彿是嬰兒在告訴我們：「我已經感覺到了。」如果此種刺激未能引出新生兒相對應的反射，我們就很難斷定新生兒是否察覺了當前的刺激，或者是否有別的刺激干擾了已被嬰兒察覺到的刺激，而抑制了反射活動。

2. 定向反射習慣化和去習慣化

當一個新的刺激出現時，一個個體，包括新生兒都會產生定向反射。此時，個體的心率就會起變化，注意力也會朝向刺激物，其他正在進行的活動（如吸吮、身體動作）立即停止。如果隔很短的一段時間刺激物又重新出現，引出定向反射的次數就會逐漸減少。同樣的刺激如果反覆地呈現，最後就會使原先出現的定向反射完全消失，此種現象可以稱之為習慣化（habituation）。在個體已對某種刺激形成習慣之後，又出現一個新的刺激，此時的個體又產生了反射行為，表明個體能將新刺激與舊刺激加以區別。此種恢復了對新事件的興趣的現象稱「去習慣化」。最近有些研究者，運用由 Joesph Fagan（1981）發展出來的習慣化和去習慣化的方法，發現嬰兒若能長時間地注意與前一刺激類似的對象，這些嬰兒在隔幾年後的 IQ（智商）測定中得分也較高。這個發現已吸引了許多研究者。試圖運用此種方法增加 IQ 的可預測性和發展性。

心率是定向反射的一個組成部分，從心率的變化可以了解新生兒是否產生了定向反射。例如，我們給予新生兒反覆呈現某種聲調，直到新生兒對該聲調形成了習慣，直到心率不再發生變化為止。然後向新生兒呈現另一種聲調。如果新的聲調的出現改變了新生兒的心率，那就表示新生兒能夠區別此兩種聲調的差異。

3. 身體運動和臉部表情

嬰兒的某些身體運動和臉部表情與某種刺激物的出現有關。而與

別的刺激出現無關。如五至六個月的嬰兒看到自己的母親和熟悉的人，就會咿咿呀呀地「說」呀、笑呀，而見到陌生人就無此種反應，這表示嬰兒已能區分熟悉的人和陌生的人。

4. 視覺偏愛

范茲（R. L. Fantz）在嬰兒形狀知覺與視覺偏愛方面的研究具有相當的貢獻。為了測量嬰兒早期能否辨別物體的形狀，范茲特地設計了一間觀察小屋，讓嬰兒躺在小床上，眼睛可以看到掛在頭頂上方的物體。觀察者透過小屋頂部的窺測孔，記錄嬰兒注視物體所花的時間。范茲假定，看同樣的兩個物體需花同樣長的時間，看不同的物體所花的時間就不同。如此可從嬰兒注視兩樣不同物體所花費的時間是否相同，來判斷嬰兒早期能否辨別形狀、顏色；嬰兒喜歡看什麼，不喜歡看什麼，稱之為視覺偏愛。

二、視覺的發展

1. 視覺集中

新生兒視覺調節機能較差，視覺的焦點很難隨客體遠近的變化而變化。根據一些研究指出，視覺刺激在兩英尺範圍之內，眼睛晶體的功能發揮最好，視覺刺激理想的焦點是在距離眼睛的八英吋處。多數研究指出，嬰兒要到兩個月時才能改變焦點，直到四個月時才能像成人那樣改變晶體的形狀，以看清不同距離上的物體。

其次，新生兒已能用眼睛追隨視刺激。在新生兒頭的上方出示一個四英吋的紅環，由頭的一邊向另一邊作水平方向的弧形移動，然後作垂直方向的移動。結果發現，剛出生的嬰兒中有 26％ 能立即用眼睛追隨紅環，出生後十二至四十八小時的嬰兒中有 76％ 能作出同樣

的反應。追隨水平方向移動的刺激比追隨垂直方向移動的刺激容易
（Greenman, G. W., 1963）。

　　近幾年的研究指出，個體視覺可能在四至五個月胎兒期內已經發
生。日本的小林登用強光照射孕婦腹部，發現胎兒有閉眼睛的現象。

2. 光的察覺

　　成人對於四○○至七六○毫微米範圍的亮光比較敏感。經過對新
生兒瞳孔反射的觀察得知，新生兒出生後便能立即察覺眼睛的亮光，
還能區分不同明度的光，只是敏感性遠低於成人。第一個月末的新生
兒所能察覺的最微弱的光（絕對閾限）要比成人能察覺光的明度約大
2 Log 單位。在頭兩個月裡，嬰兒對光的明度的敏感性發展很快。

　　其次，新生兒能察覺移動的燈光。向出生二十四至九十六小時的
嬰兒呈現作週期性運動的燈光。為了確定嬰兒能否對移動的燈光有反
應，研究者長期觀察嬰兒在實驗期間（有燈光移動）和在控制實驗期
間（燈光不移動）的吸吮變化。研究發現在有燈光移動的實驗期間，
嬰兒的吸吮活動明顯地有所減少（Haith, 1966）。

3. 視敏度

　　視敏度是眼睛區分對象形狀和大小細節的能力。如兩根等高的線
離開多遠才能被察覺為是兩根線，或者一根線在一定的距離上要有多
寬才能被察覺到。普通用的視力圖是由字母或其他大小不同的圖形所
組成，在距觀察者一個標準距離處展示。觀察者的視敏度可以依據對
圖形的正確判斷加以測定，可以用與平均視力的相對比例來表示。按
照斯尼倫（Snelln）標記，20／20 代表正常的視敏度，意思是指一個
人在距客體二十英呎遠的地方的視力，同在二十英呎處的標準察覺能
力是相同的。20／30 的視力表示一個人在二十英呎處的視力相當於
在三十英呎處的標準視力，此即為近視眼。依據此種計算方法，出生
一個月以下的新生兒視力是在 20／150～20／290 之間。嬰兒的視力

改善極其迅速，大約六個月到一歲便能達到正常成人的視力範圍之內
（Cohen, L. B., 1978）。

目前研究嬰兒視敏度的方法有以下三種：

(1)視覺偏愛法

根據嬰兒喜愛有圖案的模式，不喜愛沒有圖案的模式的特點，范
茲設計了一幅幅黑白相間的線條圖，每幅圖的線條寬細不同，每幅線
條圖都配以一張同樣大小的灰色正方形，每次讓嬰兒看一對圖。他推
斷嬰兒一直喜愛的最後那幅最細的線條圖便是嬰兒可以覺察到的線
條寬度。運用此種方法發現新生兒能看到十英吋遠的1／8英吋寬的
線條，六個月的嬰兒能夠在同樣的距離上看到1／64英吋寬的線條。

(2)視動眼球震顫法

此種方法是根據嬰兒掃視物體時不自覺的眼球運動來鑑別其視敏
度。

(3)視覺誘發電位測量法

採用測量記錄大腦枕葉區（視覺中樞）腦電波變化的特點來確定
嬰兒的視敏度。

嬰兒出生後的頭半年是視敏度迅速發展的關鍵期。六個月至一歲
左右的嬰兒視力已達到成人正常水平。

4. 顏色視覺

研究發現，新生兒是看不見色彩的。在他們的眼裡，世界僅僅為
黑、白、灰的世界。絕大部分兒童都能辨別顏色，只有3～4％的人
有色盲的現象。男孩的色盲多於女孩。有的是全色盲，一切顏色都被
看成是灰色的，有的是局部色盲，看不出紅和綠，或看不出黃和藍的
區別。色盲的產生是視網膜內錐狀細胞喪失機能的緣故。

一般認為，兒童從三、四個月起就能分辨彩色與非彩色。紅顏色特別能引起兒童的興奮。四至八個月的嬰兒最喜歡波長較長的溫暖色，如紅、橙、黃色，不喜歡波長較短的冷色，如藍紫色，喜歡明亮的顏色，不喜歡暗淡的顏色。

測定嬰兒能否辨別顏色的方法有若干種，這裡僅介紹兩種：

(1)視覺偏愛法

給嬰兒呈現兩個亮度相等的圓盤，測定嬰兒注視兩個圓盤的時間。發現三個月的嬰兒對彩色圓盤注視的時間要比對灰色圓盤的時間多一倍（Staples, 1937）。

(2)記錄腦電活動

讓嬰兒坐在母親膝蓋上，在其頭上束一條斜紋布帶，每條布帶上裝有八只電極，定位於頭部不同位置。間斷地將不同顏色的條紋投向銀幕。電極將記錄腦的信號，並將它傳送到計算機，結果獲得了一些與「較高的腦力活動」有關的高峰——低谷圖。此種現象說明二至三個月的嬰兒已能辨別幾種顏色和幾種幾何圖形。

(3)去習慣化

讓三、四個月的嬰兒對一種顏色形成習慣化，然後再讓他看同一種類但色調不同的顏色（如先看深紅，後看淺紅），或者看另一種顏色（如先看紅色，後看黃色）。結果發現，儘管兩種實驗條件下前後呈現的兩種顏色的波長差距完全相同，但後一種條件更易為嬰兒辨別，出現了去習慣化的現象（Bornstein, 1975, 1976, 1978）。馮曉梅等也用去習慣化方法測量嬰兒的顏色視覺分辨能力，發現80％的出生八分鐘至十三天的新生兒能分辨紅圓和灰圓。

(4)配色法

半個世紀前，蕭孝嶸（1939）用配色法測量嬰兒顏色辨別力，結果是一‧五至二歲有 10.8％通過；二至二‧五歲，有 33.76％通過；二‧五至三歲有 77.63％通過。張增慧（1984）也用這種方法作了測試，發現兩歲嬰兒中有 30％能識別和匹配紅色、白色和黃色；二‧五至三歲時有 95.8％能識別和匹配紅、白、黃、綠、紫、藍和橙色。

丁祖蔭和哈咏梅在研究幼兒顏色辨別能力時，除用配色法外，還用了指認（按顏色名稱選擇相應顏色）和命名兩種方法。依據此三種綜合指標，各年齡組幼兒正確辨認的百分比達到 75％的顏色列表 3-1。

表 3-1　幼兒認識顏色的比較

	配對—指識—籠統命名	配對—指認—精確命名
小班	黑	黑
中班	黑、淡棕	黑、淡棕
大班	黑、淡棕、粉紅、綠、果綠、深紅	黑、淡棕、粉紅、綠

研究者依據實驗結果指出，幼兒能否正確辨識顏色，主要關鍵在於是否掌握了顏色的名稱。如果掌握了顏色的名稱，有些混合色也能被幼兒掌握。深淺不同的顏色一定要給予明確的命名，如「檸檬黃」、「深黃」，並可在對比中進行教育。

兒童入學後，顏色的絕對感受性和差別感受性都有不同程度的增長。顏色的差別感受性可以經過實務和訓練而提高。

研究者（Borstein, 1976）利用嬰兒呼吸、心率或膚電反應的變化，以及嬰兒對不同色盤注視時間的長短差異，發現嬰兒看到的第一種顏色是藍色，其後依次為紅色、黃色和綠色，到六個月時，嬰兒的色彩知覺已與成人相差無幾。

三、聽覺的發展

　　從一百年前，兒童心理學家普萊爾提出「一切幼兒剛剛生下時都耳聾」的看法以來，關於新生兒何時開始有聽覺的問題至今尚有爭論。然而，新生兒已有良好的聽覺能力已為許多實驗研究所證實。

　　依據相關的實驗證實❶，出生第一天的新生兒已有聽覺反應。如從婦產科隨機抽取的四十二名剛出生二十四小時以內的新生兒（男女各半），用類似蟋蟀叫的唧唧聲進行聲音刺激，結果是：一次刺激便引起反應的有十九名（占 45.23％），二次刺激引起反應的有十六名（占 38.08％），三次刺激才有反應的有五名（占 11.9％），其餘兩名須經四至五次刺激方能引起反應（占 4.7％）。引起的聽覺反應包括眨眼、嘴動、睜眼、皺臉、頭扭動、有哭相、眼珠轉動、哭鬧。經聽覺臨床測試指出，有 83.31％新生兒對聽覺刺激反應較快，只有 16.69％的新生兒反應較慢。

　　新生兒不僅能夠聽見聲音，而且還能區分聲音的音高、音響和聲音的持續時間。連續不斷的聲音對嬰兒可以引發撫慰或鎮靜的作用。出生平均為五十八小時的嬰兒能夠區分二〇〇和一〇〇〇赫的音調。音高低的聲音比音高高的聲音更易引出明確而又一致的反應。

　　嬰兒對聽覺刺激的分化能力可以採用前面提到的定向反射習慣化來測量，即讓嬰兒作吸吮活動或誘導他作吸吮活動，記下他的反應節奏。如果在吸吮時，給予一個簡短的純音，如 512 周／秒的聲音，嬰兒就停止吸吮，而當聲音停止時，嬰兒又開始吸吮。用同一個純音再刺激嬰兒，嬰兒又會停止吸吮。如此重複四、五次，他的吸吮就不再

----

❶廖德愛、黃華建：《關於新生兒聽覺發生期的探討》，載自《湖南師範學院學報》，一九八三年第一期。

停止了，也就是說他已適應了這個聲音。若此時給予另一個不同的純音，如1024周／秒的聲音，他又停止吸吮，這就說明他能辨別此種聲音刺激；若他繼續吸吮，就說明他無法辨認這兩種聲音的不同刺激。

研究指出，嬰兒對說話聲音反應相當地敏感。研究者（Freedman, 1971）發現新生兒對一個婦女的說話聲要比對鈴聲作出更多、更有力的反應。四週的嬰兒能辨別「ba」和「pa」兩種語音，而且對「p」「b」兩個音有「類別式」的反應（Eimas等，1971）。兩個月的嬰兒可以辨別不同人的說話聲，以及同一個人帶有不同情感的語調。例如，同樣一段文章由兩個人讀，嬰兒有不同的反應，而同一個人用生硬的、憤怒的語調，或者用愉快的、柔和的語調讀，嬰兒的反應也會起變化。

還有研究發現，新生兒在聽成人講話時，能準確地使自己的身體運動與講話的聲音模式同步調。實驗者拍攝了嬰兒在聽成人講話和發出其他聲音時動作變化的影片。分析指出，出生頭一天的嬰兒就具有此種使自己的身體運動（頭部、腿部、手，甚至足趾）與講話聲同步調的能力。如發出一個詞或一個音節時，嬰兒的某種運動模式就馬上出現，一旦一個詞或一個音節終止了，此種運動模式就消失了（Condon & Sander, 1974）然而，此種身體運動與聲音同步的現象只限於成人的講話聲（無論是講英語，或是講國語）。新生兒對成人的講話聲有如此驚人的反應能力，依據分析，可能與先天的遺傳機制有關。

兒童的聽覺能力在十二、十三歲以前一直在增長，成年後聽覺能力逐漸降低，主要是高頻率部分聽力喪失。

崔海柏（Trehab等，1980）用轉頭的方法測定嬰兒的聽覺敏銳度：嬰兒坐在隔音室內，前方左右各有一個喇叭，以固定的頻率、隨機變化音量，或左或右放出聲音。若嬰兒聽到聲音後朝發音方向轉頭，給予強化物。經過此種訓練後，音量漸漸降低，記錄嬰兒聽到聲

音穩定轉頭的反應。正確反應率為 65％，即為音閾水平。結果發現：(1)嬰兒由六個月到十二個月，聲音敏銳度平均增加五至七個分貝；(2)六個月至成人，敏銳度約增加到二十五分貝；(3)嬰兒對高頻的聲音（一萬赫茲以上）敏銳度與成人相差無異，主要發展低頻範圍的敏銳度。

四、嗅　覺

　　嗅覺感受器位於鼻腔頂端一個很小的部位。不少實驗研究證明，新生兒已能區分好幾種氣味。研究將嬰兒放在一個記錄活動水平的穩定性測量器上，用呼吸掃瞄器測量呼吸，然後用棉花棒蘸上有氣味的物質，放在嬰兒鼻下十分鐘，觀察他的反應。新生兒聞到一種氣味，呼吸就會加快，動作也會增加。該研究指出，新生兒已能分辨四種氣味（Lipsitt, Engen & Kaye, 1963）。還有一些研究指出，新生兒對氣味的空間定位也相當敏感，他們迴避令人不愉快氣味的次數要多於朝向此種氣味的次數。有一研究表明，出生才一週的嬰兒已能辨別母親的氣味和其他人的氣味。實驗者將兩個餵奶母親用過的胸墊（breast pads）分開放在嬰兒頭部的上方，結果發現嬰兒轉過頭來注視他們母親用過胸墊的次數多於注視陌生母親用過的胸墊（Macfarlane, J. A., 1975）。換言之，在出生後短短的幾天內，嬰兒已能認識自己母親的氣味。靈敏的嗅覺有其重要的生物學意義，它可以保護嬰兒免受有害物質的傷害，發達的嗅覺還可以指導嬰兒了解周圍的人和事物。嗅覺的發展相當穩定。研究指出，一個人在六至九十四歲之間，嗅覺保持了相當高的一致性。

第二節　嬰幼兒知覺的發展

一、整體知覺和部分知覺的發展

　　埃爾金德（D. Elkind）和凱格勒（R. R. Koegler, 1964）研究
兒童部分知覺與整體知覺的問題。他們讓一百九十五名五至九歲的兒
童看一些如圖3-1所示的圖片，對兒童說：「我要給你看一些畫，每
次只看一張。你要告訴我，你看到了什麼，它們看起來像是什麼。」
如果兒童在觀察圖片時，漏看了部分或漏看了整體，就再問他：「你
看還有別的什麼？」實驗結果表明，71％的四歲兒童只看到了圖片的
個別部分。如「兩隻長頸鹿」或「一個土豆」、「兩根胡蘿蔔」，但

圖 3-1　兒童圖畫的整體知覺與部分知覺的研究

（引自 D. Elkind & R. R. Koegler 等，1964）

九歲的兒童中僅有21%的人作此種回答。反過來，四歲兒童中只有11%既看到了一張圖片中的部分，又看到了整體。如將上圖看作「一個雞心」、「一架飛機」，九歲兒童中已有79%能作此類回答。這個實驗揭示了兒童對物體的部分知覺與整體知覺發展的過程。兒童先是認識客體的個別部分（四、五歲），然後開始看見整體部分，但不夠確定（六歲）。接著既能看到部分，又能看到整體（七、八歲），但此時兒童往往還未將部分與整體連結起來。譬如，他們看到一幅圖時說：「有一些水果。呵，一個小丑！」一些心理學家將此種現象稱為邏輯上的「慢動作」，表明這個年齡的兒童還不認識同一幅畫可以賦予不同意義。在最後一個階段，兒童一眼就能看出部分與整體的關係，實現了部分與整體的協調（八、九歲左右）。如一個八歲兒童說：「我看見了一個用水果做的人」。

二、對色彩、形體兩維的感知

當幾個客體同時具有色彩與形體特徵時，兒童是先感知色彩還是先感知形體，還是同時感知色彩與形體呢？對色、形的感知有無年齡特點呢？關於這個問題在心理學史上有過一場爭論。有的認為兒童對色彩或顏色與形體或形狀的感知或抽象並不隨年齡而變化，而主要是依實驗條件和對象性質來解釋。前蘇聯柳布林斯卡恩（A. A. Jijinhcka）等一些心理學家就持此種觀點。有的認為色形抽象有不同年齡階段，只是階段的劃分有差異性，如卡茲（D. Katz）、古納夫（F. L. Goodenough）持此種觀點。

認為色形感知分階段的一些心理學家採用如此的研究方法：給兒童一張大卡片，上面黏貼著各種顏色的幾何圖形，如綠色的正方形、黃色的圓形、藍色的橢圓形等。再給兒童一張小卡片，上面貼著這些幾何圖形中的一個圖形，但不是大卡片上那個幾何圖形所塗的那種顏

色。如黏貼一個正方形，不是綠的，而是黃的。要求兒童在大卡片上找到「跟這個小卡片上的東西類似的東西」。對於這樣的要求，兒童或者是從顏色維度上考慮，或者是從形狀維度上來考慮，但兩者都不可能是正確的。研究發現，三歲前是形狀抽象占優勢，後轉入顏色抽象占優勢（四、五歲是高峰），六歲後形狀抽象又占優勢（古納夫）。

心理學家陳立等曾作了類似的研究。將四種基本色（紅、藍、黃、綠）和四種幾何圖形（圓、正方形、長方形、三角形）結合為十六個圖形，作為選擇對象。實驗對象是二‧五至七歲的兒童。實驗結果顯示，兒童的形狀抽象最早，三歲前已達 100%，三歲後形狀抽象下降，顏色抽象比率上升。三‧五至四‧五歲顏色抽象達到高峰，占77.7%，形狀抽象只占 15.4%，以後顏色抽象比率又開始下降，形狀抽象比率稍有上升，但不顯著。三‧五歲之前無同一抽象，四歲後有所上升，到小學時達 78.1%。此研究後又經追蹤證實，幼兒色、形抽象發展有三個階段：三歲前以形狀抽象占優勢；四歲是顏色抽象占優勢；六歲後是同一抽象占優勢。此結論與西方的研究基本上是一致的，指出兒童的色形抽象或感知受到發展成熟的影響，有年齡特徵，但並不排除個體經驗的影響，個體差異本身是存在的。

前蘇聯心理學家認為，西方的此種研究方法將「色」與「形」對立起來是有偏限性的。他們將實驗材料改用了為幼兒所熟悉的圖形或實物，如「紅小鴨」、「黃茶壺」等，結果未發現有顏色抽象占優勢的階段。我們認為，主要是實驗採用了為兒童熟悉的物體或圖形，並能用語詞加以抽象，此本身就突出了形狀的特徵，因而很難用此種結果否定前面的色、形抽象發展的年齡階段特徵。

三、空間知覺

　　空間知覺是一種比較複雜的知覺現象，它是物體的形狀、大小、遠近、方位等空間特性在人腦中的反應。空間知覺包括形狀知覺、大小知覺、距離知覺、立體知覺和方位知覺。

1. 形狀知覺

　　范茲專門用視覺偏愛的方法研究嬰兒對形狀的辨別和偏愛。他給一至十五週的嬰兒看幾對模型圖，每對模型圖在形狀和複雜性程度上都有不同：線條圖和靶心圖、棋盤圖和正方形圖、交叉十字圖和圓形圖。此種研究發現嬰兒對各對模型注視的時間有顯著差異。他們對靶心圖和線條圖的注視時間最長，而對以後幾對簡單的圖形注視時間較短；嬰兒最喜歡看靶心圖，對棋盤圖的注視時間又超過正方形。因而可以推論，嬰兒是帶著觀察複雜的模式超過簡單的模式的偏愛而出生的（參見圖 3-2）。類似的實驗是給嬰兒看六個圓盤，三個圓盤上印有人的臉、印刷材料（報紙）、靶心圖圖案，另外三個圓盤上有三種顏色，分別為紅、白、黃。結果表明，從出生幾天到六個月的嬰兒都對有圖案的圓盤注視的時間更長（參見圖 3-3）。

　　嬰兒還喜歡看清晰的圖像。讓三十個五至十二週大的嬰兒看一部描寫愛斯基摩人家庭生活的無聲彩色影片，其中有許多面部表情的特寫鏡頭。嬰兒很快就被吸引住了，他們能用特製的橡皮奶頭自動調節畫面的清晰度。當圖像模糊時，他們就移開目光。

　　此外，嬰兒喜歡看活動的和輪廓多的圖形。如果給新生兒看圖 3-4 上面的兩張圖，新生兒一般都喜歡看（Ⅱ）圖，因為它的輪廓線比（Ⅰ）圖長。

　　還有一些研究報告指出，在其他情況相同的條件下，新生兒更喜

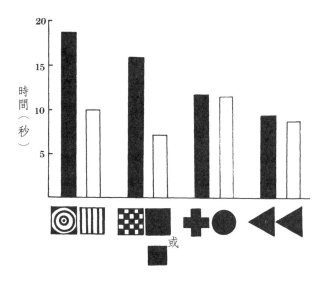

圖 3-2　一分鐘測驗中平均注視的時間（秒）

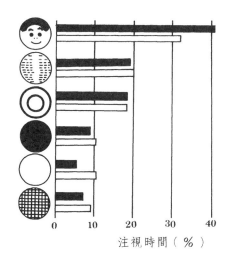

注視時間（％）

■　2～3個月嬰兒
□　3個月以上的嬰兒

圖 3-3　嬰兒對模式的偏愛

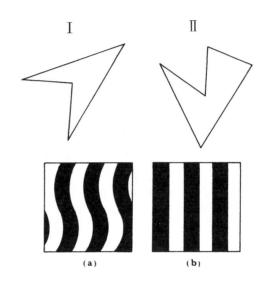

圖 3-4

歡注視曲線，不喜歡注視直線或角。如新生兒更喜歡看圖 3-4 的(a)。

　　十三週的嬰兒喜歡看由弧線構成的形狀，而不是由直線構成的形狀，喜歡看同心圓的時間比看非同心圓的長。圖 3-5 中的數字表示：1 引起的注意最強，10 引起的注意最弱。從這些研究中可以找到最能引起嬰兒興奮、保持注意力的圖形。

　　格林堡（D. J. Greenberg）等人也做過與范茲類似的實驗，他們將方格、線條和圓點三種圖形分別由簡單到複雜分為三級（參見圖 3-6），出示給六至十一週的嬰兒看，測定其凝視的時間。發現第六週的嬰兒對中等程度的複雜刺激凝視較久，第十一週的嬰兒對更複雜的刺激凝視較久。此正說明，不同年齡的兒童可能有一個與其發育階段相適應的輸入刺激和處理信息的最適宜水平。

　　幼兒的形狀知覺發展很快，一般在幼稚園小班時已能辨別圓形、方形和三角形；中班時能把兩個三角形拼成一個大三角形，將兩個半圓拼成一個圓形；到大班時還能認識橢圓形、菱形、五角形、六角形和圓柱形等，並能將長方形摺成正方形，將正方形紙片摺成三角形。

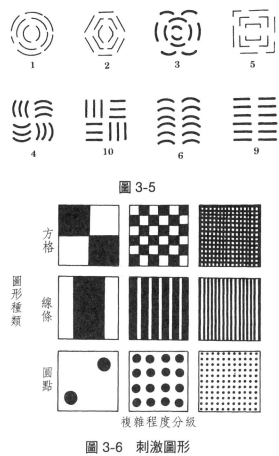

圖 3-5

圖 3-6　刺激圖形

（引自 D. J. Greenberg, 1972 ）

另有研究者要求幼兒從十一種或十二種幾何圖形中按直觀範例、指認法、命名法找出相對應的幾何圖形。結果發現，形狀配對最容易，命名最難，幼兒掌握形狀的次序，由易到難依次為圓形——正方形——三角形——長方形——半圓形——梯形——菱形——平行四邊形。有人認為四歲是圖形知覺的敏感期，應趁此時讓幼兒學識漢字，因為漢字也是一種圖形，一種特殊的、有規則的圖形。

幼兒和低年級小學生在看知覺不熟悉的幾何圖形時，往往將幾何

圖形與具體事物相聯繫，這是這個時期的知覺特點。如將正方形說成是「窗格子」，把三角形說成是「三角巾」。

2. 大小知覺

對圓形大小判斷的正確性，須依圖形本身的形狀而定，如幼兒判斷圓形、正方形和等邊三角形的大小較容易，判斷橢圓形、長方形、菱形和五角形的大小較困難。或有研究指出，兒童從兩歲半到三歲，判別平面圖形大小的能力急速發展。

嬰兒已具有物體形狀和大小知覺的恆常性。

所謂視覺恆常性是指，客體的映像在視網膜上的大小變化並未導致對客體本身知覺的變化。例如，一塊積木離開觀察者的距離越遠，在視網膜上的映像也越小，但觀察者知覺到的積木大小並未變化。相對的，一個盤子放正面觀察時，在視網膜上出現圓形的映像，放在傾斜角度上被觀察時映像是橢圓的。儘管同一種事物表現了兩種不同的映像，但對觀察者而言，卻都認為它們是圓的盤狀物，此即為視覺的恆常性。

鮑威爾（T. G. R. Bower）曾經發明了一種獨特的研究嬰兒視覺世界的方法。他先讓嬰兒形成一個看到某個特殊的客體就能轉頭的條件反射。然後，改變那個使嬰兒轉頭的客體。研究者假設，如果被嬰兒觀看的客體改變了，但嬰兒對客體反應的頻率（如轉頭的次數）很少變化，此即說明嬰兒仍將第二個客體知覺為第一個客體；如果反應頻率發生了變化，那就意味著嬰兒將兩種客體知覺視為不同的。鮑威爾的研究將六至八週的嬰兒作為研究對象，訓練嬰兒在看到離他一米遠的一個三十公分的積木時就會有轉頭的反應。鮑威爾發現，當同樣的積木放在離嬰兒不同的距離上時，嬰兒的轉頭反應頻率變化不多。此即是說積木在嬰兒視網膜上的映像大小雖然發生了變化，但嬰兒仍將它看作是原來那塊積木。此外，研究者改變積木的大小和積木與嬰兒間的距離，使積木在嬰兒視網膜上的映像保持不變。研究發

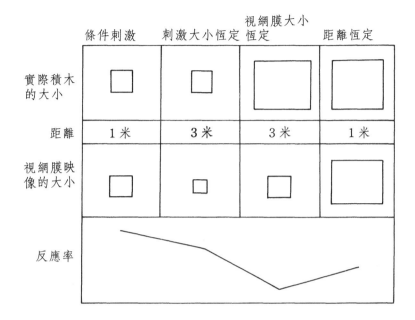

圖 3-7　嬰兒大小知覺的恆常性

現，嬰兒對積木反應的頻率明顯地減少了。此結果正說明出生才六週
的嬰兒已顯示了大小知覺的恆常性（參見圖 3-7 ）。

　　研究指出，估計物體大小的能力隨年齡而增長。二至十一歲的兒
童很少低估遠離他們的物體，而成人往往傾向於過高地估計遠處物體
的大小，彷彿他們知道距離會歪曲物體的大小，作了過度補償，作出
的判斷往往大於真實的客體。

　　訓練嬰兒對長方形幾何圖形呈現一種反應。這個長方形在視網膜
上的映像也是長方形的。當同樣的形狀旋轉成一定的角度，在視網膜
上的映像就成了梯形。儘管視網膜的映像起了變化，但嬰兒的反應率
並未改變。當第二個幾何圖形──梯形以一定的角度呈現給嬰兒，使
之在視網膜上的映像成為長方形，這時嬰兒的反應率反而發生了變
化。顯然，嬰兒的知覺受實際所感知的客體本身的形狀所支配，而與
客體在視網膜上的成像無關。

3. 深度知覺

深度知覺即立體知覺，是個體對立體物體或兩個物體前後相對距離的知覺。

兒童對深度知覺是先天就具有的，或是經過後天的學習獲得的，這是一個尚有爭論的課題。為了解決這個爭論，吉布森和瓦爾克（E. J. Gibson & R. R. Walk, 1960, 1961）精心設計了一種「視崖」實驗，實驗裝置參見圖 3-8。一塊大的玻璃平臺，中間放有一塊略高於玻璃的中央板。板的一側玻璃上鋪有一塊格子形的圖案布，因為它與中央板的高度相差不多，看起來似乎像個「淺灘」。在中央板的另一側離玻璃幾尺深的地面上也鋪上同樣格子形的圖案布，使兒童造成一種錯覺，這裡似乎像「懸崖」。然後將六·五至十四個月的嬰兒放在中央板上，讓孩子的母親分別在「淺灘」和「懸崖」兩邊招呼孩子。實驗結果發現，三十六名被試兒童中有二十七名願意從中央板爬過「淺灘」來到母親身邊。只有三名「冒險者」爬過懸崖。大多數嬰兒見到母親在懸崖一邊招呼時，不是朝母親那邊爬，而是朝離開母親的方向爬，還有一些嬰兒哭叫起來。這個實驗說明，嬰兒早就有了深度知覺，但還不能由此斷定深度知覺是先天的，因為它很可能是在出生後的六個月中學會的。於是坎坡斯和蘭格（J. J. Campos & A.

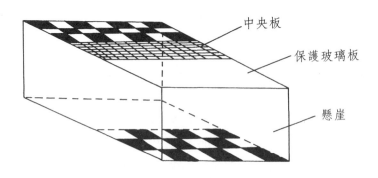

圖 3-8　「視崖」實驗

Langer, 1970）採用更為靈敏的技術研究嬰兒的深度知覺。他們的實驗對象縮小到二至三個月甚至更小的嬰兒，測量嬰兒被放在「淺灘」和「懸崖」兩邊時的心率變化。結果發現這個年齡的嬰兒被放在「懸崖」一邊時，心跳速率就會減慢，而放在淺灘一邊時，心率並未減慢，這很可能是由於嬰兒把懸崖作為一種好奇的刺激來辨識。如果把九個月的嬰兒放在「懸崖」一邊，心率不是減慢而是加快了，因為經驗已使他們產生了害怕的情緒。

另一種測量嬰兒深度知覺的方法是視刺激逼近法。向嬰兒呈現一個以一定速度向其逐漸逼近的物體或影像，觀察嬰兒反應。結果發現二至三個月嬰兒有保護性閉眼反應，四至六個月嬰兒有躲避反應（White, 71; Yonas & Bechtold 71; Bower, 70）。

4. 方位知覺

方位知覺即為方向定位，是對物體所處方向的知覺，如對前後、左右、上下及東、南、西、北的知覺。物體的方位總是相對的，是與所參照的客體方位相比較而言的。如凳子在桌子的下面；書在桌子上，前後左右也可因參照物的不同而不同。

據一些實驗材料指出❶，三歲兒童已能辨別上下方位；四歲兒童已能辨別前後方位；五歲開始能以自身為中心辨別左右方位；六歲兒童能完全正確地辨別上下前後四個方位，但以自身為中心的左右方位辨別能力尚未發展完善。

心理學家朱智賢曾重複皮亞傑與埃爾金德關於兒童左右概念發展的實驗研究（1964）❷，結論基本一致。他們認為兒童左右概念的發展要經過三個階段：

- - - - - - - - - - -

❶葉絢、方芸秋：《學前兒童方位知覺的初步實驗研究》，載自《心理學報》，一九五八年第一期。
❷朱智賢：《兒童左右概念發展的實驗研究》，載自《心理學報》，一九六四年第三期。

　　第一階段（五至七歲）：能比較固定地辨認自己的左右方位。兒童大部分已能辨認自己的左右手（腳），但不能辨別對面人的左右。要到七歲左右才會把自己手腳的左右關係運用到物體左右關係上。

　　第二階段（七至九歲）：初步地、具體地掌握左右方位的相對性。兒童不僅能以自己的身體為基準辨別左右，還能以別人的身體為基準辨別左右，同時還掌握了兩個物體的方位關係。但這種認識仍是初步的、具體的。在辨別別人的左右時，常要依賴自身的動作或表象，在辨別兩個物體的左右關係時常有錯誤。

　　第三階段（九至十一歲）：能比較靈活地、概括地掌握左右概念。在這個階段上，兒童能正確地指出三樣並排放著客體的相對位置。如在中間的一個客體，既是在一個客體的左方，又在另一客體的右方。可是在這之前，兒童在確定物體的方位時要經過很長一段時間的矛盾論爭，常常作固定化的回答，或者只說「在左邊」，或者只說「在右邊」，有的乾脆說「在中間」。

　　由於方位本身具有相對性，兒童從具體的方位知覺上升到方位概念須經過較長的一段時期，因而在教學中要有意識地指導兒童正確地知覺方位，特別要注意因方位知覺困難造成的學習上的錯誤，如初入學的兒童常常是「d」與「b」、「p」與「q」不分，將「3」寫成「m」或「w」，「9」和「6」不分等等。

　　吳笑平依據觀察提出，五至七歲幼兒已能在團體操中隨音樂構成太陽形、菱形、五角星形、梅花形等形狀，也能在成人的教育訓練下掌握左、右、斜前方、斜後方、轉體 45° 等方位。這正說明訓練能促進幼兒方位知覺能力的提高。

四、時間知覺

　　時間是物質存在的一種形式，它是對客觀事物運動的延續性和順

序性的反映。雖然每個人都生活在一定的空間和時間之中，但由於時間自身的特殊性，往往使人很難加以感知它。時間沒有直觀的形象，也沒有專門感知時間的分析器，因而無法直接感知，總是要借助於直接反映時間流程的媒介物才能認識它。如自然界週期性的變化（太陽升起又落下、月兒圓了又變缺）、人的生理變化、專門測定時間的儀表——鐘錶等。時間具有很大的相對性，同一個時間從不同的情況來看，對它的稱呼亦可不同。另外，時間具有很強的主觀性，在艱難的生活條件下，往往感到「度日如年」，在爭分奪秒完成某項任務時，則感到「光陰似箭」。

　　兒童感知時間有極大的困難，前蘇聯學者沙巴林❶曾調查，各年級學生估計「一分鐘」時間的長短，結果見下表：

表 3-2　小學不同年級估計一分鐘時間的平均數

年　　　　　級	一年級	三年級	五年級
對分（60秒）的估計	11.5″	24.8″	31.1″

　　可見，即使是小學五年級學生對一分鐘的估計也是極不精確的，一般都是估計過短。

　　皮亞傑曾對兒童的時間知覺作過實驗研究。給學齡前兒童看桌子上放著的兩個機械蝸牛，實驗者同時使兩個蝸牛自動爬行，其中一個蝸牛爬得快，另一個蝸牛爬得慢。當快的蝸牛已經停止時，慢的蝸牛還在爬，可是最終仍未趕上快的蝸牛。在這種情況下，兒童不能正確知道究竟是哪個蝸牛先停下。大部分幼兒都說慢的蝸牛先停止，因為它走的路程比較短。在皮亞傑的實驗裡，四‧五至五歲的兒童還不能將時間關係和空間關係區分開來；五至六‧五歲兒童開始把時間次序

----

❶法拉波諾娃：《小學兒童感覺和知覺的特點》，載自《小學兒童心理學》，人
　民教育出版社，一九六二年版。

和空間次序分開，但仍不完全；七至八‧五歲兒童最後才能將時間與空間關係分開來。

　　學者對時間知覺的研究（黃希庭，1963）。研究對象是五至八歲的兒童。研究結果指出，五歲兒童時間知覺極不準確、極不穩定；六歲兒童時間知覺基本上與五歲兒童相似，只是對短時距知覺的準確性和穩定性有所提高；七歲兒童開始利用時間標尺，但主要利用外部時間標尺，能利用內部時間標尺的很少；八歲兒童已能主動地利用時間標尺，時間知覺的準確性和穩定性開始接近成人。

　　黃希庭等（1979）進一步的研究指出，五歲兒童尚分不清空間關係和時間關係，往往用事物的空間關係代替時間關係；六歲兒童已開始將時空關係分開，但很不完全，再現時距的準確度仍受到空間關係的影響；七歲兒童基本上將時空關係區分開來；八至九歲時不僅能把時空關係區分開，還能較準確地再現時距。其結果基本上與皮亞傑的研究結果一致。該實驗還發現，七歲兒童可能是時間觀念發生質變的階段❶。

　　方格等曾研究了四至七歲和五至八歲兒童知覺時間的順序。結果是：最早感知的是一日中的早中晚，然後是知覺一週內的時序，最後是認知一年四季的時序。四歲兒童對認知一日的時序仍有困難；五至六歲對認知一年內的時序有困難。兒童先認知時序的固定性，然後認知時序的相對性❷。

----

❶黃希庭，《五至九歲兒童時間觀念發展的實驗研究》，載自《發展心理、教育心理論文選》，人民教育出版社，一九八〇年版。

❷方格等：《兒童對時間順序認知發展的實驗研究》，載自《心理學報》，一九七九年第二期。

五、兒童觀察力的發展

觀察是一種有目的、有計畫的比較持久的知覺過程，是知覺的高級形態。一個人的觀察受到系統的訓練和培養，就逐漸形成為穩定的、經常的個性品質——觀察力。有觀察力的人善於發現對象本質的、典型的卻不太顯著的特徵。所以，觀察力的培養對兒童認識世界具有重要的意義。

嬰兒缺乏觀察力，他們對事物的知覺是不隨意的、被動的、都由刺激物本身的特點所引起，缺乏目的性。對事物的知覺經常與操弄物體的動作結合在一起。

幼兒是觀察力初步形成的時期。它表現在四個方面：

(1)觀察的目的性

幼兒初期還無法進行有組織、有目的的觀察，知覺和觀察常易受無關事物或細節的干擾，致使原來的任務無法如期完成。到了中班，尤其是大班兒童，開始能按成人要求進行觀察。

(2)觀察的持續性

學前初期兒童觀察的時間比較短，很容易轉移注意的對象。在教育的影響下，觀察持續時間逐漸增長。

(3)觀察的細緻性

小班兒童觀察事物只注意事物表面的、明顯的、面積較大的部分，不容易注意事物較隱蔽的、細微的特徵，注意事物輪廓，不太注意事物各部分間的關係。

(4)觀察的概括性

小班兒童還不善於從整個事物中發現內在的聯繫，隨著兒童思維能力的發展，觀察的概括性也不斷增長。

有些兒童心理學家依據兒童觀察圖畫的發展水平來研究兒童觀察力的發展。

阿格諾索娃（H. T. Are HOCOBa）讓幼兒看兒童溜冰的圖片，冰面上只有一只手套，要求幼兒找出圖中丟手套的人。實驗結果如表 3-3。研究發現幼兒觀察圖片的時間隨年齡增長而增加，三至四歲平均為六分八秒；五歲七分六秒；六歲為十二分三秒。六歲觀察時間明顯增加。

表 3-3　幼兒在觀察中接受和完成任務人數百分比

年齡 （歲）	未接受任務者	接受任務者	接受任務者中 正確完成者
3～4	24	16	75
4～5	6	34	91
5～6	1	39	92.5
6～7	0	40	100

姚平子等研究幼兒觀察的目的性和意圖性。依觀察的有意性和目的性可將幼兒分成三種水平：三級——無法接受任務，東張西望或任意亂指；二級——能根據任務有目的地觀察，但遇到困難或干擾就不能堅持；一級——能克服困難和干擾，堅持完成任務。結果是三歲兒童無一人達到一級水平，四歲是 2％；五歲和六歲各為 22％和 24％❶。

----

❶姚平子：《幼兒觀察力發展的實驗研究》，載自《心理發展與教育》，一九八五年第二期。

　　比納（ A. Binet ）等人曾根據實驗認為，兒童觀察圖畫的能力要經過三個階段：列舉階段（三至六歲）；描述對象階段（七至十四歲）；解釋對象階段（十五歲起）。心理學家丁祖蔭等對此作了驗證性研究（ 1964 ）❶。實驗結果確定兒童圖畫認識能力的發展可分為四個階段：(1)認識「個別對象」階段；(2)認識「空間關係」階段；(3)認識「因果關係」階段；(4)認識「對象總體」階段。學前兒童大部分屬於第一、二階段；小學低年級兒童大部分屬於第二、三階段；小學中年級兒童大部分屬於第三階段；小學高年級兒童大部分屬於第四階段。第三、第四階段已超出圖畫感知的水平，達到了思維的水平。

　　一些研究者還設計了一些方法來測量兒童觀察事物的感知方式，如衝動型或沈思型。一種方法是圖形配對測驗（見圖 3-9 ），還有一種是觸覺視覺配對測驗。測驗結果發現，兒童年齡越小，與標準圖形配對所花的時間越短，而且錯誤也越多。雖然感知方式因人而異，有的較冷靜、有的較衝動，但感知方式的年齡特徵還是明顯存在的。有學者認為此種衝動的反應要到十歲後才有所減少。

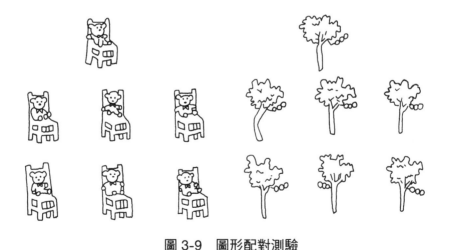

圖 3-9　圖形配對測驗

----

❶丁祖蔭、潘潔：《兒童圖畫認識能力的發展》，載自《心理學報》，一九六一年第二期。

　　卡根（Kagan）曾對概念化的方式作過一系列研究。他認為，有些兒童以衝動性為特徵，另一些兒童以反省性為特徵。衝動性兒童概念化速度（反應）很快，但錯誤可能較多。澤爾尼克和傑佛里發現，此種兒童解決問題的能力並不低於反省性兒童。他們常常對整個主題加以深入思考，具有抓住總體與快速概念化的優點。反省性學生的風格似乎更利於學習，能作詳細分析，所花時間雖長，但錯誤少。教師應了解學生的認知風格，根據觀察和學習的任務，採取適當措施，趨利避短。

　　根據研究，兒童觀察力的發展大致呈現以下趨勢：(1)從無意性向有意性發展；(2)從衝動性向思考性方向發展；(3)從籠統的、未分化的向精細的方向發展；(4)整體與部分從分離到統整。

參考書目

一、中文部分

1.朱智賢：《兒童心理學》，人民教育出版社，一九七九年版。

2.利伯特等：《發展心理學》第六章，人民教育出版社，一九八三年版。

3.柳布林斯卡婭：《兒童心理發展概論》，人民教育出版社，一九六二年版。

4.恩埃克斯特蘭德：《心理學原理和應用》第七章，知識出版社，一九八五年版。

5.許政援、呂靜等：《兒童發展心理學》，吉林人民出版社，一九八四年版。

6.〔日〕堀　內敏：《兒童心理學》第六章，湖南人民出版社，一九八〇年版。

7.普萊爾：《幼兒的感覺和意志》，科學出版社，一九六〇年版。

8.黛安帕普利、薩利·奧爾茲：《兒童世界》，人民教育出版社，一九八一年版。

9.繆森等著，繆小春、劉金花等譯：《兒童發展和個性》，上海教育出版社，一九九〇年版。

二、英文部分

1.Bernadine Chuck Fong, Miriam Roher Resnick: *The Child*, Ch.3, 1980.

2.E. Mavis Hethering ton and Ross. D Parke: *Child Psychology- A Contemporary Viewpoint*, Ch.4, 1979.

3.Greta G. Fein: *Child Development*, Ch.12, 1978.

4.Terry Faw: *Child Psychology*, Ch.5、7、12, 1980.

第四章　兒童認知發展

——皮亞傑理論

　　認知（cognition），又稱之爲認識（舊譯），此爲一個範圍很廣的概念，涉及知識的獲得、加工、組織和應用等複雜的心理活動。從廣義而言，認知就是指人的認識活動，包括注意、知覺、記憶、解釋、分類、評價、原則推理、規則的演譯，想像各種可能性，產生策略和幻想等等。狹義地說，認知就是思維或記憶的歷程。發展心理學家研究認知的目的主要在於想解決兩個問題：(1)描述兒童的認知功能如何隨年齡變化而成長；(2)說明或揭示兒童認知功能變化的因素或機制。

　　心理學對認知的探討主要受了兩種理論的影響：一是皮亞傑理論；二是信息處理理論。皮亞傑理論主要研究兒童的推理和問題解決，對知覺、記憶、幻想等很少加以注意。信息處理理論則從現代信息處理觀點來探討認知活動的各個方面。如知覺、記憶、推理、評價和規則等。信息處理研究將人的心理視爲個體各種處理的不同集合。它不必遵循同樣的規則，也不必處於基本結構的控制之下。因此，此種理論對個體思維和能力的差異更加敏感，而皮亞傑理論則更重視兒童認知發展的不同階段和發展的普遍性。

第一節　皮亞傑的認知發展理論

一、皮亞傑簡介

　　皮亞傑，瑞士人，是本世紀最有影響的認知發展理論家。他在去世前已發表四十本著作和兩百多篇論文。六〇年代以後，兒童認知發展研究成了他研究的中心內容。

　　皮亞傑小時候喜歡動物，大學曾研究過軟體動物，獲得自然博士學位。他的老師克拉巴萊德是位機能主義者，始終堅信心理是適應的機能。皮亞傑在研究了生物學以後，又研究認識論，發現在認識論和生物學之間有一條可以連結起來的紐帶，此為心理學。於是他開始致力於構造智力心理學方面的研究，從生物學、邏輯學、認識論中引進大量的概念。他最感興趣的問題是兒童的認知是怎樣一步一步地發展起來的，兒童在思考問題的時候，心裡究竟發生了哪些變化。他將心理學的概念引到認識論中，探討認識起源和發展的問題。因此，他的心理學又可稱為發生認識論。二〇年代皮亞傑主要研究兒童語言交往的問題和道德判斷問題，三十五年後開始致力於構築嚴密而完整的理論體系。一九五五年他建立了「發生認識論國際中心」任該中心主任。此機構集會了各國著名的心理學家、生物學家、邏輯學家、哲學家和控制論學者，共同研究發生認識論。

二、認知的起源

　　皮亞傑在論述思維發展時，往往將思維、認識、智慧作為同義語來使用。

　　兒童的認識或思維是從哪兒來的？對這個問題有幾種不同的看法。唯心論者或成熟論者認為，思維來自先天的遺傳，思維水準的差異在於人的先天遺傳素質不同，思維的發展乃是有機體自身成熟的結果。經驗論者認為，思維來自對客體的知覺，從思維的內容來說，它來自客體，從思維的形式來說，來自對客體的抽象概念形成，沒有客體就沒有對客體的抽象概念的形成，也就沒有思維。

　　皮亞傑提出了與眾不同的觀點，他認為兒童的思維不是單純地來自客體，也不是單純地來自主體，而是來自主體對客體的動作，是主體與客體相互作用的結果。所以，人們將皮亞傑的發展理論稱為「相互作用論」。

　　皮亞傑認為人的經驗有兩種，一種是物理經驗，另一種是數理邏輯經驗。物理經驗是客體自身屬性的反映，如輕重、硬軟、粗細等。數理邏輯經驗並不是客觀事物本身具有的屬性，它是主體通過自己的動作以及以後的運算作用於客體後才產生的。如十顆石子，不管你將它排列成什麼樣子，不管你從哪一顆開始數起，總數總是十。這就是說，石子的總數與你數數的順序、石子的排列形狀無關。石子一共有十顆，這個結論的得出並不是石子本身提供的，而是你數了石子——作用於石子——的結果。因此，皮亞傑認為「知識在本質上既不是從客體發生的，也不是從主體發生的，而是從主體與客體之間的相互作用之中——最初便是交互不可分的。相互作用論的出現，打破了幾千年來心理是由遺傳決定，或是由環境決定的、絕對化的、無休止的爭論，為研究認識論的發生發展開拓了新的旅程。

　　皮亞傑對認識本質的回答，強調了兒童本身的主動性和能動性，知識不是簡單的摹擬，它必須經過兒童自身的動作和運算才能獲得。

　　皮亞傑對行為主義的刺激──反應理論持否定態度，認為此種理論將兒童視之為一個消極的反應者。實際的情況是，刺激和反應的關係並不是單向的，而是雙向的，不是 S→R 關係，應是 S⇌R 關係，並不是哪種刺激都能引起機體反應，也不是同樣的刺激都能引起同樣的反應，一種刺激能不能產生反應，產生什麼樣的反應都要依兒童已有的知識經驗、當前的主觀狀態為轉移。某種刺激之所以能夠引起某種反應，正是因為兒童具備了能對此種刺激作出反應的能力，如果以結構主義的論點，亦即為兒童具備了相應的內部結構或心理格式。沒有哪一種認識活動是不以原有的思維結構為中介的。沒有一種行為，即便對於個人而言是新的，可以構成一個絕對的開端，它總是源自於以往的基礎之上。如果兒童未具備相應的能力或認識結構，就無法作出正確的反應，如同給嬰幼兒講解信息論、控制論，對他而言，就像播放噪音一樣毫無任何意義。

三、思維的結構

　　皮亞傑認為思維是一種結構，而且此種結構從出生到成熟一直處於不斷編組、演變和遞進的過程中。

　　思維的結構是指什麼呢？依皮亞傑的說法，思維的結構就是在認知過程中發生的動作和概念的組織（organize）。組織的內容是動作的或概念的，而組織的結果就是結構（structure）。認知結構組織的最基本單元皮亞傑稱其為基模（scheme）。基模一詞最早來源於德國哲學家康德的著作，皮亞傑將它看成是動作的組織或結構。基模有點類似於圖式，但兩者的內涵並不相同。圖式是指兒童對一個事件基本要素和相互關係的抽象表徵。如嬰兒有一個面孔的圖式：一個橢圓

形的框架內有一對水平的圓（眼睛）。而皮亞傑所指的：「基模是指動作的結構或組織，這些動作在相同或類似的環境中由於不斷重複而得到遷移或類推。」嬰兒早期就有一種吸吮基模，經過練習和類推，此種基模便能運用到其他客體上去，如吸吮手指、吸吮奶瓶橡皮奶頭、吸吮玩具等。

人類最初的基模來自無條件反射。在這個基礎上，隨著兒童的成熟，兒童對客體的動作不斷演變出新的認知結構。「運算」（operation）就是一種十分重要的認知結構。在皮亞傑的認知發展理論中，運算結構的獲得是智慧或認知發展的核心。運算是一種可逆轉的觀念上的操作。它允許兒童在心理上回到思維連續的開始。如 $2 \times 2 = 4$，是一種運算，求 4 的平方根就是逆運算。八顆豆子可以分為大小不同的子群，如 4—4、6—2、7—1 等，然後又可合成一個集體。此外，運算還具有守恆性和系統性的特徵。

皮亞傑所提出的認知結構，無論是動作格式，或是智慧的運算，都是為了說明為什麼兒童能說、能做這樣一些事情，而不能說、不能做另外一些事情。依據皮亞傑的看法，正是這些認知組織或結構決定了兒童的認知水平，決定了兒童解決問題的能力或限度。不同年齡兒童以及兒童與成人間認知水平的差異，實質上反映了認知結構上的差異。如櫻草花(A)和玫瑰花(A′)各為十朵，將它們放在一起，問兒童櫻草花多，或是玫瑰花多？年齡小的兒童往往說一樣多。這是因為這些兒童尚未形成 A＋A′＝B、B—A′＝A 的邏輯運算結構。當他把 A 作為部分對待時，就無法將 A 再包含於 A＋A′＝B 的整體之中。

有人認為皮亞傑設想的思維結構是虛假的，但皮亞傑卻堅信結構的存在，並用事實證明「在知識的、邏輯的、理性的組織和相應的心理形成過程之間有一種平行狀態」。他用學習中的同步現象作為思維結構存在的理由之一。當兒童掌握了一種類型的課題後，對同類型的或近似的其他課題就很容易解決。如兒童掌握了天平上重量與距離的關係，就很容易理解斜面高度與物體重量的關係。認知結構彷彿是

「一種內部網絡，一旦固有的思維內容進入了這個網絡，這些思維內容就會沿著此種內部網絡立即在各個方向上同時散布開來。」

　　兒童的認知結構或組織隨著年齡的變化而變化。在不同的年齡階段有著不同的認知結構，這就體現出認知發展的階段性。從一個階段過渡到另一個階段，需要對個體構建和解釋世界的方式，進行根本性的改組和重建。認知結構的變化是按一定次序進行的，因此認知發展的階段是不能改變的，每個兒童達到相應認知結構階段的速度，存在很大的個別差異。

四、思維的機制

1. 適應和組織

　　皮亞傑是從生物學的角度來研究思維或智慧成長的。皮氏認為思維的本質乃是一種適應（adaptation），是生物適應的一種特殊表現。不同種系的生物對環境有不同水平的適應能力，即便是同一種系的不同個體也有不同的適應水平。兒童在發育成長過程中，適應水平也經歷了不同的層次、不同的水平。

　　生物的適應與組織機能緊密聯繫，兩者皆為發展的不變性法則，也是智慧的重要特徵。皮亞傑將它們稱為「功能的恆定性」（functional invariants）。認知結構的生長和變化正是適應和組織的結果。低級的智慧適應是將動作加以組織，同時又修改原有的動作組織；高級的智慧則是將經驗內容加以組織，同時修改原有的思想觀念以適應世界。

　　無論是適應或是組織都是所有兒童和成人先天具有的生物機制。組織過程的運作，保證了所有結構能合適地發生相互關係，合適地相互協調以形成一個整合的個體。例如，嬰兒有抓握和注視的基模。最

初，此兩種基模獨立地發揮作用。嬰兒將東西抓在手心，注視眼前的東西，此兩種行為無法同時完成。隨著發展（即成熟和抓握、注視兩種基模的練習）嬰兒漸漸學會眼睛看著他們抓住的東西和抓住他們看見的東西。有了此種組織能力，兒童就能認識環境中遇到的經驗，並加以整合和系統化。組織的傾向包含在我們生物學的遺傳中，它是適應機能的一部分。

依據皮亞傑的說法，所有行為和思維的目的都是為了使有機體以更好的方式適應外部環境。適應也就是不斷地運用和修改個體對外在世界內部表徵的過程，也就是認知結構不斷發生變化的過程，使我們越來越準確地表徵外部世界的過程。適應包括了兩個過程：同化（assimilation）和調適（accommodation）。

2. 同化和調適

刺激輸入的過濾或改變叫做同化；內部基模的改變以適應現實，叫做調適。換言之，同化就是將外界元素整合在一個機體的正在形成或完整形成的結構內。調適就是指同化性的基模或結構受到它所同化元素的影響而發生的改變，或「個體在對環境的要求作出反應時發生變化的傾向，亦即修改觀念或改變行動（基模）。同化與調適的作用可以用食物消化過程作比喻。人吃食物，通過消化作用，將食物轉化成人體可以吸收的物質，此即為同化作用。在把食物轉化為可吸收的物質時，人體有關的器官如胃、腸都要作出相應的變化，如胃壁收縮分泌胃液，這就是調適作用。一個兒童在認識一樣新事物時，往往傾向於用原來的知識結構來同化它，但是因為新知識不同於原來的結構，於是在同化新知識的同時，必然要引起原有結構的變化，產生一種新的結構以調適新的知識（參見圖4-1）。兒童在原有知識的基礎上，不斷學習新的知識，既豐富了認識，也改造了認知結構，發展了思維。

同化與調適是相輔相成的兩個方面。有同化必然有調適。如果一

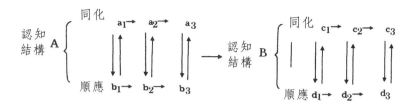

圖 4-1　認知發展示意圖

認知結構 A 在同化與調適兩種機制的
作用下，一步一步地演變爲結構 B。

個人只有同化，沒有調適，這個個體處於永遠與外界適應的狀態，無
須學習，也無從發展了。反過來，如果一個人只有調適，沒有同化，
如此個體就會處於永遠無法穩定下來適應環境的狀態之中。當同化與
調適兩個過程處於平衡狀態時，認識就提高了一步。所有合適的行為
都包含某些同化和調適的元素，但並不是所有活動中，同化和調適的
比例都相當，有時同化占優勢，有時調適占優勢。當同化占優勢時，
兒童往往會出現自我中心主義，主觀地歪曲現實。這在兒童假想性遊
戲中經常可以看到，兒童往往依據自己的想像，任意改變客觀事物。
當調適占優勢時，兒童就完全按照事物外部特徵來塑造自己的動作，
如模仿性遊戲。當同化與調適取得均衡時，就能有效地適應外界生
活，此種狀態可用「平衡」一詞來表示。

　　同化與調適兩個過程有時處於不平衡狀態，但到一定的時候會取
得平衡。皮亞傑以「自我調節」的機制加以說明。皮亞傑認為任何生
物都具有自我調節的功能，兒童在與環境的相互作用時，不斷「從自
身的動作中得到蘊藏著對這些動作的自動調節的信息」，使思維朝著
「必經途徑」發展。當外界某一因素干擾或影響主體偏離了必經途徑
時，主體內部馬上會產生一種流動平衡的反作用，將機體導還到正常
的順序裡，如果失敗了，就將機體導入新的但與原來相似的途徑。

　　總而言之，思維的機制就是同化與調適兩種適應機能不斷從低級

的平衡達到高級平衡的過程。平衡是一種狀態，也是一種過程。當主體在與客體相互作用時，同化與調適取得平衡，主體具有一定的思維結構或表現某種穩定的智力特徵時，我們說平衡是一種狀態。當我們認識到平衡不是最後的平衡，一種平衡的建立意味著新不平衡的開始時，平衡則為一種變動的過程。兒童的思維就是不斷地從一種平衡向高一級的平衡發展的過程，平衡——不平衡——平衡⋯⋯此為兒童不斷增加適應能力的過程，思維結構形成和發展的過程。同化、調適和平衡將貫穿人的一生。

第 二 節　　認 知 發 展 階 段

皮亞傑認為兒童認知的發展既是連續的，又是分階段的，每個階段都是前一階段的自然延伸，也是後一階段的必然前提，發展階段既不能逾越，也不能逆轉，認知總是朝著必經的途徑向前發展。

一、感知運動期（〇至二歲）

此為語言和表象產生前的階段，這個階段的主要特點是兒童依靠感知動作適應外部世界，構築動作基模，開始認識客體永久性，末期出現智慧結構。這個階段又分為六個小階段：

1. 第一階段（出生至一個月）

兒童出生後以先天的無條件反射適應外界環境，並且通過反射練習使先天的反射結構更加堅固（如吸吮奶頭的動作變得更有把握），還擴展了原先的反射（如從本能的吸吮擴展到吸吮拇指、玩具，在東

西未接觸到嘴時就做吸吮動作等）。這一階段稱反射練習期。

2. 第二階段（一至四、四‧五月）

在先天反射基礎上，兒童通過機體的整合作用，將個別的動作聯結起來，形成了一些新的習慣，如尋找聲源、用眼睛追隨運動的物體。此一階段稱為習慣動作時期。

3. 第三階段（四‧五至九個月）

四個月後，兒童在視覺與抓握動作之間形成了協調，以後經常能用手摸、擺弄周圍的客體。如此一來，兒童的活動便不再囿限於自身，而開始涉及對物的影響，物體受到影響後又反過來進一步引起主體對它的動作。在主體和客體間通過動作和動作結果造成的影響產生了循環聯繫，最後漸漸使動作（手段）與動作結果（目的）產生分化，出現了為達到某一目的而行使的動作，智慧動作開始萌芽。不過，依皮亞傑的說法，第三階段還是處於向智慧動作萌芽的過渡時期，直到第四階段才真正出現智慧動作。因此，第三階段為有目的動作逐步形成時期。

4. 第四階段（九至十一、十二個月）

在此一階段，目的與手段已經分化，出現智慧動作。一些動作基模被當作目的，另一些動作基模則被當作手段使用。如兒童拉成人的手，將手移向他自己構不著的玩具方向，或者要成人揭開蓋著物體的布。此表明兒童在做出這些動作之前已有取得物體的意向。另外，兒童各動作基模之間的關係更加靈活，更加概括化。兒童能運用不同的動作基模來應付新遇到的事物，如同兒童以後能運用概念來了解事物一樣，兒童用抓、推、敲、打等多種動作來認識事物。不過，此階段兒童只會運用在同化基模中已有的行動基模，還不會創造或發現新的動作調適世界。此階段稱為手段與目的分化協調期。

5. 第五階段（十一、十二個月至一‧五歲）

當兒童偶然地發現某個感興趣的動作結果時，不只是重複以往的動作，而是在重複中作出一些改變，通過嘗試錯誤，第一次有目的地通過調節來解決新問題。如將娃娃放在毯子上，嬰兒拿不到娃娃，用手東抓西抓，偶然間拉動了毯子一角，兒童看到了毯子運動與娃娃間的關係，於是拉過毯子，取得了娃娃。兒童用新發現的拉毯子的動作達到了目的，此為智慧動作發展中的一大進步。但是值得一提的是，此時的兒童還沒有形成沿著一定的方向目的去構成新方法的能力，新方法的發現純屬嘗試錯誤中的偶然。

6. 第六階段（一‧五至二歲）

此為感知動作結束、前運算時期開始的時期。它的顯著特徵是兒童除了用身體和外部動作來尋找新方法之外，開始在頭腦裡用「內部聯合」方式解決新問題，如有一只微微開口的小盒子，內裝一條看得見的項鏈，兒童先是將盒子翻來翻去地看，或用小手指伸進縫道去拿，但拿不到。後來兒童完全停止了動作，眼睛看著盒子，嘴巴一張一合。做了好幾次同樣的動作後，他突然用手拉開盒子口，取得了項鏈。此種一張一合嘴的動作實際上是兒童在頭腦裡用內化了的動作模仿盒子張開的情形，只是當時他的表象能力還很差，仍須借助外部動作表示。運用表象模仿別人做過的行為來解決眼前的問題，此表示著感知動作期的結束，新階段的開始。

依據皮亞傑的理論，感知動作階段兒童在認知上有兩大成就：主體和客體的分化和因果關係聯繫形成。最初的嬰兒分不清自我與客體，客體對兒童而言，只是忽隱忽現的不穩定的知覺圖像，兒童不了解客體可以獨立於自我而客觀地存在。兒童只認為自己看得見的東西才是存在的，而看不見時也就不存在了（參見圖 4-2）。當客體在眼前消失，兒童依然認為它是存在的，此即為皮亞傑所謂兒童建立了

圖 4-2　客體恆常性實驗

「客體恆常性」（object permanent）。客體恆常性的建立表示兒童已將主客體分化開來（年齡約在一周歲），完成了「哥白尼式的革命」，即從以自我為中心變為將自己看成是無數客體中的一個。

　　兒童最初的動作都是無目的的，或者說是任意的。在兒童的動作與客體的相互作用中，逐漸產生了動作與由動作造成的對客體影響結果的分化，以後又擴及到動作與客體間的關係，使動作的目的性越來越明確，此即意味著因果認識的產生。

二、前運算時期（二至七歲）

前運算時期與感知動作期相比有一個質的差異：前一時期的兒童只能對當前知覺到的事物施以實際的動作進行思維。後一時期的兒童，由於信號功能或象徵功能的出現，開始從具體動作中擺脫出來，憑藉象徵性基模在頭腦裡進行「表象性思維」。如當原形消失後，兒童用覺察不到的肌肉動作來模仿某個人做過的怪動作，進行各種象徵性遊戲，用語詞表示某個人或某物等等。

皮亞傑又將前運算時期分為如下兩個小階段：

1. 前概念或象徵認知階段（二至四歲）

此一階段兒童已出現象徵性功能，運用象徵性符號進行思維，所以此一動作稱象徵認知階段。由於有了象徵性功能使兒童能憑藉意義所借來象徵意義所指的事物，而意義所藉和意義所指的分化就是認知的發生。兒童象徵性遊戲的產生是象徵認知開始的表示。如兒童用小棒當「槍」、用碎紙片當「菜」，這裡的棒和紙就是意義所藉的象徵符號，而「槍」和「菜」則是意義所指的被象徵物。兒童在進行象徵認知時完成的任務，已不是出於實際情境的要求，而是憑藉象徵基模來進行的。

象徵思維階段又稱前概念階段。此時兒童運用的概念與一般成人用的概念不同，它往往是將最初學到的語言符號附加到一些事物上而形成的。此種概念是具體的、動作的，而不是抽象的、圖式的。它往往介於概念的一般性和組成部分的個別性之間。因此，兒童既無法認識同一類客體中的不同個體，也無法認識不同個體變化中的同一性。如孩子看到別人有一頂與他一模一樣的帽子，他就一定說：「這帽子是我的。」因為在孩子心中，「帽子」一詞就是指他戴的那頂帽子。

兒童在房間裡看到一輪明月、在馬路上看到雲霧半遮的月亮，便認為天上有兩個月亮。此時期的兒童掌握的語詞還很貧乏，又未形成分類概念，分不清個別與一般的差別。因此，他們還不會作出合乎邏輯的推理，而往往是從一個個別推到另一個個別，此兩種個別間可以毫無聯繫。皮亞傑認為此時期兒童的演繹思考是不合邏輯的濫觴。

2. 直覺認知階段（四至七歲）

這是從前概念階段向運算思維過渡的階段。此時期兒童認知的主要特徵是認知直接受知覺到的事物的顯著特徵所左右。皮亞傑曾作如此實驗：給兒童兩個同樣大小、同樣形狀的小杯子 A 和 A′，由受試兒童（四、五歲）同時用兩手分別向兩個杯子放入同等數量（每次一顆）的木珠。兒童知道這兩個杯子裡裝的珠子一樣多。然後，主試者把 A′ 中的珠子倒入另一個又細又長的杯子 B 中，問兒童：A、B 兩個杯子中的木珠是一樣多，還是不一樣多。有一部分兒童說，B 杯中的珠子比 A 杯中的珠子多；另一部分兒童則說 A 杯中的珠子比 B 杯中的珠子多。為什麼會出現兩種截然不同的答案呢？皮亞傑認為，那是前一部分的兒童只集中注意 B 杯中珠子的高度超過了 A 杯中珠子的高度，而後一部分兒童都只集中注意 A 杯中珠子的寬度超過了 B 杯中珠子的寬度。此兩部分兒童都只是將注意力集中到事物變化的一個方面或一個特質，不能同時注意事物變化的兩個方面或兩個特質，他們只注意到事物的某種狀態，而看不到由一種狀態向另一種狀態變化的過程。緊接著主試者又把 B 杯中的珠子倒入另一更細更長的杯子中，再讓兒童與 A 杯比較。結果產生了如下變化：原來認為 B 杯中珠子比 A 杯中珠子多的兒童現在作出比 A 杯少的判斷；而原來認為 B 杯中珠子比 A 杯中珠子多的兒童現在作出了比 A 杯多的判斷。此種判斷的變化正是兒童受直覺表象自動調節的結果。兒童看到 B 杯變得越來越細，雖然 B 杯珠子的高度比 A 杯中珠子的高度高，但發現它的寬度則是越來越細了，因而便作出了相反的回答。但此時的

判斷仍基於直覺知覺活動，還不能真正認識事物本身。不過從另一方面來看，兒童的直覺認知已開始從單一認知集中向雙向認知集中過渡，此意味著「守恆」即將形成，運算認知即將萌芽。

　　研究者對兒童的「運算」作了四年的追蹤研究（Tomlinson-keasey 等，1978），結果發現兒童掌握各種「守恆」──物體的量不隨物體形狀的改變而改變──有一定的順序（參見表 4-1）。最先掌握的是數目守恆（六至七歲），接著是物質守恆和長度守恆（七至八歲）、面積和重量守恆（九至十歲），最後是體積守恆（十二歲）。

　　由於此一時期兒童的心理表象與直接知覺到的事物形象之聯繫是如此直接、如此密切，因而形成了此一時期認知另一個特點：自我中心。所謂自我中心就是指兒童往往只注意主觀的觀點，不能向客觀事物集中，只能考慮自己的觀點，無法接受別人的觀點，也不能將自己的觀點與別人的觀點協調。皮亞傑曾做如此實驗，用來表明兒童的自我中心：布置一個風景佳麗的山之模型，先讓兒童從四個方向仔細進行觀察，而後交給兒童四張這座山的側景照片。實驗中再讓一個布娃娃在山的各處走動，當布娃娃停留在山的某一側面時，請兒童從四張照片中取出一張布娃娃面對山的風景照。結果，受試兒童取出的照片並不是娃娃面對那座山的照片，而是他自己面對那座山的照片。這一個實驗說明，幼兒還不會站在別人的立場上來觀察世界、分析問題，只能站在自己的立場上去看問題。日常生活中我們也可以發現幼兒有自我中心思維的特點。如幼兒知道自己有哥哥或姊姊，但不知道他的哥哥或姊姊是否有（他）弟弟。又如，兒童很早就能認識自己的左右手，卻要隔很長一段時間才能分清別人的左右手。

　　儘管前運算認知階段兒童還缺乏將現實同化於思想基模之中並作出相應的調適以取得平衡的能力，但它已顯示了離中化的趨向，為前運算認知的轉化作好了準備。

表 4-1　守恆任務

守恆類型	基本原理	向兒童呈現（Ⅰ）	向兒童呈現（Ⅱ）	問兒童
數目守恆 （6～7歲）	空間距離改變，數目保持不變	A○○○○○ B○○○○○	A○○○○○○ B○ ○ ○ ○ ○	兩排珠子一樣多？還是不一樣多？ 「B行多」（不守恆） 「一樣多」（守恆）
物質守恆 （7～8歲）	不管樣皮泥形狀改變，它們仍是一樣大	A與B一樣大小 ○ ○ A B	B球變了 ○ ⬭ A B	這兩個球是一樣大，還是不一樣大？ 「B更大些」（不守恆） 「一樣大」（守恆）
長度守恆 （7～8歲）	不管一根線段或棒在形狀或空間安排上有何變化，長度保持不變	A ▭ B ▭	A ▭ B ▭	兩根棒一樣長，還是不一樣長？ 「B更長」或「A更長」（不守恆） 「一樣長」（守恆）
面積守恆 （8～9歲）	不管圖片位置如何改變，圖片覆蓋的表面積保持不變	A	B	兩張圖上的表面積一樣大，還是不一樣大？ 「B更大」（不守恆） 「一樣大」（守恆）

續上表

守恆類型	基本原理	向兒童呈現（Ⅰ）	向兒童呈現（Ⅱ）	問兒童
重量守恆（9～10歲）	不管形狀如何改變，客體的重量保持不變	兩塊疊在一起 A	兩塊分放兩邊 B	兩堆東西一樣重，還是不一樣重？「A更重」（不守恆）「一樣重」（守恆）
體積守恆（12～13歲）	不管放入水中的東西形狀如何改變，杯中水的體積不變	A　B 兩顆球放入杯中，兩杯中水的數量是一樣的，兒童看到水平面上升到一樣高度	將橡皮泥球B改變形狀，準備放入水中	若將B放入杯子中，水平面會高出A杯？還是一樣高？或低於A杯？「高一些」或「低一些」（不守恆）「一樣高」（守恆）

三、具體運算階段（七、八至十一、十二歲）

　　「運算」一詞是皮亞傑理論中的一個特定概念，它有幾層含義。其一，運算是指一種內化了的動作，即能在頭腦中進行的思維活動；其二，運算是一種可逆的動作，它既能朝一個方向進行，又能向相反方向運轉。如 1＋1＝2，它的相反就是 2－1＝1；其三，運算具有一種守恆性，當一個運算在變換時，體系中總有幾個保持不變的特點。此種在變換體系中恆定不變的量稱為「守恆圖式」，而守恆的形成則是一個運算結構是否完成的指標；其四，是系統性，運算基模與前面幾個階段中提到的動作基模、象徵基模不同，運算基模是一個系統，它不能單獨進行，要協調成為一個整體（如一個類別、一個系列）。皮亞傑指出，運算開始具有決定性意義的轉折就是平衡的突然產生，此種平衡使得一些觀念的複合體形成一個單一的體系。此種單一的體系又是通過許多直覺結構的融化，通過若干形象間協調的靈活性而形成的。

　　具體運算階段有如下兩個顯著特點：

1. 獲得了守恆性

　　可逆性的出現是守恆獲得的標誌，也是具體運算階段出現的標誌。再引用前面舉過的比較兩個杯子中珠子多少的實驗為例。先將同樣數量的珠子放入兩個形狀相同、大小相同的杯子 A 與 A′中，然後將 A′杯子中的珠子倒入另外一些更高、更細的杯子 B、C、D 中。此實驗對於六歲，甚至七‧五歲的兒童都不會發生困難，他們都能認識到珠子的整體數不變。有的說：此兩杯中的珠子相等是因為兩個杯子中珠子既沒有增加，又沒有減少；有的則說，B、C、D 杯子雖然高一些，但是細了些，所以兩個杯子裡的珠子數還是相等；另有一些

兒童說：如果將 B 杯或 C、D 杯中的珠子倒回到 A′杯中去，還不是一樣高嗎？兒童通過同一性、補償性、逆轉性實現了思想的轉化，取得了守恆。此種守恆的實現關鍵在於兒童已實現了思想離中化。他們不再像前運算階段兒童那樣只是集中於對象的某個特徵或某種狀態，集中於主體所持有的某一種觀點，而能夠以所有可能的迂迴和迴轉去追隨外界變化，依據客觀的交互觀點的系統去協調個別觀點。

2. 群集結構的形成

在直覺認知階段，兒童依靠表象的自動調節形式，即用集中化與離中化的機制而調節，所以直覺思維缺乏同化現實於思想基模和調適思想基模於客觀現實之間的平衡。具體運算階段的兒童已能用群集結構來實現調節，第一次實現了同化客體於主體行動和調適主體基模於客體變化之間的平衡。

群集結構實際上是一種分類系統。皮亞傑認為任何運算都不是孤立的，它只是群集運算中的一個部分。群集運算主要有兩種：一種是類群集運算；一種是系列化群集運算。事物與事物間總有一定的關連性，有一種是類包涵關係（參見圖 4-3）。這是一種因素的分類，還有兩種因素的分類，如對具有不同形狀和不同顏色的物體進行分類，

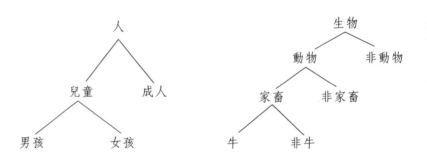

圖 4-3　群集結構

這就更加複雜些。

系列化運算可以舉例說明之：將一堆參差不齊的小棒按長短順序排列整齊，這就要有系列的概念，知道 A＞B、B＞C，演繹出 A＞C 的結論。

具體運算階段兒童雖然已實現了許多運算的群集，但是，兒童此時進行的運算還是不能脫離具體事物的運算，他們的群集還未構成形式邏輯，只能對於那些已經構造成功的內化了的觀念實現運算，而對那些尚未構造成功的、較為複雜的觀念還不能實現運算。

四、形式運算階段

形式運算階段又稱命題運算階段。它的最大特點是兒童認知此時已擺脫具體事物的束縛，將內容和形式區分開來，能依據種種可能的假設進行推理。他們可以想像尚未成為現實的種種可能，相信演繹得出的推論，使認識指向未來。

形式運算階段無論在處理問題的方式上，或是在論證檢驗假設的方式上都與具體運算階段有本質上的差異。具體運算階段的兒童，只能在聯繫具體事物時方能解決問題；形式運算階段兒童，能對命題進行運算。如主試者問兒童：愛迪斯比蘇珊白些，愛迪斯比麗麗黑些，在此三人中，誰最黑，誰最白？如果這三個人站在兒童面前，那麼即使是六、七歲的兒童也能解決，但是用命題形式表達出來，即使是十歲的兒童也會感到困難。具體運算階段的兒童遇到多因素存在的問題時，往往感到束手無策或回到無目的的嘗試錯誤動作之中；而形式運算階段的兒童能將物體和物體，或命題與命題組合起來，最後通過對現實的考慮，不再偏限於事物具體的、有限的方面，而是依據某些可能或所有可能的組合去推論某一種現實性。

以皮亞傑的助手英海爾德所做的單擺振動實驗來說明形式運算階

段與具體運算階段兒童認知的區別。給被試者呈現一個單擺，即在一根線上懸掛一個重物（如砝碼），讓被試者改變線的長度或懸掛物的重量以及振幅、推動力等因素，問題是要被試者找出決定單擺振動頻率的因素（參見圖4-4）。本實驗中只有一個因素與單擺振動有關，被試者必須懂得逐個隔離因素，方能排除無關因素。前運算階段兒童無法區分他們自身的作用與單擺運動快慢變化的原因，往往認為單擺振動快慢完全取決於他們對單擺施加的推動力大小。具體運算階段兒童能夠將線的長度、懸掛物重量及起振高度等按照大小系列進行實驗，並能客觀地判斷所觀察到的單擺振動頻率的差異。他們已能排除主觀推動力大小的因素，但還無法隔離其他變量。他們往往同時改變幾個條件，故而認為各種因素對於單擺振動頻率都有影響；也可能只讓一種因素不變，其他因素皆變，但在未確定這個不變因素對振動有無影響前就貿然斷定這個因素肯定不會產生影響。這是因為具體運算階段的兒童還未將運算群集整合為一個統一的系統，還缺乏命題運算的工具，所以無法隔離變異量。進入形式運算階段兒童，已能使一個因素變化，而讓其餘因素保持不變，最後得出線的長度與單擺振動頻率有關的正確結論。

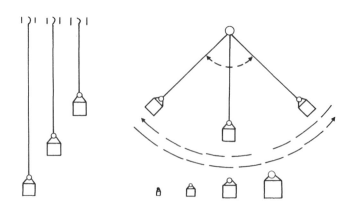

圖 4-4　單擺振動實驗

　　形式運算階段兒童思維結構也出現了新的變化，產生了四元群結構和組合運算結構，以後此兩種結構又被整合為一種「結構整體」，這是兒童思維發展的最高形式。此後，隨著生活實際的深入，思維還將進一步發展。

五、對皮亞傑認知理論的簡評

　　皮亞傑在兒童認知發展領域的影響是劃時代的。他以新的發展觀取代了傳統的發展觀。皮亞傑提出的相互作用論具有辯證法的因素，還特別強調了以往一直被忽視的兒童在認識活動中的主動性和能動性的作用。

　　經過大量實驗和觀察，首次詳盡地論述了兒童認知發展的基本階段和思維機制，為今後人們進一步深入研究兒童思維的發展作出了珍貴的貢獻。從目前的研究看，人們對皮亞傑發展階段的連續性與階段性仍有爭論。並認為僅用同化、調適和平衡概念尚不足以解釋認知水平的發展。

　　皮亞傑深受機能主義的影響，在研究認知中過多地強調了生物學因素的作用，貶低了環境和教育的作用，貶低了語言的作用。

　　由於皮亞傑在思維發展研究中引進了大量的生物學、數理邏輯的語言，整個理論體系十分龐大，文字又較晦澀難懂，常常造成研究者對這個理論的誤解。

　　皮亞傑的研究在方法上有某種缺陷。一些人認為皮亞傑採用的臨床法往往將許多變量混淆起來，影響了結果的真實性。如沒有很好地考慮社會心理因素、語言理解水平、注意、知覺等因素對實驗結果的影響，尤其是因為幼兒對皮亞傑實驗中所使用的語言理解有困難，貶低了幼兒的實際思維水平。如幼兒自我中心的結論已受到許多研究的挑戰。此外，皮亞傑用以評價思維邏輯的一些測驗和實驗往往是抽象

的、脫離兒童生活實際的。這些測驗不能全面反映兒童的實際推理的
能力。

形式運算思維並非思維的最高基模。皮亞傑認為兒童思維發展的
最高階段是形式運算階段，但一些心理學家認為在形式運算思維之後
還有新的思維發展階段出現。如瑞吉爾（Riegel, 1973）將這個新階
段稱為辯證運算（dialectical operation），並認為個體可以在皮亞
傑所稱的四個階段中的任何一個階段，直接發展為與之相應的辯證運
算（參見圖4-5）。

柯瑞黙（Kramer, D., 1989）對辯證運算或後形式運算階段的文
獻作了研究後，概括出這個階段的三個特徵：(1)對知識相對性的意
識；(2)接受矛盾；(3)在辯證的整體內整合矛盾。

此外，還有許多新的研究對皮亞傑的動作在學習中的作用、發展
階段的普遍性、發展變化的性質等結論提出了新的論點。

儘管隨著時間的遞邅，皮亞傑的認知發展理論的不足之處已越來
越明顯，但這並不能抹煞或降低皮亞傑的認知發展理論在兒童心理學

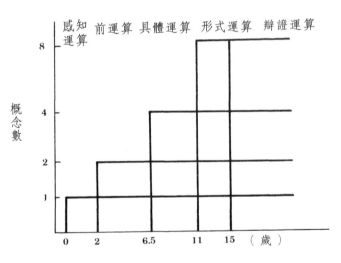

圖 4-5　運算發展階段

（引自《當代兒童青少年心理學的進展》，p.185）

發展歷史上的重要地位。也正因為皮亞傑的理論有不足，才會有新的發展，有新理論的產生。如信息處理與皮亞傑理論相結合的「新皮亞傑學派」研究和重視教育作用、重視應用性與整體性研究，就是對皮亞傑理論的繼承和發展。

參考書目

一、中文部分

1. 全國高校兒童心理學教學研究會編：《當前兒童心理學的進展》，
北京師範大學出版社，一九八四年版。

2. 張欣戊、徐嘉宏等：《發展心理學》，臺灣空中大學出版社，一九
九五年版。

二、英文部分

1. Gardner, H. : *Developmental Psychology*, 1982.

2. Hetherington, E. D. & Parke, R. D. : *Child Psychology-A Contemporary Viewpoint.*

3. Kathus, S. A. : *Understanding Child Development*, 1988.

4. Mussen P. H., Conger J. J. & Kagan J. : *Child Development and Personality*, 1990.

5. Owens, K. : *The World of The Child*, 1987.

6. Yussen, S. R. & Santrock, J. W. : *Child Development-An Introduction*, 1978.

第五章 兒童認知發展

——信息處理理論

　　皮亞傑將兒童看成是一個初露頭角的科學家，在與環境的互動中不斷構建新的認知結構，而信息處理理論將兒童（和成人）比喻爲計算機系統。計算機接受問題信息（輸入），貯存信息，按照某種規則處理信息，然後作出回答（輸出）。而兒童的認知也可比喻爲從環境中接受信息，貯存信息，按需要提取和操作信息，然後作出外顯反應。

　　信息處理是心理學研究認知過程的一個重要途徑。它將認知過程中感性部分（如感覺、知覺、注意和記憶）與理性部分（認知）結合起來成爲一個從輸入到加工到輸出的完整控制系統。信息處理論者運用了信息論、控制論和計算機模擬，在感性認識部分取得了十分傲人的成績，尤其在記憶研究方面最有成效。本節主旨在於檢視個體從環境中獲取信息時所用的基本信息處理技能，以及記憶過程中信息被操作、處理和組織的方式。

第一節　認知單元

　　信息處理論將認知功能看作是用不同的知識單元工作的過程，利用這些知識單元來表徵事物或信息。這樣的知識單元有如下四類：圖式、映像、概念或範疇、判斷。

一、圖　式

　　圖式（schemata）不同於皮亞傑的基模（scheme），它由一個場景中典型的獨特的、特徵或事件的程序所組成。例如，問起居室是什麼樣子？回答者就會羅列出一些一般起居室裡都有的東西，如：桌子、椅子、沙發、門、窗。這個圖式並不是一個特定的房間的映像，而是各種起居室典型的、特殊特徵的合成物，就像卡通漫畫，它僅只勾勒、保存了它要代表的那樣東西或人物的最基本的方面。

　　圖式使記憶更為有效，因為它保存了場景的基本內容。有一個關於兒童和成人記憶簡單的和複雜的圖片研究，可以用它來說明人們是如何利用圖式來記憶的（見圖5-1）。簡單的圖（A、C）只包含基本的信息，複雜圖在此基礎上加些細節和明暗。實驗者向被試者出示一套此類圖片，要求他們記住圖片；幾分鐘後，向他們顯示另一套圖片，其中一部分是已經看過的，另一部分是沒有看過的。如果他們看到過A，不同的變體就是B；如果看到過D，C就是它不同的變體。結果發現，人們可以察覺簡單圖片的東西增加了（如他們認出B是未看過的），但很少察覺複雜圖片上的東西減少了（如他們認不出C是否看過）。這就表示，人們在記憶中貯存的正是表徵圖片基本部分

的圖式，所以細節缺失時他們並未引起注意。

　　人們還能對短暫的事件順序以及場景形成圖式。一個事件的圖式可以定義為「對事件順序的一種暫時組織起來的表徵，或是對什麼事情將發生，它將在什麼時候、什麼特定的情景下發生的種種期待」（Mandler, 1983）。有些具體事件的圖式稱為腳本（scripts），如要求一些人描述從起床到上班的經過。研究發現，這一過程中發生的事件和順序都是共同的。這公共的成分就構成了「起床」的腳本或「去上班」的腳本。很小的孩子就有許多事件的腳本，一般都是他們反覆獲得的經驗。

　　圖式和腳本是兒童首先使用的認知單元。它允許兒童去期待和預

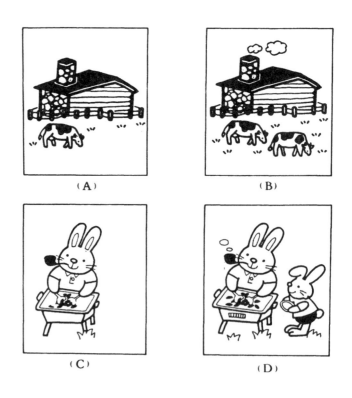

圖 5-1　圖式與記憶

測。兒童期待去認識與圖式一致的東西，所以去注意它們；兒童有時會不注意與圖式不一致的東西，甚至還會歪曲它們，從而使它們自己的圖式相一致。

二、映　像

映像或表象是一種感覺印象——一幅圖、一個聲音或一種氣味，也就是心理上的再產生。映像常常在圖式中出現，而且是有意識地制作。在你想像你的起居室時，你也就在產生映像。年幼兒童與成人相比更多地使用映像解決問題，因為兒童是否用映像回想信息來解決問題，取決於那些信息是否已成為兒童概念性知識的一部分。當信息尚未綜合於兒童概念性知識中，他們就傾向於用映像來回想。隨著年齡的增長，知識越來越概念化，兒童就較少依賴映像了。

三、概念或範疇

概念或範疇是第三個認知單元。圖式和映像真實地表徵著場景或事件的物理特徵；但概念是對一組對象或事件的符號表徵。語言是基本的符號表徵形式。詞與它們所表徵的對象間沒有任何類似性。符號概念常常是表徵一組客體共同的、抽象的特徵。例如，我們將牛奶、雞蛋、煎餅和檸檬汁放在一起，稱為「食品」，因為它們都具有可以食用的特徵或性質。

兒童很早具有將物體集合在一起的能力。如十二至二十四個月的嬰兒自發地將黑的或白的積木按色彩組合。兒童可以在還沒有合適的詞（如黑色、白色、彩色）標誌東西的知識時，卻能知道使用範疇。

符號概念幫助兒童提高理解世界的能力。因為他們可以將概念知

識運用到新的情境中。幼兒用「男孩」和「女孩」將人們加以分類，也會將這個範疇運用到他們在新情境中遇到的陌生男孩和女孩。給兒童看有三個孩子的圖片（見圖 5-2）告訴兒童：「上面這個男孩身體下面有一顆小種子，女孩身體下面有個小雞蛋。」然後再告訴兒童：「下面這個孩子是男孩。」並問：「這個男孩有小雞蛋還是有小種子？」儘管圖中人物看上去更像女孩，但兒童能利用「男孩」這個符號概念推斷出正確的答案（Macoby & Gelman, 1986）。

　　信息處理心理學家經常採用檢查處理信息花了多長時間的方法，來判定兒童是在用映像還是用概念表徵世界或某個對象。如要求兒童和成人想一些不同的動物，如貓或鳥。有時候指示他們使用映像想像該動物，有時候不要求用映像。然後問被試有關該動物身上一個小部分的問題，如「貓有爪子嗎？」如果被試者用心理映像，必須掃視圖像作出回答，如果不用映像而是依靠原有對貓、鳥等的符號知識，就

圖 5-2　概念或範疇
（ Maccoby & Gelman, 1986 ）

能快速作出回答。事實上兒童和成人在按照指示用映像回答問題的速度都比不要求用映像時慢。

　　隨著兒童年齡的增長，兒童的符號概念也起了變化。一是定義概念的哪些方面逐漸與大多數成人認為是關鍵的東西相一致；二是在思維時能更有效地使用符號概念。如一個三歲兒童使用的時間概念「小時」、「日」比一個八歲的兒童就模糊得多；三是能更好地用詞描述符號概念。如一個四歲的幼兒無法對「愛」說出多少話，但一個十五歲的孩子卻能寫上千字愛的文章，並與相近的詞（如友誼等）相區分。

　　兒童的概念不是靜止不變的，而是動態的、不斷變化的。他們不斷地轉化他們的概念知識，並在無意識努力中察覺原來是兩個無關的或互不聯繫的觀念間共同存在的東西。

四、判　斷

　　兩個或更多的概念聯結在一起就構成了一個判斷歷程。「貓是哺乳動物」就是一個判斷或命題。認知能力的發展使兒童能完成對命題更加複雜的認知操作，將兩個或幾個命題協調起來解決一個問題。Robert Sieglev（1983）詳細分析了不同年齡的兒童使用規則解決必須同時考慮兩個維度的問題的情況（參見圖5-3）。實驗者分別將一些砝碼放在與支點距離不等的木釘上，然後要兒童確定橫桿鬆開後可以自由活動的橫桿是否保持平衡。五、六歲兒童只會利用一個維度（一般是重量），使用一條規則：數一數兩邊的砝碼以確定是否平衡。如果砝碼數目相同就預言橫桿平衡，而不考慮砝碼與支點的距離。年齡大一點的兒童至少會使用兩條規則，利用第二個維度（距離）：假如兩邊的砝碼數目相等，他們會考慮砝碼與支點的距離，假若兩邊砝碼數目不相等，他們只依靠砝碼數目來作判斷。最成熟的兒

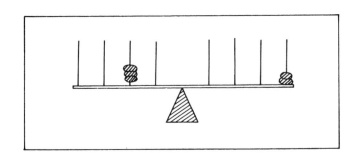

圖5-3　兒童同時考慮兩個維度問題

測定兒童使用規則的平衡桿的一種解釋是，最成熟的水平應是
既考慮離開支點的距離，又考慮砝碼數目，以決定天平是朝左
傾，還是右傾或恰好平衡。

童會同時考慮砝碼數目和它們與支點的距離來作出正確的預言。類似
的課題還有：距離＝速度×時間，面積＝長×寬。要解決此類問題必
須同時考慮兩個維度。

第二節　信息處理歷程

　　信息處理論者假設信息處理在幾個層次上發生。圖5-4顯示了信
息處理的層次。每個層次接受來自先前一個層次的信息，完成它獨特
的功能後信息又進入下一個層次進一步處理。

一、信息處理的階段

1. 感覺登錄

　　對感覺信號的覺察是信息處理的首要步驟。我們看到、聽到、聞到、嚐到，以及對周圍世界的其他感受是信息處理鏈上的第一個聯結。感覺登錄有時又稱為感覺貯存。在刺激被移去後，刺激對感覺系統的影響持續很短的一段時間（約二五○毫秒）。

　　感覺登錄是一種照相式的記憶，是極為初步的忠實記錄，但它很快衰退，除非感覺登錄的信息進入短時記憶，不然就全部喪失。對感覺登錄的材料不作信息處理，換言之，尚未對材料作出解釋。

　　感覺登錄的大量信息容量涉及到視覺和聽覺，味覺、觸覺等蒐集的資料信息少一些。尼塞爾（Neisser, U., 1979）使用了「肖像式記憶」來描述視覺記憶或視覺印象的簡短保持。

(1)視覺記憶

　　斯潘林（Sperling, G., 1960）所作的研究顯示了肖像式感覺登錄的存在。實驗出示三排字母，每排四個，在作了短暫的呈現後，要求被試者（大學生）報告記住的字母。通常受試者能回憶40%左

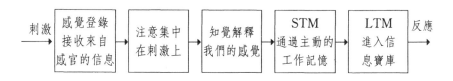

刺激 → 感覺登錄接收來自感官的信息 → 注意集中在刺激上 → 知覺解釋我們的感覺 → STM 通過主動的工作記憶 → LTM 進入信息寶庫 → 反應

圖 5-4　處理信息的階段

右。然後改變實驗程序，要求被試者報告三排中的一排，準備報告的
那排用一個音作信號。高音指的是他們應報告最上面一排的字母，中
音是中間一行字母，低音代表底部一行字母。音或者是與字母同時呈
現，或者延遲一下。研究發現，當音是與字母同時呈現時，被試者能
夠報出那行中的80％字母；但是當音延緩出現三○○毫秒時，回憶
下降到55％，而當延緩達一秒鐘出現時，成績下降到了原來的40
％。這個研究資料被用來證明迅速衰退的記憶──肖像式感覺登錄確
實是存在的。

X　　B　　D　　F

M　　D　　Z　　G

L　　C　　N　　H

(2)聽覺記憶

　　聲音刺激消失後還保持著極短的聽覺印象，也可以稱為一種肖像
式的聽覺記憶。麥沙羅（Massaro, 1972）的研究指出：向被試者呈
現一個音，在不到一秒鐘的時間內再呈現另一種音。結果發現後一個
音常常阻礙對第一個音的知覺。從這個實驗中得出，肖像式記憶大約
持續四分之一秒。

　　相對於成人來說，兒童感覺登錄的性質和操作存在一定的缺陷。
如有一個實驗發現，成人最多能記住四個幾何形狀，五歲兒童則不能
超過兩個。這可能與運用記憶的策略有關。成人能在項目從感覺登錄
中消失之前就有效地運用編碼策略，所以能解釋刺激，並在信息失去
之前，把解釋的表徵貯存在記憶裡。兒童無法有效地實行這種策略，
也就無法記住更多的信息。

2. 注意力

　　有證據表示，在正常的環境裡，我們對信息有高度的選擇性。注意力的一個特徵就是選擇性。篩選種種刺激物，把注意力集中在特定的刺激上，而不理會別的刺激，這種能力在兒童期內有穩定的增長。年幼兒童不太會控制自己的注意力，容易為無關刺激的特徵（新穎、新奇、活動性強烈的對比等）所吸引而分心，在注意有關和無關信息的部署中缺少靈活性。例如，要求小學二年級和六年級的兒童對有兩種色彩的木製動物作判斷。它們或者是顏色相同，或者是形狀相同。這個任務要求兒童將注意力集中於一個方面，而不理會另一個方面。這個實驗發現，年長一點的兒童反應比年幼一點的兒童更快（Pick & Christy 等，1972）。

　　兒童注意有關刺激的能力隨年齡而改善的狀況，表現在兒童能遵照指示的能力的發展。兒童能根據任務要求來注意對象。有個研究要求二十個九歲兒童和二十個十三歲兒童，對兩套同時呈現的刺激進行監督並作出反應，指示兒童當看到一個星時，就壓按鈕，星總是出現在監控的中心，然後要求記住屏幕角落出現的字母。十三歲的兒童能按照指示將注意力集中在要求的任務對象上，因此反應和回憶的字母比九歲兒童多。對兒童注視時眼動資料的分析發現，年長兒童總是將注意力集中在屏幕中心，直至星出現。在他們短暫地注意屏幕角上的字母後，注意力又回到屏幕中心。而九歲兒童在整個任務中，注視角落上的字母以及屏幕上的空白處花了很長時間，而在間隔時間裡又固定地注視屏幕中心。其實這時的努力與星的出現無關（Schiff, A., 1985）。這個研究指出，隨著兒童年齡的增長，他們變得更能按照任務要求分配注意力。

　　有控制的注意力隨著個體的發展而改善。實驗者給受試者看一組圖片，要求認識每張圖片在系列中的位置。每張圖片偶爾會有不同顏色的背景，但是實驗者對這一點並不加以說明。研究顯示：年長兒童

對有目的的材料記得比年幼兒童多，但是對偶然材料的記憶沒有顯著
的年齡差異。這一發現指出，年長一點的兒童能把他們的注意力直接
指向研究者要求他們注意的材料和被檢查的材料。

隨著年齡的增長，兒童採取的記憶策略更能適合特定的任務要求
和情景。雖然不可能有哪種注意策略適合所有的情景或問題，但年長
兒童在按照任務要求改變他們的注意力時，顯得比年幼兒童更加靈
活。

3. 知　覺

一旦兒童注意到特定的刺激，就必須對知覺的材料加以解釋。知
覺定義為對感覺刺激的覺察、識別和解釋。我們在聞香水、嚐漢堡、
聽音樂會時體驗到的東西要多於直接的感覺刺激。兒童期內知覺變化
的一個方面是對必須呈現的信息數量的要求，年幼兒童想要在知覺上
能解釋一個對象或事件之前需要提供他許多信息。相反的，年長兒童
和成人即使在信息不完全的情況下也能認識事件。例如，對圖 5-5，
年長兒童可能認出 A 是把椅子，但年幼兒童必須看到更多的刺激如
B，才能認出是椅子。

隨著年齡增長，兒童對知覺的內容也會不一樣。如給兒童看四個
字母 pbdq，年幼者只看到兩個特徵「1」「○」，所以無法區分它
們；年長兒童除了看到上面兩個特徵外，還注意到○的方位，因此能
區別這四個字母。年長兒童還能不理會無關刺激，如字母的大小、色
彩等細節，而作出正確判斷。

知覺不能脫離其他認知或思維歷程孤立地發揮作用。知覺訊息被
貯存在記憶裡，這些訊息從記憶中喚起，有助於解釋輸入的知覺。因
此，我們需要討論作為思維的下一個歷程——短期記憶。

4. 短期記憶

受到注意並在知覺上得到解釋的信息進入短期記憶。短期記憶是

（A）　　　　　　　　　　**（B）**

圖 5-5　知覺的內容

一種暫時的、主動的和有意識的記憶。短期記憶是核心的處理單位，在那裡個體將直接來自環境的信息，與來自長期記憶貯存的信息結合起來。這對完成各種分析和思考是十分必要的。當我們將來自感覺貯存的信息，與我們已經了解的（長期記憶中的）信息匹配起來時，我們就認識了新的信息。例如，在馬路上行走，有許多人從身旁經過。突然，其中有一張臉（你的好朋友××）被你的感覺登錄取了出來，並與長期記憶相匹配，立即認出這是××。至於你為什麼能認出自己的朋友，理論家認為是模式配對的結果，而有的則認為是特徵分析帶來的結果。

　　短期記憶又稱為工作記憶（working memory）。有些人認為兩者有一定的區別；短期記憶是指即刻記住測驗任務的成績，而工作記憶是短期記憶的一個方面，它表徵在一定時間裡到達的信息，是對來自環境的信息暫時加以協調和處理的機制。此外，有人將工作記憶或短期記憶中持有信息的能力稱為 M 空間（記憶空間）。在 M 空間裡可以同時操作不同信息（圖式、表象或概念）的不連續的事實單位。隨著年齡增長，兒童的工作記憶能力也增長了，M 空間中操作的信息單位數也在增加。例如，要求不同年齡兒童學習對不同的視覺刺激作不同的動作反應：看到紅顏色就拍手，看到大杯子就張嘴。一旦兒

童學會了此種聯想，就向他們同時呈現兩種或多種的視覺刺激，要兒童作出合適的反應。一個兒童正確的反應數與他在 M 空間中能綜合的圖式的多少是一致的。兒童完成合適動作的次數隨年齡增加，此正好反映了工作記憶和 M 空間的存在。

　　短期記憶操作有幾個方面的侷限性。其中一個是它一次所能包含的符號數量。短期記憶廣度研究指出，人們記憶廣度是 7±2 項目或「信息組塊」（chunk）（Miller, 1956）。「信息組塊」是短期記憶的單位，是指知覺體系被當作一個熟悉的單個單元的模式或順序。它涉及到要將一些項目集合起來包容在更大的範疇內。例如，請你注視以下幾個字母幾秒鐘，然後復述：

IB MFB ICL OTV

這一定是相當困難的，對嗎？它有十一個字母，已超過字母短期記憶廣度。可是，我們若將它們集合成以下情形：

IBM FBI COL TV

學英語的人就可能記住它們。

　　又如，出示下列十五個字詞幾分鐘，然後要求將其回憶出來。

積極	全國	艱苦	響應	人民	建設
奮鬥	社會主義	團結	四個	號召	
強國	現代化	起來❶			

----

❶梁金泉等：《兒童識記材料編碼特點的實驗研究》，中國心理學會第二屆年會論文選，一九八〇年版。

若把這些字詞都看成一個個孤立的單元，記憶的數量極有限；若與以前的經驗結合起來，將這一個單元集合成包含更多信息的單元就能記住它的全部。不妨請你試試。當然，這與你的經驗（長期記憶）和編碼能力有關。換言之，運用記憶方法將信息集合成更大的單元，從而增加短期記憶的範圍。這就是「信息組塊」的功能。「信息組塊」的大小與如何組織信息有關，它是學習者學習材料的主觀單位。

　　短期記憶的另一個侷限性是信息衰退的速率。通常短期記憶貯存的材料在半分鐘左右即會喪失。短期記憶不僅顯示了信息很快喪失的弱點，還存在首因效應和近因效應。首因效應指易記住一串信息中開始的部分，因為我們對之注意多，有更多的機會進入長期記憶。信息的最後部分往往是滯留在短期記憶中，所以當時檢查的效果也比較好。中間部分的信息容易被遺忘（參見圖5-6）。

　　從圖5-6可看出，回憶的正確性與信息項目在信息系列中所處的位置有關：開頭部分和最後部分記得最好，中間部分較差。當然，有時候對個人來說顯得特別重要或特別有意義的信息，即使它處在中間

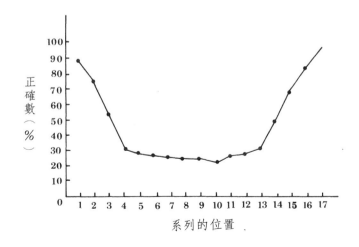

圖5-6　首因效應和近因效應

部分也能記得很好。

　　我們必須對記憶中的材料加以組織和編碼，否則它就會喪失和遺忘。我們對材料編碼，實際上就是將更多的信息存入我們的長期記憶永久信息庫裡。從感覺登錄到短期記憶，再到長期記憶的記憶過程可參見圖 5-7。

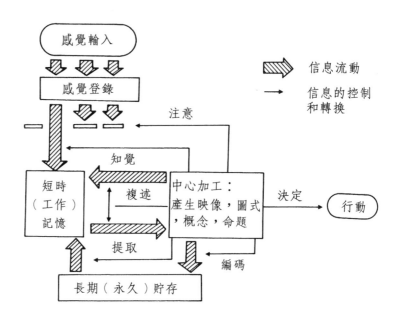

圖 5-7　記憶過程

（ 引自 Mussen: *Child development and personality*, 1990 ）

5. 長期記憶

　　長期記憶貯藏著更加長久的知識和技能，它包括了所有曾在記憶中被代碼的材料。克瑞克（ Craik, F., 1979 ）以實驗說明了短期記憶和長期記憶的存在。在此實驗的第一部分是向大學生呈現十張表，每張表裡有十個詞。每張表呈現後就要求學生回憶。實驗的第二部分是要求學生回憶一百個詞。如此，任務就由短期記憶改變為長期記憶，

因為表的呈現已持續了幾分鐘。在實驗的第一部分，克瑞克觀察到了
首因效應（每一列的開頭記得好）和近因效應（一列的末尾記得
好）。但在實驗的第二部分只見到首因效應，而近因效應則消失了。
每一列最後的詞之回憶數量實際上低於其他位置中任何一個詞。這個
結果表明首因效應反映了長期記憶，而近因效應反映了短期記憶。

　　過去人們認為，編碼進入長期記憶的每樣東西都是永久性的，不
會消失的。然而，新的研究主張，我們的記憶在不斷地改變、改造和
變形。不論何時，有些新材料被登錄到長期記憶時，有可能先前的記
憶在同化新的信息中被處理改造。

　　假如說信息是永久性保存的，但為什麼我們無法記住學過的每一
樣東西呢？此種無法回憶或是由於長期記憶中別的內容的結構上干擾
現象，或者是接近材料有困難。我們不妨與計算機作個比較。為了在
計算機裡提取一種事實，你必須知道如何設置它。如果不知道菜單的
名稱就無法提取它。菜單仍在計算機裡，但因為我們不知道它是如何
分類、如何標誌的，對我們而言，這些信息就是無用的。人類有無數
的出發點和無數條達到長期記憶的途徑。許多信息的喚起無須努力，
如名字、家庭地址等等。別的信息也許是存在的，但卻無法接近或達
到它。有時候遇到一個久未見面的人，他的名字記不起來了。於是便
開始搜尋線索。線索幫助我們選擇長期記憶中的不同部分。例如他的
名字開頭是李、張或黃？當我們能提取正確的信息時，就會叫起來：
「噢！你是×××！」若無法回憶正確的信息就會說：「我忘了你的
名字。」並不是所有在長期記憶裡的信息在任何時候都能回憶起來
的，此即為什麼說長期記憶是相對永久的道理。

三、短期記憶和長期記憶的變化

　　信息處理系統有些方面並不隨著年齡而變化。兒童與成人一樣有

感覺登錄、短期記憶和長期記憶。有些東西一旦進入長期記憶，年幼
兒童記住它十分容易。然而，為什麼成人的信息處理要比兒童好呢？
記憶結構起了何種變化？什麼特徵被改變了？一般認為短期記憶的變
化主要是複述、無認知、處理水平和組織起了變化。長期記憶中的變
化幾乎完全是由於代碼（將信息放進記憶中）的變化及提取策略（信
息的再恢復）的變化。

1. 複　述

　　兒童智力發展過程中發生的大部分變化似乎可描述為兒童所運用
策略的變化。有足夠的證據指出，年幼兒童很少像年齡大的兒童那樣
複述材料（默默地或出聲地重複材料），所以兒童在短期記憶中保持
的言語材料不如成人多。學者對兒童大聲複述的研究（Kellas,
McCauley & McFarland, 1975）。向小學三年級、五年級、七年級
兒童出示九個單詞的幾張表，每次一張，將他們的說話聲用錄音帶錄
下以評量他們的複述情況。顯然的，結果是年齡大的兒童複述多於年
齡小的兒童。

　　研究指出，年幼兒童即使利用複述的記憶策略，其效果也不如年
齡大的兒童（Ornstein, Naus & Liberty, 1975）。研究者向八歲、
十一歲、十三歲兒童逐個地呈現表中的單詞，並要求兒童大聲地複
述。結果發現年幼兒童複述的典型模式如下：呈現一個詞（如
「狗」）他就大聲地重複「狗、狗、狗……」，而十三歲的兒童會將
新呈現的詞與先前呈現的詞結合起來複述，如「狗、貓、人」，他們
通過運用累積複述的方式來構建較大的信息塊。

　　年幼兒童在複誦時較少運用有效的複述策略，但是可以教他們學
會使用。如三年級學生每次只能複述一個或兩個單元。經過訓練，他
們會更加主動地去複述更多的單元，使記憶保持的量增加。三年級的
學生雖然能利用更加成熟的複述模式，但需要指導和督促，他們在遇
到新問題時往往不會利用複述策略。

2. 組　織

　　組織是兒童將學過的材料加以序列化、模式化或範疇化的過程。信息組塊就是將被記憶的材料組織起來的一種組織方式。年齡大的兒童和成人可能找出表中所列各個詞之間的結構關係。換言之，他們試圖構建一些包含幾個詞的信息塊，用這種信息塊來促進對表中詞的回憶。例如，年長兒童在記表中的單詞時，他們會將其中的一些詞組合成幾個範疇。如將「狗、馬、牛」等詞集合在「動物」範疇內，而將「床、燈、桌子、椅子」等詞集合在一起，並標以「家具」這個名稱……等等。

　　年幼兒童不會使用此種組合的策略。一個對小學一、三、五年級詞語組織能力的實驗研究指出，一、三年級運用範疇將圖片集合起來回憶圖片名稱的人數極少，而五年級中有60％能利用此種方法來回憶（Moely, Olsen, Halwes & Flavell, 1969）。我們可以教會兒童使用組織的方法來記憶材料，但需要督促和指導。在遇到新問題時他們往往不會自發地應用這種記憶策略。

3. 後設記憶（meta-memory）

　　為什麼年幼兒童即使會利用諸如複述和組織等記憶策略，卻無法自發地去做呢？弗萊爾（Flavell, J., 1982）作了如此的解釋：兒童尚未具備對記憶技能的認識或不具備什麼時候利用這些策略最為合適的經驗。此就是所謂的後設記憶。後設記憶就是兒童關於記憶過程的認識。譬如問幼兒：「假如你要打電話給一個朋友，有人將電話號碼告訴你了。你立即就打電話，與喝了一杯飲料後再打，會有什麼不同？」一般幼兒的回答是沒有什麼不同，而五年級的孩子則知道該先打電話再喝飲料。因為他們知道電話號碼很快就會忘掉。年幼兒童在必須記住某樣東西時，常常不知道去做什麼，因此無法有效地使用記憶策略。年齡大一些的兒童就知道該如何去記憶，也能較準確地評估

自己記憶的能力。如他們知道將要記的對象大聲地說出來、寫下來，將類似的項目組合在一起。這一切都有助於他們完成記憶任務。

年幼兒童不會自發地使用精巧的復述技術或組織策略，只有一些初步的記憶技術。有人研究一‧五至二‧五歲兒童的記憶成績（DeLoache 等，1984），目的是想了解兒童開始想記憶的企圖。這個研究讓兒童注視著實驗者將一樣玩具藏起來，經過一段規定的間隔時間，讓兒童回憶玩具。在那段間隔時間裡，兒童時時注視著玩具消失的地方，然後肯定地點點頭——一種視覺「復述」。有些兒童走到那個藏玩具的地方。因此，可以說年幼兒童也有記憶策略，那是一些很簡單的行動策略。兒童的記憶策略越多，回憶的水平也越高。

4. 信息處理的水平

信息可以運用多種方式處理，並能在不同水平上產生。復述的類型直接影響從短期記憶向長期記憶轉化的信息數量。年幼兒童傾向於一般水平的信息處理。要幼兒記住「come」這個詞，他可能簡單地想一個押韻的詞「home」。僅僅接受淺分析的信息即刻就會衰退而遺忘。年齡大的兒童和成人在深水平上對信息進行處理。例如，要求年齡大的兒童和成人記住諸如「馬」如此的詞。他們將這個詞與詞的意義聯繫起來，如「賽跑」、「馴養的動物」等，進入了深層處理記憶。深層處理的信息比一般處理的記憶更容易恢復。隨著年齡增長，兒童也發展起深水平的貯存材料的技能。

5. 提 取

提取是探究並得到記憶中信息的能力。由於年齡大一點的兒童使用優良的編碼策略，信息處理較深，組織得較充分，有更多相關特徵貯存在長期記憶中，也就更易恢復或提取。

研究發現，兒童逐漸地發展起需要提取線索的知識，因為清晰的提取線索有助於恢復被記憶的材料。如若想在某日某時要做某件事

情，我就在筆記本上記下這件事情。但年幼兒童還不會這麼做，他們認為沒有回憶提示也能記住。可以說五、六歲兒童還沒有確切的回憶線索來幫助他們回憶。年齡大的兒童回憶成績好的原因之一是，他們常常利用回憶線索。

年長兒童還會自發地使用想像和堅持的策略以幫助回憶。如一個兒童丟失了一本書，他就會竭力地去想他那天去了哪裡，做了些什麼事等。描繪這些步驟可以幫助他「看到」他把書留在哪裡了。

四、記憶測量

測量記憶最好的方法有三種：再認、重組（reconstruction）和回憶。

1. 再　認

再認就是能夠識別一個客體。如兒童為了認出一個客體，只需將它跟記憶中的表象加以配對即可。這是相當容易的記憶操作。完成考試中的選擇題就是對知識的再認。

2. 重　組

重組是指恢復先前看到過的客體。如要兒童將小棍或火柴排成類似於先前看到的那種模式。

3. 回　憶

回憶是一種更複雜的記憶呈現。它有賴於心理映像和恢復來自長期記憶的信息。例如，完成考試中的問答題就屬於對知識的回憶。

通常兒童們再認能力很強，而重組、回憶能力較差。學者研究了兒童的回憶和再認技能（perlmutter, 1980）。向兩歲和四歲兒童呈

示十八個項目（無關對象），然後又呈現三十六個項目，其中包括十八個先前呈現過的對象和十八個新對象。如圖 5-8 反映了這個研究的結果，兩歲和四歲兩個年齡兒童的再認成績都很不錯，而回憶的成績較差。這可能是因為回憶要求更加主動的複述策略，還要求為了恢復正確的線索須在記憶寶庫中有更多的搜索。

在所有的年齡階段，兒童的再認記憶皆優於回憶記憶，但在年幼兒童中此種差別比年長兒童明顯。向一個十歲兒童呈現十二幅圖畫，他通常能回想起其中的八幅，但能全部再認；一個四歲兒童也能再認全部圖畫，卻只能回憶起兩幅或三幅。為什麼年幼兒童的回憶更差呢？其中主要原因是他們貯存記憶時使用的認知單位的類型（重現、表象、符號、概念等）比成人少。另外，記憶成績也受貯存和提取信息時所用策略的影響。這些策略包括儲存信息時對信息的組織、詳盡闡述和練習，以及提取材料時的系統搜索。

自我監控和自我檢查能增加兒童回憶的訊息。Linda Leal 研究（1985）四十八個三年級兒童的回憶能力，發現小學三年級兒童並不

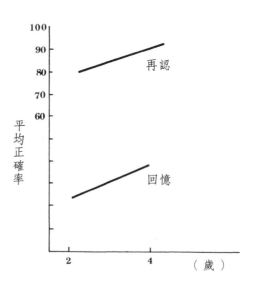

圖 5-8　再認與回憶的比較研究

自發地從事自我檢查，離開了記憶材料就無法從記憶中重新產生這些項目。他們將這些兒童分出一半，教以如何使用自我檢查（實驗組），餘下的兒童（控制組）不教此一方法，但給予同樣的時間去記憶一列刺激。結果表明，實驗組顯示了優異的回憶能力，而且在實驗過後九個月，還會將自我檢查的技術運用於其他的學習情境。

五、後設認知

　　後設認知是兒童對自己認知功能的認識和控制力。前面提到的後設記憶是兒童對自己記憶活動的認識，是後設認知的一種。隨著兒童的成長，他們逐漸懂得什麼樣的能力和認知過程對遇到什麼樣的情境最為必要或合適；什麼時候需要緊張努力，什麼時候不需要，以及如何來控制自己的心理活動。換言之，兒童能利用他們自己的認知過程的知識，利用執行過程來控制自己的認知活動。

　　後設認知還涉及到兒童調節自己認知過程的能力，如計畫、搜尋、監控和控制他們的注意力、記憶和其他認知過程。此種能力有時稱為執行過程（executive processes），表示它們類似於一個組織裡的活動的執行。

1. 計　畫

　　計畫是經常使用的執行過程。年幼兒童雖然也可能會有計畫，但年長兒童更能在執行之前計畫活動。計畫的第一步是闡明問題。提出正確的問題是此過程中最重要的一環。隨著年齡增長，兒童確定問題的能力，以及產生儘可能多的解決問題辦法的能力也在增長。

2. 提升認知規則和策略

　　一些知道規則和策略的兒童在他們需要規則或策略時，並不一定

會使用它們。但到了一定年齡就懂得去提升它們，自發地尋找適宜的策略和規則。如看以下一列數字：1、2、4、8、16、32、64。年幼的兒童就不如年齡大的兒童記得多，因為後者會使用倍數規則來記憶。

3. 監控學習

監控學習是持續地追蹤一個人自己的行為並相應地調節自己學習的策略。年幼兒童不會很好地監督自己的行為，因為他們有時候認識不到一個好的行為應有什麼要求，或解決一個問題還需要哪些已知條件。如年幼兒童往往依據並不確切的描述輕易作出選擇，但年齡大一點的兒童就會察覺此種信息缺陷，並提出相關問題以幫助解決。

4. 控制分心和焦慮

兒童能按照任務的要求抵制分心，集中注意力，控制遇到困難時上升的焦慮。

5. 評定結果

隨著年齡增加，兒童不僅監控學習過程，還能確定什麼時候他們已經解決了問題，同時也增加了要有好的解決方法的期望。

兒童隨年齡增長，這些後設認知功能都會發展起來，但這些發展與學校教育有重要關係。後設認知發展得好的兒童比未發展好的兒童更能有效地使用自己的能力。他們能提出各種問題，提出儘可能多的解決問題的方法，知道哪種認知功能是需要的，能以靈活的方式激發合適的策略，控制注意力，監控問題的過程，思考用最好的方法力求取得最好的成績。培養兒童的認知能力，不僅要使他們獲得知覺、記憶、使用規則等能力，還包括獲得有效使用這些能力的後設認知能力。

六、訊息處理的認知研究詳述

　　從事訊息處理理論研究的心理學家已用大量的觀察和實驗在認知結構和認知過程方面取得了大量知識，但與任何一種發展中的理論一樣也存在不足的現象。一是訊息處理研究還沒有一個明確的理論指導，主要還是對各個認知過程的描述，要超越這個水平必須有一個詮釋的理論架構；二是將人的認知活動比喻為計算機對訊息的處理，使用了看似清晰、簡易的流程圖模式，但它們無法完全解釋在人腦內發生的複雜的認知活動。流程圖中顯示認知訊息從一個盒子流向另一個盒子，卻沒有反映認知過程和認知結構的相互作用，也看不到人與環境的互動情形；三是沒有描述認知單元和過程是如何發生的。儘管一些研究也描述了發展變化，但模式並未提示我們多少此方面內容。

參考書目

一、中文部分

1. 申繼亮等：《當代兒童青少年心理學的進展》，浙江教育出版社，一九九三年版。

2. 朱智賢、林崇德：《思維發展心理學》，北京師範大學出版社，一九八六年版。

3. 車文博主編：《心理百科全書》，吉林人民出版社，一九九一年版。

4. 張欣戊、徐嘉宏等：《發展心理學》，臺灣空中大學出版社，一九九五年版。

5. 錢學森主編：《關於思維科學》，上海人民出版社，一九八六年版。

二、英文部分

1. Mussen P. H. : *Child Development and Personality*, 1990.

2. Owens. K. : *The World of The Child*, 1987.

第六章　兒童語言的發展

　　兒童語言發展又稱語言獲得，指的是兒童對母語的產生和理解能力的獲得（這裡主要是指對口頭語言中的說話和聽話能力的獲得）。語言是一種非常複雜的結構系統，依其構成成分來說，包括語音、語法、語義三方面。此外，語言作爲一種交際工具，要使它有效地發揮作用，說者和聽者雙方都必須掌握一系列的技能和規則，此即爲語用技能。兒童在發展過程中必須逐步掌握以上四者的一些基本規則才能獲得產生和理解母語的能力。因此，語言發展是一個極爲複雜的過程。然而，所有生理發育正常的兒童都能在出生後四至五年內未經任何正式訓練而順利地獲得聽、說母語的能力，其發展的速度是其他複雜的心理過程和心理特徵所無法比擬的。

　　研究兒童語言的發展具有重要的理論意義和實際意義。通過對兒童語言獲得的研究，可以爲兒童心理發展的基本理論提供依據，爲思維和語言的關係這個理論問題提供資料。語言發展研究的結果可爲幼兒語言教材的編寫和語言教學提供依據，並可用來診斷兒童個體語言發展速度和水平的指標。

　　嚴格地說，語言發展是從兒童在一歲左右說出真正能被理解的詞開始，因而通常以詞的出現爲界，將整個過程劃分爲語言準備期和語言發展期兩大階段。本章第一節主旨在闡述語言準備期，第二節闡述語言發展期，第三節闡述語言獲得理論。

第一節　語言準備期

語言準備期也稱前語言期，可分產生和理解兩方面的準備。

一、語言產生的準備

此時期的兒童雖然還不能產生語言，但已不同程度地在某些方面表現出在為以後的說話作準備。此時期可分為兩個階段。

1. 反射性發聲階段

新生兒出生的第一個行為表現就是哭。最初的哭是嬰兒開始獨立呼吸的標誌，是對環境的反射反應，或者是由生理需要而引起的對任何在身體上不舒適的一種自然的反應。如飢餓、渴時，新生兒就會全身抖動，加深呼吸，引起生理上的哭叫反射。

嬰兒的哭聲可分兩種：分化的和未分化的。一個月以內的新生兒的哭聲是未分化的，雖然引起哭的原因有好幾種，但所引起的哭聲基本上是無差別的。

謝爾曼（Shermen）的實驗指出，將此時期的嬰兒分成四組，用不同的方式引起他們哭。在第一組嬰兒身上刺針，把第二組嬰兒的手腳捆起來，讓第三組嬰兒處於飢餓狀態，把第四組嬰兒抱到一定的高度然後迅速下降，分別錄下他們的哭聲，請教師、醫生、學生等辨別這些哭聲有無差別。結果表明，這些哭聲基本上無差別，音調也差不多。

一個月後，嬰兒的哭聲逐漸地帶有條件反射的性質，出現了分化

的哭叫聲。不同原因引起的哭叫反射在口舌部位、音高及聲音的斷續
上有了分化，但分化仍很粗略。母親主要還是從各種不同的線索來推
斷哭叫原因。如依據上次進食的時間推斷出可能是餓了。

　　約從第五週起，嬰兒也開始發生一些非哭叫的聲音，先是發音器
官的偶然動作，隨後因玩弄自己的發音器官而發出許多非哭叫的聲
音。最初發出類似於後元音的 a、o、u、e 等，隨後出現輔音 h、k、
p、m 等。這些聲音都是反射性的、零亂的，對於兒童來說不具備信
號意義。此階段的兒童發這些音和舌、唇等發音器官未成熟有關，因
為這些音大多是一張嘴，氣流從口腔中出來就能發出的，只是隨嘴張
的大小而形成不同的聲音，並不需要舌、唇的複雜運動。凡是需要
舌、唇部複雜運動的音，如捲舌音，在這個階段就沒有出現。由於此
階段的兒童尚無長牙，所以也就沒有齒音。

2. 牙牙語階段

　　大約五個月左右的兒童進入了牙牙學語的階段，所謂牙牙語就是
類似於成人語言中所使用的那些音節的重複。這個時期的兒童出現和
語音極為相似的聲音，並能將輔音和元音相結合連續發出，如將輔音
b、m 和元音 a 相結合連續發出，形成 ba——ba——ba，ma——ma
——ma，類似於「爸」、「媽」等單音節語音。其實這些聲音對嬰
兒毫無意義，他們只是以發音作遊戲而得到快感。此時嬰兒能發出的
聲音很多，不限於母語的聲音，而且不同種族和生長在不同社會文化
環境下的所有嬰兒發出的聲音都很相似。失聰兒在此時期也會像正常
嬰兒一樣發出牙牙語，只因他們缺乏聽覺反饋，其牙牙語停止得比正
常兒童早。

　　嬰兒約自第九個月起，牙牙語的出現率達到高峰，已能重複不同
音節的發音，還能發出同一音節的不同音調。兒童此時除了第一聲

外，其他三聲都已出現❶，如 ēn——ěn——én——èn 等。同時開始
模仿別人的發音，近似於詞的發音增多，如 jiē——jiě、mèi——mèi
等。此時的嬰兒還能將自己的發音調節以適合於當時的情景，當嬰兒
在小床內看一個運動著的物體和坐在媽媽膝上看這個物體時，其牙牙
發音不同；坐在媽媽膝上比坐在爸爸膝上的發音又要高些。雖然牙牙
語聽起來像語音，並常具有升降調，但它們仍然是無意義的，是不能
被理解的。

　　從牙牙語期開始，兒童在發音方面需要經過兩個相反相成的過
程：一方面要逐步增加符合母語的聲音；另一方面又要逐步淘汰環境
中用不著的聲音，到一歲左右，大多數兒童開始產生第一個能被理解
的詞。此時牙牙語的出現率開始下降。

　　牙牙語的作用主要並不在於兒童通過牙牙語掌握特殊的感覺運動
技能，也不在於能具體地發某個音以便以後使用，而是通過牙牙語，
學會調節和控制發音器官的活動。這是以後真正的語言產生和發展所
必需的。

　　關於牙牙語和隨之而來的第一批可被理解的語詞之間的關係存在
著各種觀點。一種是早期行為主義的觀點，認為兒童在牙牙學語時，
產生了不限於母語的語音，父母經過注意或認可，有選擇性地強化那
些在他們自己語言中運用的語音。這種觀點認為牙牙語和以後的語音
有連續性。但此種觀點有兩個無法解決的問題：(1)兒童在早期的牙牙
學語過程中出現成人語音中常出現的音，如〔g〕、〔k〕，但在牙牙
語的後期和最初說出詞的時候，這些聲音又很少出現了；(2)牙牙語中
聲音出現的次序似乎很少是父母強化的結果。即使強化能使某些音的
頻率增加，但產生聲音的範圍不能隨外在強化而改變，即獎勵、強化
無法使兒童發出他原先不能發出的音。另一種較有影響的觀點是雅可

----

❶ 吳天敏、許政援：《初生到三歲兒童語言發展記錄的初步分析》，載自《心理
　學報》，一九七九年第二期。

布森（Jakobson）的語音發展理論。他的理論認為，牙牙語在本質上不受限制，並與兒童後期獲得成人的語音無關，牙牙語和以後的語音是不連續的。最近的研究指出，此兩種觀點都有問題。牙牙語的發音特徵和早期語言的語音特徵之間存在著連續性，牙牙語是以後說話的準備，它越來越接近成人的語音結構。但此種現象不是用強化學習所能解釋的，可能是兒童自己的發音器官的成熟，以及周圍人們對兒童發音的反應兩個因素共同決定兒童早期語音的發展。

二、語言理解的準備

1. 語音知覺

最近的研究發現，嬰兒對言語刺激是非常敏感的。出生不到十天的新生兒就能區別語音和其他聲音，並對之作出不同的反應。如原先已停止吸奶的嬰兒，在聽到一段語音後又開始用力吸，並且吸吮速率大大增加，而對非語言的樂音則增加不多。另有研究發現，一個正在聽成人講話的出生才一個月的嬰兒，肌肉運動的停頓和成人語調的停頓同步。這些都表明嬰兒對言語刺激的敏感性。

嬰兒對言語刺激的敏感性，還表現在嬰兒具有語音範疇知覺。研究指出，一個月的嬰兒就能在吸吮速率的變化上表現出對〔b〕和〔p〕這兩個屬於不同音位範疇輔音的辨別能力。研究者讓嬰兒聽一個人工合成的音〔b〕，幾分鐘後，幼兒對此感到厭倦了，吸吮速率就會下降。此時改變原先的聲音，使改變了的聲音和原來的聲音有的屬於同一個範疇，有的屬不同範疇，然後根據吸吮速率有無變化來推斷嬰兒有無範疇知覺。研究者分三種情況改變音節：(1)改變音節的VOT（即唇鬆開和聲帶顫動之間的間隔時間）以致〔b〕變成了〔p〕；(2)改變原先的VOT，但仍和原先的〔b〕屬同一範疇；(3)用

相同的聲音。這樣的實驗表明在第一種情況下，嬰兒吸吮奶的速率有明顯增加，而在後兩種情況中則沒有變化。在第二種情況中吸吮速率沒有變化的事實表明，此兩個音雖有變異，但兒童忽略了這種變異。這說明一個月的嬰兒已顯示出語音範疇知覺，具有在兩個範疇之間的辨別力，而不是在一個範疇之內的辨別力。

語音範疇知覺在理解語言的過程中具有重要作用，因為只有忽略大量的語音範疇內的變異才能使語言的理解成為可能。例如，一個人每次發出〔b〕都有輕微不同，或在氣流強度方面不同，或 VOT 不同，若後跟不同的元音或不同的人發此音更是不同。而我們總是將它聽為〔b〕，正是因為我們忽略了範疇內的變異。否則，這些細微的差別就會使我們無法理解別人的語言。

2. 語詞理解

八、九個月時，嬰兒已開始表現出能聽懂成人的一些話，並作出相應的反應。如果母親抱著嬰兒問「爸爸在哪裡」時，兒童就會把頭轉向父親。對他說「拍拍手」、「搖搖頭」，他就會作出相應的動作。這種以動作來表示回答的反應最初並非對語詞本身的確切反應，而是對包括語詞在內的整個情境的反應。由於在這個時期內，詞在這個情景的一切成分中是最不起作用的，因此，對八、九個月的兒童來說，只要保持同樣的音調，保持習慣情境的一切成分，而一些常用的詞就可以用其他任何詞來代替，嬰兒就能始終不變地作出相應的反應。在這裡，詞是無關緊要的。這說明嬰兒還不能將詞從複合情境中區分開來。通常到十一個月左右，語詞才逐漸從複合情境中分解出來，作為信號而引起相應的反應，此時才開始真正理解詞的意義。詞是怎樣從複合情境中擺脫出來的呢？是詞以外的一切成分的作用逐漸消失，先是兒童的姿勢變得無關緊要，然後是環境、說話的人，最後剩下起作用的就只有詞了。

這時的兒童對詞義能理解，但還不能說出詞。此種不能主動說出

的語言也叫被動性語言，被動性語言無法和成人交際。只有當兒童出現主動性語言時，才標誌符號交際的開始，此時大約在一歲左右。

第二節　語言發展期

　　兒童在一歲左右講出了第一批能被理解的詞，標誌著兒童進入了語言發展期。依據現代心理學家研究認為，兒童語言發展主要表現為一逐漸分化的過程，兒童首先獲得籠統的或一般的語言規則，然後逐漸地將這些規則分化為較細緻而具體的規則，一直分化到成人語言的水平為止。

一、語音的發展

　　語音是指語言的聲音，和雜亂的聲音不同之處在於它和意義緊密相結合，而雜亂的聲音毫無符號意義。

　　學者吳天敏等[1]記錄到一至一·五歲的幼兒連續音節和近似詞的音節增多，無意義的連續音節減少，個別兒童已出現齒音，如發 bu——chi，近似「不吃」。

　　兒童以什麼單位來獲得語音以及人們以什麼來作為兒童語音發展的研究對象呢？二十世紀七〇年代前大部分學者將音位作為兒童語音的獲得單位，並以此作為研究對象。結果發現，兒童能發出的音位越來越多，它們的出現大致有一個秩序。但此種研究途徑帶來很多問

----

[1]吳天敏、許政援：《初生到三歲兒童語言發展記錄的初步分析》，載自《心理學報》，一九七九年第二期。

題，主要是一個音位有很多變體，它們的困難程度不同，很難確定各變體掌握到什麼程度才算掌握了這個音位。

還有人認為兒童是通過掌握區別性特徵掌握語音的，一旦兒童掌握了兩個音位間的區別性特徵，他們就能迅速把它擴展到所有按此種特徵來區別的音位中去。如學會了〔p〕和〔b〕的對比，同時就學會了〔d〕和〔t〕的對比，因為它們都是按是不是混音而相區別的。

有不少心理學家認為在語言發展的早期，兒童不是學習個別的、孤立的單音，而是學習如何說出一個詞，他們是通過學習詞來學習語音的，是在語音的相互關係中學習語音的。有人提出，兒童必須先掌握相當數量的主動詞彙，然後才建立他的語音系統。這也許是使用各個區別性特徵的發展規律。

在語音獲得過程中，不少心理學家認為，兒童不是被動地模仿成人的語音，而是語音獲得的主動參加者。在語音發展到某一時候，兒童獲得了將聽覺模式轉換成自己發音的方法，一般稱之為語音規則或語音過程。兒童用這些規則或過程將複雜的單詞簡化到他可以發出的水平，由此產生許多發音上的錯誤。兒童語音的發展，就是這些簡化過程的逐漸減少，直至說出的單詞與原型相符。這些規則可以分為兩大類：改變與選擇。改變包括替代、同化和刪除等；選擇包括避免發某個音和傾向發某個音。

二、詞義的發展

詞義的理解是兒童正確使用語言和理解語言的基礎，是語言發展中極為重要的方面。兒童獲得詞義的過程比獲得語音、句法的過程緩慢，嚴格地說，詞義的發展將貫穿人的終身。

兒童在一歲以前還難以說出第一個詞，在一‧五歲左右只能說出少量的詞，但在兩歲和兩歲以後語詞急劇增長。如施於以單詞為計數

單位（包含詞尾變體）記錄了各年齡兒童的詞彙量，得到如下結果：

年齡	1.6	2.0	3.0	4.0	5.0	6.0
詞數	100	300～400	1000~1100	1600	2200	2500~3000

　　納爾遜（Nelson）根據調查，將兒童早期的單詞性質分為六類，按出現頻率高低依次為：普通名詞、特指名詞、行動詞、修飾詞、個人和社交的詞、功能詞。

　　兒童如何逐步獲得詞義的問題，近年來已受到研究者的重視，以下的研究涉及各類詞的詞義發展。

1. 普通名詞

　　一個物體往往可用不同概括水平的名詞來稱呼，如可將狗稱為「動物」、「狗」、「獵狗」、「狠狗」等。兒童傾向於用中等概括水平的詞來稱呼，如用「狗」稱呼狗，而不用更為概括的「動物」，或更為專門的「獵狗」。

　　在兒童早期詞彙中普遍表現出詞的使用範疇的擴張。克拉克認為，擴張以物體的外部特徵為根據，知覺在詞義掌握中起重要作用。而納爾遜認為擴張以物體的動作和功能為根據，如不僅稱狗為狗，而把牛、馬、羊等能走動的四足動物，都稱為「狗」。她認為在詞義掌握過程中起重要作用的是物體的活動，或兒童對物體施加的動作。實際上，知覺特徵和功能關係在某一水平上往往很難區分。兒童擴張的範圍非常廣泛，如有的兒童看月亮是圓的，將窗戶上或牆上的圓形圖案、圓的餅等圓東西也都叫月亮。

　　對產生擴張的原因，學者們有不同的解釋。克拉克早先提出的語義特徵假設認為，對於成人而言，一個詞的意義可分成很多小的特徵，有些特徵是一般的特徵（和其他詞共同具有的），有些是特殊的特徵。兒童最初學習詞時，不是一下子掌握所有的特徵，兒童並不知

道成人關於這個詞的全部含義，而是將詞義和某些特徵等同，如此就出現了詞的使用範圍的擴張。如對「狗」，只知「四足」和「能行走」兩個特徵，因此兒童將全部具有該兩個特徵的物體都歸屬於「狗」的名下。以後隨著所掌握的詞義特徵逐步增加，每一個新的特徵進一步限制了這個詞的使用範圍，直至最終掌握詞義。斯勞賓（D. Slobin）則認為，主要由於當時在兒童的主動詞彙中尚無「馬」和「羊」等詞，而這些動物都具有類似於狗之處，因而臨時借用已知詞「狗」來稱呼，即用舊的形式表達新的意義。

兒童有時還以比喻的方式來使用詞。如稱娥眉月為「香蕉」，實際上，他已掌握了「月亮」一詞，僅因半月形像香蕉而以此稱呼。可見兒童早期的稱謂不僅僅通過擴張來填補詞彙的空隙，而且以新穎巧妙的方式來選擇物體名稱，表現出一定的創造性。

在兒童詞義發展中，還出現一種和擴張相反的情況，即把詞的使用範圍縮小，對事物作過分嚴格的區分。如「桌子」一詞單指自己家裡的方桌，「媽媽」則僅指自己的媽媽。而對某些概括程度較高的詞如「動物」、「蔬菜」等，往往只能應用於該範疇中最典型的對象而排斥非典型的對象。如將「狗」和「貓」稱為「動物」，而不承認蝴蝶也屬「動物」；稱青菜、菠菜為「蔬菜」，而不認為辣椒也是「蔬菜」。其原因是兒童對某類事物的基本屬性尚未達到適當的抽象概括水平。

詞的使用範圍的擴張和縮小在二至六歲兒童中普遍存在，以後隨知識經驗的累積和抽象概括能力的發展，對生活中常用的具體名詞詞義的理解越趨完善，但對抽象名詞詞義的理解尚須長期學習。

2. 形容詞

二至六・五歲兒童使用形容詞的數量隨年齡增長而發展，從四・五歲開始增長較快。

兒童使用形容詞發展過程有如下特點：

(1)從物體特徵的描述發展到事件情境的描述

兒童最早使用的是描述物體特徵的形容詞。其中顏色詞出現較早，但各種顏色詞不同時出現，其順序大致為：①紅；②黑、白、綠、黃；③藍；④紫、灰；⑤棕。

其次使用的是描述味覺、溫度覺和機體覺的形容詞。在描述味覺的詞中，出現順序依次為：①甜；②鹹、苦；③酸；④辣。描述溫度覺的詞中，出現順序依次為：①燙；②熱和冷；③涼。描述機體覺的詞出現順序依次為：①痛、飽、餓；②癢、饞。

接著使用的是描述動作（快、慢、輕輕的）和人體外型的詞（胖、瘦、老年、年輕、高、矮）。

最慢使用的是描述情感及個性品質的詞（高興、快樂、好、凶、壞、認真、勇敢）和描述事件情境的詞（當心、危險、難）。

從出現頻率看，凡使用越早的詞其出現頻率也就越高，反之亦然。

(2)從單一特徵到複雜特徵

以人體外型特徵中「胖、瘦」與「老、年輕」兩對形容詞為例，前者三‧五歲就能使用，後者則到四‧五歲、五‧五歲才先後能使用。胖與瘦是單一的特徵，而老、年輕則是人的外型的多種特徵的綜合。

(3)從方言到國語口語到書面語言

在同義詞中，幼兒往往先使用方言詞彙，然後使用國語口語詞彙，最後才使用書面或接近於書面語言的詞彙。有些方言詞彙在年幼時使用，隨年齡增長，幼兒學會講國語後就逐漸少用或不用了。

(4)從形容詞簡單形式到複雜形式

國語的形容詞有簡單形式和複雜形式之分。簡單形式的形容詞的基本形式，包括單音形容詞（如紅、快、好等）和一般雙音節形容詞（如乾淨、整齊等）；複雜形式的形容詞則包括疊用形容詞（如紅紅

的）、加詞於形容詞前後（如雪白、紅彤彤）、形容詞中嵌入數字或配音字（如亂七八糟）等形式。兒童在語言發展過程中一般先學會使用形容詞的簡單形式，而掌握複雜形式往往落後很久。

國內外對兒童獲得空間維度形容詞的研究結果基本一致：

⑴空間維度形容詞大／小、長／短、高／低等的獲得有一定的順序

中國兒童獲得的順序為：①大小；②高矮、長短；③粗細；④高低；⑤厚薄、寬窄，和國外研究結果大同小異。此種獲得順序的普遍性可能取決於兩個因素：一是形容詞詞義的複雜性；二是形容詞在成人和兒童語言中的出現頻率。空間形容詞都是對一個或一個以上維度的物理延伸程度的測量。大小能指謂任何一個維度或全部三個維度的物理延伸度，是最簡單最普遍的一對，其餘各對因只能對某一特定維度加以描述，使用時必受限制，故大小一對首先被獲得。

⑵成對的兩個形容詞不一定同時獲得

成對的形容詞表現出兩極性的特點。通常將用來表示延伸度大的一端的詞稱為積極形容詞，另一端的詞稱為消極形容詞。如在大／小、高／矮、長／短中，大、高、長為積極詞，小、矮、短為消極詞。兒童在對各維度的選擇和辨別作業中，往往傾向於選擇詞對中積極的一方，即大／小中大的一方，高／矮中高的一方。其原因可能有以下幾方面：第一，兒童最先獲得的是一對成對反義詞所屬的範疇，如長／短屬長度，高／矮屬高度。而對同一範疇兩個詞的相對意義不能區分；第二，在成人詞彙中，積極詞的頻率高於消極詞，人們習慣說「Ａ比Ｂ高」、「Ｃ比Ｄ長」，而非「Ｂ比Ａ矮」、「Ｄ比Ｃ短」；第三，由於積極詞所描述的是延伸度最大一端的物體，容易吸引兒童注意，使兒童產生一種優先選擇顯著對象的非語言傾向。

(3)兒童在詞彙發展過程中容易發生不同維度形容詞的混淆

如以「大」代替「高」，以「小」代替「短」，以「短」代替「矮」等。

3. 時間詞❶

(1)表示時間階段的詞

三至六歲兒童首先理解今天、昨天、明天，然後向更小的階段如上午、下午、晚上、上午×時、下午×時、晚上×時，以及更大的階段如今年、去年、明年逐步發展，到六歲已全部掌握。

(2)表示時間次序的詞

兒童對於「正在」、「已經」、「就要」這三個常用副詞的理解，是以現在為起點，逐步向過去和將來延伸，先理解「正在」，然後理解「已經」，最後為「就要」。

在一般情況下，單一的時間「先」、「後」比合成時間詞「以前」、「以後」先掌握。但同一個詞由於所處語言環境不同，兒童在理解上有難易之別。凡句子中動作者出現的次序和實際動作的次序相一致的順向句。如大娃娃先走，小娃娃後走，就容易被兒童所理解，而兩者次序不一致的逆向句，如小娃娃後走，大娃娃先走，就不易被理解。

4. 空間方位詞

已有相關的研究指出❷：兒童獲得空間方位詞的過程體現了一個逐漸分化的過程。兒童最初把幾個表示不同維度的詞混淆在一起，以

----

❶朱曼殊等：《兒童對幾種時間詞句的理解》，載自《心理學報》，一九八二年第三期。

❷張仁俊：《兒童對空間詞彙的掌握》，載自《華東師範大學學報》（教育科學版），一九八五年第四期。

後逐漸分化出表示各個維度的空間詞，最後又在各個維度表示相反方位的詞之間分化。

　　兒童掌握空間方位詞的水平隨年齡增長而提高，提高最快的是在三歲至四歲之間。其獲得空間方位詞的大致順序為「裡」、「上」、「下」、「後」、「前」、「外」、「中」、「旁」❶、「左」、「右」。其原因可能是受「語義複雜性」和兒童的「非語言策略」的影響。如詞表示的是簡單位置的詞，而不涉及兩個物體按某特定方向相聯繫的概念，該詞的獲得就早，反之則遲。如詞所表示的意義和兒童的「非語言策略」相一致，在這種情況下，兒童要學習的東西就相對少些，詞義也就變得相對簡單而較早獲得。如不一致，兒童對詞的正確反應就必須放棄「非語言策略」，此似乎又相對增加了詞義複雜性，獲得就要晚些。此外，兒童對空間詞彙的理解先產生，越是年幼的兒童，其理解和產生的差別就越大，大約以四歲起，兩者的差別逐漸縮小。

5. 指示代名詞

　　指示代名詞的指稱對象是不固定的，需隨語言環境的變換而轉換。同一個對象或處所，當它和說話者相距很近時，就用「這」或「這邊」指稱，而相距較遙遠時，就應該用「那」或「那邊」指稱。就交談雙方相對位置來說，如果說話者和聽話者以一定的距離相對而坐，則說話者用「這」或「這邊」所指稱的對象，聽話者就應當用「那」或「那邊」來指稱。因而，對指示代名詞指稱意義的真正理解應該表現在能根據語言環境的變化隨時調整參照點，從而正確判斷詞項所指的對象或方位。

　　有關研究發現，幼兒對「這」、「這邊」、「那」、「那邊」的理解沒有先後差異，而語言情景的不同及兒童的自我中心對指示代名

---

❶「旁」一詞僅考察理解，未考察產生。

詞的理解具有明顯的影響。當幼兒作為聽話者和說話者坐在同旁時對指示代名詞的理解最好，作為旁聽者坐在說話者和聽話者中間時理解成績居中，作為聽話者坐在說話者對面時成績最差。其原因是：當幼兒和說話者坐在同旁時，這時以說話者作為參照點和以他們自己作為參照點是不矛盾的，不需要作任何轉換，這正好符合自我中心的表現特點，因而作業難度最低。而當幼兒和說話者面對面坐時，被試者必須作參照點的逆向轉換，即必須把對方所說的「這」和「這邊」理解為自己的「那」和「那邊」，這對有自我中心和選取近物傾向的幼兒來說，和作業要求矛盾太大，所以難度最高。當幼兒坐在說話者和聽話者中間時，既不可能完全以自己為參照點，不作任何轉換，也不需要作逆向轉換，其難度介於其他兩種語境之間。研究表明，幼兒真正掌握這兩對指示代詞在各種語言環境中的相對指稱意義是有較大困難的，即使七歲組的兒童，在和說話者面對面坐時，對四種指示代名詞的理解正確率還是很低。

6. 人稱代名詞

人稱代名詞中的「我」、「你」、「他」，以及與之相應的物主代詞「我的」、「你的」、「他的」所指意義和一般名詞不同，具有明顯的相對性，需隨語言環境和交談者角色（說話者、受話者、第三者）的變化而變化。要理解這些詞，不僅要有相應的語言能力，還須進行複雜的智慧活動，要隨時調整和轉換理解的參照點。

朱曼殊等❶考察了兒童在各種情境下對人稱代名詞的理解，結果指出：幼兒不論其作為其他三人交談的旁觀者或是自身實際參加三人交談，充當受話者和第三者的角色，都對「我」理解最好，「你」次之，「他」最差。當幼兒參加交談充當第三者時對人稱代名詞的理解

---

❶朱曼殊等：《幼兒對人稱代詞的理解》，載自《兒童語言發展研究》，華東師範大學出版社，一九八七年版。

要比充當受話者時差。特別是在自身參加交談充當第三者時，即使是五‧五歲左右的兒童也難以理解別人所說的「他」就是指自己。還說明不同的語言環境要求兒童作不同程度的參照點轉換時，轉換程度越高，理解成績就越低。

7. 量　詞

量詞是表示事物或動作單位的詞。它按表示事物單位和表示動作單位的不同而分成物量詞和動量詞兩大類。物量詞又可根據其使用特點分成個體量詞、臨時量詞和集合量詞等。

量詞運用的普遍化和多樣化是國語的一大特點。已有研究❶指出，各年齡兒童對三類量詞的掌握是不平衡的，表現出一定的發展順序。四、五歲兒童最初掌握的是個體量詞，其次為臨時量詞和集合量詞。

物量詞的使用必須遵從「數詞＋量詞＋名詞」的公式。三、四歲兒童僅能使用少量高頻量詞「只」、「個」，並表現出對它們的過度概括。實際上他們尚未對量詞和名詞的搭配加以注意。五歲左右兒童雖已開始注意到量詞和名詞的搭配，但還沒有掌握正確的搭配方法。他們常採用的一種策略是，根據名詞所指事物的動作或功能，以動詞作為量詞來使用。如將「一輛自行車」說成是「一騎自行車」，將「一朵雲」說成是「一飄雲」；另一種策略則是根據名詞所指事物的狀態，用形容詞作為量詞，如將「一桶水」說成「一滿水」。他們還常常錯誤使用量詞，如將「一列火車」說成「一條火車」。

六歲兒童已能初步根據事物的共同特徵進行分類，因此不少兒童就根據事物的類別標準來選擇量詞。如把「車」、「飛機」等統統以輛計量，因為都是交通工具。

----

❶應厚昌等：《四～七歲兒童掌握量詞的特點》，載自《心理科學通訊》，一九八三年第六期。

　　七歲兒童開始認識事物間的簡單關係，在臨時量詞的測查中，多
數兒童已了解到與名詞搭配的量詞需要借用表示容器的名詞，說明已
掌握了臨時量詞的使用規則，因而能正確地選擇相應的量詞。例如，
有些兒童對「一筐菜」這張圖片中的「筐」不會命名，當主試者告訴
他這是筐時，他就會說「一筐菜」。

三、句子的發展

1.句子的產生

　　按兒童所講的語句結構的完整性和複雜性，句子可分為不完整
句、完整句和複合句幾個層次。

(1)不完整句

　　不完整句指表面結構不完整，但能表示一個句子意思。這裡主要
指單詞句和電報句。此種句子的出現率在二至六歲範圍內隨兒童年齡
的增長而逐漸下降。

①單詞句

　　兒童在一歲到一‧五歲左右開始說出有意義的單詞，看到父母時
能分別叫「爸爸」和「媽媽」。對一些經常接觸的人和物已能在不同
情況下正確稱呼，表現出一定的分化和概括。但最初這些單詞只是作
為事物或動作的一般標誌，隨後不久就出現了單詞句。

　　單詞句指兒童用一個單詞來表達一個比該詞意義更為豐富的意
思。如兒童用單詞描述某個情境、事件，或表達自己的願望、感覺狀
態等，往往是成人需要用一個句子才能表達的內容。中國兒童在學單
詞和使用單詞句時習慣用疊音詞，如「球球」、「抱抱」等。當兒童
說「球球」時，隨著不同的情境可能表示幾種不同的意思，如「這是

球球」、「我要球球」，或「球球滾開了」等。兒童有時還能用不同語調來表示描述、請求、提問等各種語用意圖。

單詞句具有以下特點：一是和動作緊密結合。當兒童用單詞表達某個意思時常伴隨著動作和表情。如要媽媽抱時，在說出「抱抱」的同時，會向媽媽的方向伸出兩臂，身體前傾。因此有人稱單詞句為「言語動作」；二是意義不明確，語音不清晰。成人必須根據非語言情境和語調的線索才能推斷出意思；三是詞性不確定。雖然最先學到名詞，但使用時不一定當名詞用，如「嘟嘟」既可作名詞來稱呼汽車，又可作動詞表示開車；又如「老奶奶」、「小白兔」，按語法說「老」、「小」、「白」都是形容詞，但單詞句階段的兒童實際上是把整個詞組當作名詞使用。由此可見，在單詞句時期，兒童實際上並沒有關於句子結構和語義範疇方面的知識，只不過是用單詞對整個情境作籠統的表述。

②電報句

約從一·五歲到兩歲開始出現了由雙詞或三詞組合在一起的語句，如「媽媽鞋」、「娃娃排排（坐）」等。這種句子在表達一個意思時雖較單詞句明確，但其表現形式是斷續的、簡略的、結構不完整的，好像成人的電報式文件，故統稱為電報句。此時的兒童主要使用名詞、動詞、形容詞等實詞，而具有語法功能的虛詞，如連詞、介詞等很少使用。

雙詞句的發展起先是緩慢的，而以後發展急劇增加。布雷因（Braine）從一個兒童語言發展的研究中看到自十八個月起，兒童每月的雙詞句總數分別是 14、24、54、69、350、1400、2500……，在較短的時期內出現了詞的大量組合。

關於兒童在電報句中的組詞根據，目前最有影響的一種假設是「語義關係說」。布朗（R. Brown）認為，兒童在電報句中所表達的是以兒童早期對事物間關係的認知為基礎的語義關係。兒童用一定的詞序來表達一定的語義關係。說英語和說國語的兒童，在施事和受

事的關係中，施事在受事之前；在所有者和所屬物的關係中，所有者在所屬物之前。這說明兒童不僅知道兩個詞的孤立意思，也知道關係。兒童不是在學習特定的順序，而是在學習怎樣處理語義關係。布朗從許多語種兒童的電報句中發現其中所表達的語義關係具有高度的一致性。在雙詞句中所表達的有十一種關係，按性質可分屬兩大類：第一類為指謂形式，包括稱呼（這狗狗）、再現（還要糖糖）、不存在（餅餅沒了）、指示物體（那個本本），這與稱呼類似；第二類為關係形式，包括施事和動作（弟弟吃）、動作和受事（開車車）、施事和受事（媽媽〈穿〉鞋鞋）、動作和位置（坐椅椅）、物體和位置（糕糕桌）、所有者和所屬物（妹妹球球）、物體和屬性（大皮球）。這些語義關係都是以兒童早期對外界事物間關係的原始的、普遍的認知為基礎的。至於兒童在此時期是否真正具有施事——受事，所有者——占有物等語義範疇的知識，則尚無充分的事實根據。

(2)完整句

在單詞句和電報句階段，兒童能運用詞或把兩個詞組合起來粗略表達語義關係。下一步，兒童要學會區別和表達意義的細微差別，要作意義的調整，這種調整能大大增加意義表達的精確性。這些差別對各種語言來說是不一樣的，因此在後期的語法發展中，則會隨著各種語言結構的差異而表現出不同語種兒童在掌握句法上的差異。對此心理學工作者作了大量的研究。研究表明❶，完整句隨年齡增長而增長，兩歲兒童的話語大部分是完整句，三歲兒童的話語已基本上都是完整句。句法發展的過程是從無修飾語的簡單句到有修飾語的簡單句再到複雜句。

----

❶朱曼殊等：《幼兒口頭言語發展的調查研究——幼兒簡單陳述句句法結構發展的初步分析》，載自《心理學報》，一九七九年第三期。

①簡單句

簡單句是指句法結構完整的單句，包括沒有修飾語和有修飾語兩種。沒有修飾語的簡單句有主謂句（他覺覺了）、主謂賓句（妹妹讀書）、主謂雙賓句（阿姨給××糖）。一‧五歲到兩歲的兒童在說出電報句的同時，開始能說出結構完整而無修飾語的簡單句。兩歲兒童在句子中極少用修飾語，有時即使形式上似有修飾語，如「老伯伯」、「大積木」等，實際上是把整個詞組當作一個名詞來使用的。隨著兒童年齡增長，兒童無修飾語的簡單句逐漸減少。

有修飾語的句子，包括簡單修飾語和複雜修飾語兩種。二‧五歲兒童已開始出現一定數量的簡單修飾語，如「兩個娃娃玩積木」、「我也要升大班」等。三歲左右兒童已開始使用較複雜的修飾語，如名詞性結構的「的」字句：「我玩的積木」；介詞結構的「把」字句：「小朋友把鋼筆交給阿姨」，以及其他較複雜的時、空狀語句：「我家住在很遠很遠的地方」。三‧五歲兒童使用複雜修飾語句的數量增長最快，約為三歲兒童的兩倍，達 14.03％。這說明使用複雜修飾語的能力從此開始顯著增強。以後直到六歲雖逐年有所增長，但增長幅度不大。

②複雜句

複雜句指由幾個結構相互聯結或相互包含所組成的單句。中國幼兒語言中出現的複雜句有以下三類：一是由幾個動詞性結構連用的連動句。即句子中幾個動詞共同說明一個主語，動詞表示的動作由同一主語所發出：如「小朋友看見了就告訴警察」、「小紅吃完飯就看電視」，兩歲兒童開始能說出連動句；二是由一個動賓結構和一個主謂結構套在一起，動賓結構中的賓語充當主謂結構中主語的關係句，如「老師教我們做遊戲」。二‧五歲兒童開始能說出這樣的句子；三是句子中的主語或賓語中又包含主謂結構的句子，如「兩個小朋友在一起玩就好了」。三類句子結構中第一、二類的出現頻率較高。兒童在二‧五歲時已開始使用這幾類結構，但數量極少，以後逐年增長。這

些句子的發展將延續到入學以後。

(3)複合句

　　複合句是指由兩個或兩個以上的意思關聯比較密切的單句，合起來而構成的句子。中國兒童在兩歲時開始說出為數極少的簡單複句，四至五歲時發展較快。

　　複合句主要有聯合複句和主從複句兩大類。聯合複句是兒童比較容易掌握的，在聯合複句中出現最多的是並列複句，如「爸爸排排坐，穎穎飯飯」、「我沒有看過電影，我只看過電視」；其次是連貫複句和補充複句。連貫複句指前一分句和後一分句說明的事是連續發生的，前後分句的次序不可調換，如「吃好飯以後，我在家裡找小華玩了一會兒，就看電視了」。補充複句，如「我搭東西，我搭橋」。主從複句反映了較複雜的邏輯關係，因此對兒童來說是較難掌握的。在主從複句中出現較多的是因果複句，如「這個本子壞掉了，不好玩了」、「小朋友看到小佳好玩，就都喜歡她」。在各年齡組間複合句的複雜程度有差異，年齡越大結構越複雜，但在句型分布上沒有明顯的差異。

　　幼兒的複句中最顯著的特點是結構鬆散，缺少連接詞，僅由幾個單句並列組成。雖然多數國語的聯合複句允許省略連詞，但主從複句多半需要連接詞。兒童在三歲時開始使用極少數連接詞，以後雖逐年有所增加，但直到六歲，使用連接詞的句子仍不多，僅占複句總數的四分之一左右。

　　複句中連接詞使用的發展不僅表現在出現頻率上，還表現在所用詞彙的豐富性和複雜性上。三、四歲兒童使用最多的是「還」、「也」、「又」、「以後」、「只好」等，到五、六歲時出現了「因為」、「為了」、「結果」、「要不然」、「如果」等說明因果、轉折、條件假設等關係的連接詞，也出現了「沒有……只有……」，「如果……就」等成對連接詞。

相關研究指出❶，兒童各類結構的話語出現的次序和發展的趨勢大致為：不完整句→主謂、主謂賓、主謂補句→主謂雙賓句、簡單修飾語句、簡單連動句→複雜修飾語句、複雜連動句、賓語中有簡單主謂結構句→複合句、賓語中有複雜主謂→主語中有主謂、聯合結構。

兒童話語的發展具有以下幾個特點：

(1)從混沌一體到逐步分化

幼兒早期的言語功能有表達情感的、意動的（語言和動作結合表示意願）和指物的三個方面。最初三者緊密結合，而後逐漸分化。

幼兒早期的語詞不分詞性，如「叭叭嗚」既可當名詞（汽車），又可當動詞（開車）。年齡較小的幼兒把「警察叔叔」、「老奶奶」等名詞詞組實際上也當作一個詞使用，稍後才能在使用中逐步分化出修飾語和中心語、名詞和動詞等詞性。

句子結構的分化過程，是最初主謂不分的單、雙詞語而發展到最後結構層次分明的句子。

(2)句子結構從不完整到逐步完整，從鬆散到嚴謹

最初的單雙詞句和電報句只是一個簡單的詞鏈，不是體現語法規則的結構。出現了包括主謂、主謂賓的簡單完整句以後，才粗具結構基架，但句子中各成分之間的相互制約不明顯。三‧五歲以前的兒童的話語經常漏缺主要詞類，詞序紊亂。以後隨年齡增長，句子複雜性增加，各成分之間的互相制約越來越嚴格。三‧五歲以後出現較多的複雜修飾語。複合句的發展規律和簡單句一樣。年幼兒童的複合句結構簡單而鬆散，往往使句子意義不甚明確，聽話者須結合說話情境才能理解。隨年齡增長，句子結構逐步複雜而且嚴密，意義也較明確易

- - - - - - - - - - -

❶朱曼殊等：《幼兒口頭言語發展的調查研究——幼兒簡單陳述句句法結構發展的初步分析》，載自《心理學報》，一九七九年第三期。

理解。直到五、六歲，兒童的複合句仍在發展之中，此時兒童的關聯詞雖比較豐富，但並不總是用得恰當。同一關聯詞，有時用得對，有時用得不對，而且在複合句子中有時也會出現主語或謂語動詞脫漏的情況，以及語句形式和內容不一致。

(3)句子結構由壓縮、呆板到逐步擴展和靈活

簡單陳述句的一般模式是：時間坐標＋空間坐標＋線索＋核心事件。核心事件是必不可少的。此種語法架構好比一部帶有各種附件的拖車。幼兒最初的句子車頭車身不分，而後分出車頭與軀幹的基本框架，如主謂，主—謂—賓和主—謂—補。但由於認識的侷限性與詞彙貧乏，陳述內容單調、狹窄，只能說出形式上千篇一律的、由幾個詞組成的壓縮句。稍後能加上簡單修飾語，再後能加上複雜修飾語，最後達到簡單修飾語和複雜修飾語的靈活運用和各節車廂的多種組合。

何種因素決定和影響了兒童掌握各類句子的順序呢？六〇年代有不少研究認為，語句派生的複雜性決定兒童掌握句子的次序。句子需要轉換的數目越多，表層結構和深層結構的距離越遠，兒童掌握就越困難。但以後的許多研究結果和這個假設相反，轉換上的複雜性與獲得的過程、次序沒有什麼關係。有的轉換上較為複雜的句子比簡單的句子出現得早，有的則同時出現。例如：「小明和小華上學去了」，是從「小明上學去了和小華上學去了」派生出來的，但在兒童的自發語言中都是前者出現得早。

相關的研究❶認為，兒童話語結構的發展與語言的其他方面如語音、語義、詞彙、表達能力等的發展有關。如複合句中關聯詞少或使用不當，與詞彙的掌握、詞義的理解等有關。此外，語句結構的發展與兒童整個心理過程，尤其是思維的發展密切聯繫著。思維的發展制

---

❶朱曼殊等：《幼兒口頭言語發展的調查研究之二——幼兒複合句句法結構發展的初步分析》，中國心理學會第三屆年會論文，一九七九年。

約著語句結構的發展。兒童最初只能認知當前的某一事物的外部特徵，因而語言結構上只能是簡單句。兒童兩歲左右能獨立行走，與成人及伙伴交往頻繁了，活動範圍和認識範圍擴大了，知識經驗多起來了，認識能力也就有了進一步的發展。他們能初步反映同時或先後發生的事件之間的某些聯繫或關係，在語言結構方面就表現為初步的複合句。從幼兒複合句類型分布情況看，聯合複句占大部分，主從複句占少數，這與幼兒揭露事物間的關係與聯繫的能力發展不充分有關。思維的情緒色彩也會影響語句結構，並且與思維內容的複雜性及兒童的言語技能有關。有些五、六歲兒童在一般的簡單句中基本上沒有句子結構不完整的情況，但在複合句中卻出現主語或謂語動詞脫漏。這可能由於複合句中敘述的內容比簡單句複雜些，在這些情況下，如果思維內容又引起其強烈情緒，就往往由於急於表達引起其強烈情緒的部分而忽略了句法中的重要部分。

2. 句子的理解

在語言發展過程中，句子的理解先於句子的產生。兒童在能說出某種結構的句子之前，已能理解這種句子的意義。未滿一歲的兒童還不能說出有意義的單詞，卻已能聽懂成人說出的某些詞語，並對之作出恰當的動作反應。一歲以後，在尚不能將單詞組合成雙詞句時，已能按照成人的要求作出相應的動作。如對「摸摸小兔子」、「敲敲小鼓」、「親親娃娃」等指令都能正確執行。這些指令中所使用的名詞和動詞均不相同，兒童能作出區別性反應，可見此時已不僅是對句子中某個單詞作出反應，而是能聽懂話語中的多個詞義和它們之間的關係了。

兩、三歲的兒童喜歡和成人交談，喜歡聽成人所講的簡短童話、故事、兒歌，並能記住它們的內容。這時兒童不但能理解和直接感知的事物有關的話語內容，而且能理解對其未直接感知而熟悉的事物的描述內容。因此，成人能利用語言作為向兒童傳授知識經驗的工具。

(1)兒童對複雜句子的理解

四、五歲兒童已能和成人自由交談，但對一些結構複雜的句子，如被動語態句（珍珍被小明推）和雙重否定句（小朋友沒有一個不來），則還不能很好地理解。兒童到六歲時才能較容易理解常見的被動語態句，十一歲時對各種類型的被動句都能理解。兒童四歲前已經能理解簡單的否定句，但對基本的雙重否定句則要到六、七歲才能理解。隨著雙重否定句的句法、語義複雜性的增加，理解的年齡還要延後。

兒童對各種複合句的理解也有一個過程。國內的一些研究[1][2]表明，四歲兒童能理解並列複句（「還」、「不是……而是」），六歲兒童基本上能理解遞進複句（「不但……而且」），不過他們還不能理解選擇複句（「或者……或者」，「不是…就是」）。稍後，他們能理解條件複句（「如果……那麼」、「只有……才」）和因果複句（「因為……所以」）。讓步複句（「雖然……但是」）要到七、八歲時才能理解。理解的順序主要取決於各種複句所表達的事物關係的複雜程度和理解這種關係所需要的認知活動的困難程度。同時，句子的句法複雜性，句中所用連詞的特點對複句的理解也有一定影響。

(2)理解策略

兒童往往採用一定的策略去解釋一些尚未掌握的新句子。這些策略是他們從已有的語言與非語言知識經驗中所概括出來的一些「規則」。不同年齡階段的兒童所使用的策略有所不同，在兒童語言理解的發展過程中，理解策略也會發生變化。兒童理解句子的策略大致有以下幾類：

----

[1] 繆小春等：《幼兒對某幾種複句的理解》，載自《心理科學通訊》，一九八九年第二期。

[2] 繆小春等：《五～八歲兒童對幾種偏正複句的理解》，載自《心理科學》，一九九四年第一期。

①事件可能性策略

這是年幼兒童在開始理解句子時採用得比較多的一種策略。它指兒童只根據詞的意義和事件的可能性，而不顧句子的句法結構來確定各個詞在句子中的語法功能和相互關係，如動作對象、動作者等。例如當要求兒童對「人拍球」、「球拍人」這對句子用玩具進行操作時，二至三歲的兒童同樣作出人拍球的動作。在理解不可能句，如「用小羊打鞭子」時，兒童常根據兩個名詞的有無生命從而把它理解為「用鞭子打小羊」。「事件可能性策略」使得兒童把本來描述為不可能事件的句子當作可能性事件來處理。他們只對詞與詞之間的意義關係作出反應，而不顧及詞序，因而這種策略也是語義策略。

②詞序策略

詞序策略指兒童完全根據句子中詞的順序來理解句子。它出現在事件可能性策略之後。國內外的研究發現，五、六歲兒童在經常使用主動語態句的過程中，已形成一種把句子中出現的名詞—動詞—名詞的詞序當作施事—動作—受事來進行句子處理的策略，因此常將被動語態句「女孩被男孩推倒」，理解為「女孩推倒男孩」。詞序策略也常被兒童應用來理解雙賓句和描述事件出現順序的句子。前者如把「給娃娃一隻貓」，理解為把娃娃送給貓；後者如把「在大娃娃上車前小娃娃上車」，理解為大娃娃先上車，小娃娃後上車。詞序也影響兒童對與格可逆句的理解❶。四‧五和五‧五歲的兒童對三種動名詞序句（動詞、名詞、名詞；名詞、動詞、名詞；名詞、名詞、動詞）的理解存在著顯著的差異。除了動名詞序外，介詞詞序也可影響兒童對句子的理解。如五‧五歲至七‧五歲的兒童，對介詞在第一個名詞前的與格可逆句（「送給小狗花貓」）的理解，和對介詞在第二個名詞前的與格可逆句（「花貓送給小狗」）的理解存在顯著差異，他們

----

❶王益明：《兒童對與格句和工具格句的理解及所使用的策略》，載自《兒童語言發展研究》，華東師範大學出版社，一九八七年版。

在理解部分與格句和工具格句時常使用將句子中第一個名詞來作為移動物的詞序策略。

(3)非語言策略

兒童在理解句中某些詞的詞義時，常使用一些非語言策略。如克拉克❶在一個關於「in」／「on」和「under」的理解研究中，給年幼兒童一些玩具和參照物，要求兒童按實驗者指導語把玩具放在參照物的適當位置。結果表明兒童是按以下兩個非語言策略放置的：

①如果參照物是容器，兒童就喜歡把玩具放在它裡面。

②如果參照物是有一支撐面，兒童就喜歡把玩具放在它上面。

這種非語言策略往往容易使人們以為兒童已經掌握了 in 和 on。

「預期」也是非語言策略的一個方面。兒童在具有了關於周圍世界的知識以後，在理解時就要受到知識的影響，也就是說理解前有個預期。他們往往不顧句子的結構和實際內容，而只是根據自己對人物間關係比較穩固的看法來作出主觀預期的回答。如對「張老師被小華背著去教室，他的腿跌傷了」。要求回答誰背誰時，七歲左右的兒童仍認為是張老師背小華，小華的腿跌傷了。國外的研究表明，和預期相符的句子回答得要比和預期相反的句子好。對年齡較大的兒童來說，首先起作用的是預期。在同一預期水平內，才是語言結構起作用。

兒童通過對這些策略的使用逐漸發現它們的例外，從而改進策略使它們更符合語言實際，使理解逐漸接近成人的理解情況。

---

❶E. V. Clark: *Nonlinguistic Strategies and The Acquisition of Word Meaning.*

四、語用技能的發展

　　語言中有許多現象不是句法和語義所能說明的，它涉及到說話者和聽話者的條件以及說話時的語境和具體情境。有些話在不同的情境中會有不同的含義，而有些話未在一定的情境中就無法理解其意義。因此在最近，兒童的語用問題引起了人們的注意。

　　語用技能指交談雙方依據語言意圖和語言環境有效地使用語言工具的一系列技能，包括說者和聽者兩方面的技能。說者必須善於吸引聽者的注意，講話的內容和方式須適應聽者的水平和需要，並應依據聽者的回饋以及不同的交談情境隨時調整自己的語言等。聽者必須能從直接的和間接的言語中推斷出說者的意圖，須能對所聽消息的可靠性和明確性作出判斷和估計，並能及時回饋等。

1. 說話語用技能的發展

　　國外的研究發現，兒童在獲得語言之前，已能用別的方式交流。成人用姿勢和兒童進行交流，常以指著一個物體的動作來引起七至八個月嬰兒的注意。隨後不久，嬰兒也能用指點和姿勢作為早期交流方式。到第一年末，嬰兒不僅用指點、姿勢說明物體的存在和「請求」得到某物體，同時還能檢查自己的姿勢能否引起成人對該物體的注意。如用力拉著不在意父母的手或衣服，並指著該物體。到單詞句和雙詞句階段，詞和姿勢結合而成為有效的交流方式。同時還能用不同語調來表示自己的意圖，如以升調表示提問，降調表示命令或要求。

　　韋爾曼和萊普爾發現兩歲兒童已表現出巧妙的交流能力。第一，他們對有效交流具有決定意義的情境很敏感。他們選擇與之交談的對象有幾類：當時正在相互交流或在一起玩的、當時沒有和其他人發生聯繫的、能相互看到或距離不遠而對方正在注視自己的、雙方對所談

及的事物都較接近的。由於他們能較謹慎地選擇交流情境，故能有效地引起對方的注意；第二，兒童能知覺到交流情境的困難，並對談話作出相應的調整，如當視覺上有障礙物時就比情境順利時講得較詳細些；第三，兒童還能根據聽者的回饋對談話作適當調整，當發現聽者沒有作任何反應時，會以一定方式重複所講的消息。

在交往中，說者根據聽者的情況確定言語的內容和形式是語言運用能力的一個方面。說者要對聽者的需要和能力作出判斷或假定，然後根據這個判斷或假定來決定改變信息的內容和形式。夏茲和格爾曼發現四歲兒童就已能適應聽者的能力而調整其談話內容。當四歲兒童分別向兩歲兒童和成人介紹一種新玩具時，其語句的長度、結構和語態都不相同。對於兩歲兒童，話語簡短，多用引起和維持對方注意的語詞，如「注意」、「看著」，談話時表現自信、大膽、直率。告訴的是有關的事情，如怎樣玩玩具。對於成人則話語長，結構較複雜，較有禮貌和謹慎。對成人所講的往往是自己的想法，想從成人那裡得到信息或幫助。可見四歲兒童已初步學會了有效交流的基本規則之一，即必須使自己的話語適應聽者的水平。

良好的語用技能還要求說話者根據事物所處的具體情境而調節自己的言語。例如同一個物體，在不同的情境中應該有不同的稱呼。國內的一項研究指出❶，同一塊黃色圓形積木，五、六歲兒童就能根據在它旁邊有些什麼其他積木而改變對它的稱呼，但還不夠完善；七歲兒童能在比較複雜的條件下對自己的表達方式進行調節，有時稱這塊積木為黃積木，有時稱它為圓積木，有時稱之為黃的圓積木，甚至大的黃色圓積木。

在交談中，說者還需要利用前面話語的語義和句法信息，使自己說的話和前面的話保持同一話題，具有共同的語言形式，具有連貫

----

❶華紅琴：《五～七歲兒童語用技能調查》，載自《心理科學通訊》，一九九〇年第二期。

性。這種能力在二至三歲時有很大進步。這時不論前面是問題句還是陳述句，在語義上和前面的話有關的話語明顯增加。在連貫的交談中，有一種方式是省略，即考慮到前面的話語而有規則地消除多餘部分。這種省略的語句是片面的、不完整的，但和兒童的單詞語、雙詞語不同。在兒童說單詞言和雙詞語時，他們並不知道什麼時候應該說完整的結構，什麼時候應該說部分成分。他們的話語不是消除多餘部分的結果。

2. 聽話的語用技能的發展

在聽的方面，埃森和夏皮羅（Eson & Shapiro）在一九八〇年發現，四至四‧五歲的兒童即使在說者話語的字面意義提供線索很少的情況下，也能推測出說者的意圖。如在一張紙上呈現一個空心圓圈，另有紅、藍兩張紙，告訴兒童不要將圓圈填成紅的，四歲半兒童已能領會到是要求他們將圓圈填成藍的。

四歲兒童對於聽者困惑的眼光，或「我不懂」等形式的回饋，不像較大年齡（七歲）兒童那樣敏感。

年幼兒童尚不能覺知自己是否理解別人所傳遞的消息。馬克曼（Markman, 1977）在實驗中教給一、三年級兒童一個遊戲，把關鍵性的、缺此就不能開展遊戲的信息省略。一年級兒童對此重要缺漏無所覺察而是急於開始遊戲，而三年級兒童則能較快地發覺信息的缺漏。

幼兒對話語中諷刺意圖的理解能力，以及對誠實話和諷刺話、嘻笑話和侮辱性話的辨別能力則需相當遲才能出現。他們常把成人的反話當作正面話理解。如年幼兒童擅自過馬路，媽媽說：「你再走走看！」他就更向前走。幼兒把爸爸的書亂扔，爸爸說：「好啊，你把我的書搞得亂七八糟！」孩子就搞得更起勁了。

　　有一個研究❶指出了小學生是否能理解隱含在話語中的諷刺意義。這句話和事實不符，例如說話者明明知道一個人跑得很慢，但卻對這個人說：「你跑得真快！」結果發現，一年級小學生還不能理解這句話的真正意義，三年級學生才基本理解。小學低年級學生不能理解這種話語的諷刺意義的主要原因是，他們不能根據話語與事實不符，和說話者知道事實真相來判斷說這種虛假話語的有意性，並推論其含義。

第三節　語言獲得理論

　　兒童為什麼能在短短的幾年內掌握各種複雜而抽象的規則呢？兒童的語言知識和能力是先天具有的還是後天習得的呢？在獲得語言的過程中，是單純語言能力的發展還是和一般認知能力的發展有關？在語言獲得過程中兒童是主動的創造者還是被動的接受者（或模仿者）？語言是否為人類所獨有？這些問題在近二十年來已成為發展心理學家和心理語言學家熱烈討論的問題。由於學者們對這些問題所作的解釋不同，而形成了各種關於語言獲得的觀點和理論。各種理論的分歧，主要表現在對語法規則系統獲得的解釋上。影響最大的有三派理論，每一派中又有各種不同的主張。這些理論的分歧，實際上還是關於兒童發展理論的分歧，是有關兒童發展理論爭論的繼續。

----

❶繆小春：《小學兒童對虛假話語間接意義的理解》，載自《心理科學》，一九九五年十八卷第二期。

一、環境論

環境論者強調環境和學習對語言獲得的決定性影響。環境論有以下幾種：

1. 模仿說

傳統的模仿說認為兒童學習語言是對成人語言的臨摹，兒童的語言只是成人語言的簡單翻版。此種觀點自從阿爾波特（Allport，1924）首先提出以後，在二十世紀二〇年代到五〇年代之間一直很流行。但早期的語言模仿研究往往將結果和過程混淆，他們看到成長著的兒童的語言與成人的語言越來越相似，就把這種結果歸因於模仿。

近二十年來，自喬姆斯基（N. Chomsky）對行為主義的語言學習理論提出批評，並強調兒童在語言獲得過程中的主動性和創造性以後，對模仿在語言獲得中的作用引起了爭論。學者們著重從模仿對於兒童語法獲得的作用進行了觀察研究，並提出了不同意傳統模仿說的證據。他們從兩方面提出論據：第一，許多事實證明，如果要求兒童模仿的某種語法結構和兒童已有的語法水平距離較大時，兒童不能模仿，他總是用自己已有的句法形式去改變示範句的句型，或頑固地堅持自己原有的句型。例如一位媽媽同一位兒童的對話：

兒子：No body don't like me.

母親：No, say "nobody likes me."

兒子：No body don't like me.

母親：No, say "nobody likes me."

如此重複七次以上。

母親：No, now listen carefully, say "nobody likes me."

　　兒子：Oh, nobody don't likes me.

　　第二，兒童經常在沒有模仿範型的情況下產生和理解許多新句子，具有創造性，而且按語言能力的發展順序說，理論總是先產生，即在兒童能說出某類句子之前，已能理解該類句子，也就是說理解是產生的基礎。還有一些兒童因特殊原因從小就不能說話，卻能正常地理解別人的語言。這些事實都無法用傳統的模仿來說明。

　　近年來，不少研究者雖不贊成傳統的機械臨摹說，但並非根本否定模仿在語言獲得過程中的作用。他們認為主要在於對語言模仿的性質應有正確理解。懷特赫斯特❶（Whitehurst, 1975）等，主張對傳統的模仿概念加以改造，提出了「選擇性模仿」的新概念。

　　選擇性模仿說認為，兒童學習語言並非是對成人語言的機械模仿，而是有選擇性的。兒童能夠將範句的句法結構應用於新的情境以表達新的內容，或將模仿到的結構重新組合成新的結構。例如有一天，幾個成人在聊天，一個兩歲的孩子突然說：「你們幾個人圍成一個圈圈在說話。」經了解，原來有一次這個孩子在看童書時，書中有幾個小朋友圍成一個圈圈做遊戲的情境，爸爸講給他聽了，他就將「圍成一個圈圈」的話用到了上面的情境裡。

　　和傳統的模仿說相比，選擇性模仿具有兩個特點：一是示範者的行為和模仿者的反應之間具有功能關係，即二者不僅在形式上，更重要的還在功能上相似。因此模仿者對示範者的行為不必是一對一的臨摹；二是選擇性模仿不是在強化和訓練的情況下發生的，乃是在正常的自然情境中發生的語言獲得模式。模仿者行為和示範行為的關係，在時間上既不是即時的，在形式上又非一對一的。這樣獲得的語言既有新穎性，又有學習和模仿的基礎。「選擇性」模仿說給「模仿」一

----

❶G・J・懷特赫斯特：《語言是通過模仿獲得的嗎？》，載自《心理科學通訊》，一九七九年第一期。

詞增加了嶄新的內容，它所提出的語言獲得模式是比較符合獲得過程實際情況下的模式，但也不是唯一的模式。

2. 強化說

從巴夫洛夫的古典條件反射學說和兩種信號系統學說到斯金納的操作性條件反射學說，都認為語言的發展是一系列刺激反應的連鎖和結合。斯金納還專門寫了《言語行為》一書，提出了兩個主要論點：

(1)主張對言語行為進行「功能分析」

認為環境因素，即當場受到的刺激和強化歷程，對言語行為的形成和發展具有決定性影響。他主張對言語行為進行「功能分析」，即辨別控制言語行為的各種變量，詳述這些變量如何相互作用來決定言語反應。換言之，只要能弄清外界刺激因素就能精確預測一個人會有什麼言語行為。

(2)強化是語言學習的必要條件，也是使成人的言語反應繼續發生的必要條件

強化刺激的出現頻率、出現方式，或者停止出現，對於言語行為的形成和鞏固非常重要。

關於強化對言語行為的作用，在其早期著作《言語行為》（ 1957 ）和後期著作《關於行為主義》（ 1974 ）中均有闡述，但重點有所轉移。

一九五七年斯金納在《言語行為》一書中廣泛應用「強化」一詞來解釋各種言語行為，並提出「自動的自我強化」這一概念。下面是他提出的「自我強化」的一些例子。如「一個幼兒聽到別人的話之後，獨立在別處發出同樣的聲音，就會自動地強化自己那個試探性的言語行為」。「一個孩子模仿飛機、電車等的聲音，會自動地受到強化」。總之，他似乎用強化來解釋一切言語行為。這與行為主義嚴格

的強化概念是有區別的。

在斯金納的後期著作中，特別強調用「強化依隨」的概念來解釋各種行為（包括言語行為）的形成過程。強化依隨是指強化的刺激緊跟在言語行為之後，它有兩個主要的特點：一是最初被強化的是個體偶然發生的動作。如嬰兒偶然發出〔m〕聲，母親就笑著來抱他、撫摸他並答應他等。反應和強化之間只是一種時間上的關係，並非「目的」或「意志」的作用；二是強化依隨的程序是漸進的。若要兒童學習一個複雜句子，不必等待他碰巧說出這句話以後才給予強化，只需他所說的稍微接近那個句子就給予強化，然後再強化更加接近該句的話語，通過這種逐步接近的強化方法，兒童最終能學會非常複雜的句子。

刺激—反應連鎖和強化學說對語言學界和心理學界都曾發生過很大影響，但從六〇年代開始，已受到越來越多的批評。主要批評意見如下：第一，斯金納的這些話所根據的不是實際的觀察，而是從對較低等的動物做實驗後得出的類推。喬姆斯基認為，人類社會的語言行為和實驗室裡的動物「行為」不同，「刺激」、「反應」、「強化」等是拿動物做實驗得來的、有嚴格定義的概念，不能將它推廣引申到言語行為的研究；第二，強化既是漸進的、累積的過程，就意味著在兒童語言發展中不會出現突變，這將如何解釋兒童在短短幾年內迅速獲得聽、說本族語言能力的事實。與此相聯繫，按強化說，兒童在學話過程中，受到強化的是一個個語句，而非語法規則。但真正促進兒童語言迅速發展的卻正是一系列語法規則；第三，羅杰‧布朗等觀察記錄了成人和兒童的交談情況，發現成人通常對兒童語句中的語法錯誤並不介意，關心的是語句內容的真實性，只要內容真實，即使語法錯誤，也會得到強化。不過這種強化難以解釋兒童語言最終向成人語言發展。

二、先天決定論

先天決定論否定環境和學習是語言獲得的決定因素，強調先天稟賦的作用。

1. 先天語言能力說

先天語言能力說主要是由喬姆斯基提出的。他認為，決定人類幼兒能夠說話的因素不是經驗和學習，而是先天遺傳的語言能力，這裡的「語言能力」指的是語言知識，即普遍的語法知識。喬姆斯基駁斥經驗和學習理論的依據如下：

(1)兒童獲得語言的過程在四歲內就能完成。在如此有限的時間內掌握本族語的基本語法現象，不可能是歸納過程的結果。因為屬於一個語言集體的每一個幼兒都獲得同一種語言，而且各族兒童獲得語言的順序都基本相同，即單詞語→雙詞語→簡單句→複雜句。這證明不是每個兒童自己進行歸納的結果。

(2)語言是一個有高度組織性的抽象規則系統，是人類先天具有的普遍語法能力（人類具有先天的普遍觀念、原則），亦即先天的普遍語法知識的表現。這種先天的語言能力，即是對語言的語法的了解。知識不是經驗的結果，而是經驗的前提。這些普遍規則並非一定存在於所有語言之中，也不能直接生成任何語言的句子。但是每一種語言似乎都會從這些規則的可能的組合中做出自己的選擇。它可以規定和描寫人類個別語言的語法，能夠規定各種人類語言的句子應該如何構造、如何理解。正因為如此，不同種族、不同語言環境的兒童都能按基本上相同的方式和順序掌握本族語言。

(3)語言獲得過程就是由普遍語法向個別語法轉化的過程。這個轉化是由語言獲得裝置（LAD）實現的。語言獲得裝置是以生來就有

的普遍語法作根據，對具體的少數語言素材──輸入的本族語言素材，提出一些初步的語法假設，然後再將這些假設逐個和具體素材的結構加以匹配和檢驗，接受彼此符合的假設，修改不符合的假設或重新建立新的假設，最後建成一套個別語法系統。這個過程是兒童自己完成的，並非周圍使用語言的人所強加的，但兒童對此過程並不能意識到。所以，喬姆斯基認為兒童生來就是語言學家。

(4)兒童獲得的是一套支配語言行為的特定的規則系統。這種規則系統不是像行為主義所假設的那樣是一大堆的具體句子，即不是句子的表達結構，而是這些句子的實質，即深層結構。因而能產生和理解無限多的新句子，表現出很大的創造性。

先天語言能力說於六○年代提出後，在學術界引起了強烈的回響，展開了熱烈的爭論。最大的貢獻是掀起了研究兒童語言獲得的熱潮，根本改變了兒童被動模仿的看法，注意了兒童本身的特點。

對於喬姆斯基的理論，學術界存在著如下的評論：第一，喬姆斯基的理論在方法論上是思辨性的，在觀點上是先驗的、唯理論的。他所提出的先天普遍語法規則（知識），以及由語言獲得裝置建立語法假設的設想都是沒有事實根據的。語法規則和知識只能在幼兒和環境的相互作用中、在與他人的交往中，通過實際活動和語言交流而獲得。決定幼兒言語發展的是幼兒的實際活動，而非天生的結構（知識）；第二，根據先天普遍語法理論，似乎幼兒在語言獲得的開始階段就具有了一套成人的語法系統，因而「一下子」就能獲得成人語言。但實際上兒童語言具有自己的特點和模式，和成人語言很不一樣，即使表面上有某些相似之處，而使用功能和含義往往差別很大。兒童言語的實驗研究表明，「兒童語言」並不是從「成人語言」派生出來的。幼兒的言語活動不是按「成人」語言規則進行的；第三，先天能力說表面上非常強調兒童本身在獲得語言過程中的主動性和創造性，但既然人類生來就擁有一套現成的、可以規定本族語言如何理解和產生的普遍規則系統，就無需兒童本身再作什麼探索和發現了。這

無異於是從和行為主義相對立的另一個極端來否定兒童在語言獲得中的主動性和創造性。

2. 自然成熟說

勒納伯格（E. H. Lenneberg）也贊成先天決定論，但在理論基礎上和喬姆斯基不同。他是以生物學和神經生理學作為理論基礎的。其主要觀點如下：

(1)生物的遺傳素質是人類獲得語言的決定因素。人類大腦具有其他動物所沒有的專管語言的區域，故語言為人類所獨有。語言是人類大腦機能成熟的產物，當大腦機能的成熟達到一種語言準備狀態時，只要受到適當外在條件的激發，就能使潛在的語言結構狀態轉變成現實的語言結構，語言能力就能顯露。

(2)語言以大腦的基本認識功能為基礎。人類大腦的基本功能是對相似的事物進行分類和抽取。語言的理解和產生在各種水平上都能歸結為分類和抽取。

(3)語言既是大腦功能成熟的產物，語言的獲得必然有個關鍵期，約從兩歲左右開始到青春期（十一、十二歲）為止。過了關鍵期，即使給予訓練，也難以獲得語言。同樣地，大腦的單側化也是在關鍵期內出現的。

勒納伯格的自然成熟說和喬姆斯基的先天能力說有許多相似之處，都否定環境和語言交往在語言發展中的重要作用。他的潛在語言結構和現實語言結構與喬姆斯基的普遍語法和個別語法亦頗相似，這種理論也無法解釋本身聽力正常，而父母聾啞的兒童為什麼不能學會正常人的口語，而只能使用聾啞人的手語。

三、環境與主體相互作用論

1. 認知相互作用論

　　以皮亞傑為代表的一派主張從認為結構的發展來說明語言發展，認為兒童的語言能力僅僅是大腦一般認知能力的一個方面，而認知結構的形成和發展是主體和客體相互作用的結果。他們的主要觀點如下：

　　⑴語言是兒童許多符號功能中的一種，符號功能是指兒童應用一種象徵或符號來代表某種事物的能力。語言同延遲模仿、心理表象、象徵性遊戲、初期繪畫等符號功能一樣，都出現在感知運動階段的末期，即約一‧五歲到兩歲之間。兒童在開始發出語音時，是把一個對象的「名稱」當作該對象的不可分的一部分來看的。隨後發展到能用語詞稱呼那些當時不在眼前的事物，能將作為符號的語詞和被標誌的事物加以區分，這時就開始有了語言。

　　⑵認知結構是語言發展的基礎，語言結構隨著認知結構的發展而發展。由於兒童的認知結構發展順序具有普遍性，相應地，兒童的語法結構發展順序也具有普遍性。

　　⑶個體的認知結構和認知能力既不是環境強加的，也不是人腦先天具有的。它來自於主體和客體之間的相互作用。主體作用於客體的活動、動作是一切知識的源泉。一九七五年皮亞傑與喬姆斯基在法國有過一次面對面的爭論，也進行過訪問筆談。皮亞傑學派多次指出他們和喬姆斯基的語言獲得理論上的根本分歧，在於喬姆斯基是預成說（先驗論），而他們是後成論，他們特別強調主體作用於客體的活動和動作的意義。皮亞傑認為動作協調即感知運動智慧是認知結構的基礎，也是語言的基礎。

皮亞傑學派從主客體之間的相互作用，來說明兒童認識能力和語言能力的發展有其合理的方面。但在他們過分強調認知發展是語法發展的基礎時，必然要遇到認識發展和語言發展的關係是否是直接的和單向的等等難題。

2. 社會相互作用論

二十世紀七〇年代後，國外一些心理學家特別重視兒童和成人的人際關係在兒童語言獲得中的作用，認為兒童和成人的語言交流是語言獲得的決定性因素。如果從小剝奪兒童和成人的語言交流，兒童就不可能學會說話。有研究者發現，一名聽力正常而父母聾啞的兒童，父母希望他學會正常人的語言，但由於身體不好，不能讓他外出，就只能整天在家裡通過看電視學習正常人的語言。由於只能單向的聽，沒有語言交流實踐，缺乏應有的信息回饋，這個兒童最後終究沒有學會口語，而只能使用從父母那裡學來的手語。

前蘇聯的魯利亞曾觀察一對同卵雙胞胎，他們智力有點缺陷。兩人總處在一起，對話極其簡單，常用半句話叫喊，因此語言發展很緩慢，直到五歲時，80％的語言還是無組織的叫喊，其他智力活動也很落後。後來把他們送進不同的幼兒園，並給其中一個以語言訓練，結果進步很快。其中受過訓練的兒童語言尚有44％不易理解，而未受訓練的兒童仍有60％不能被理解。

至於狼孩的情況，則更是眾所周知的絕對剝奪人類社會人際關係的結果。

持此種觀點的人強調語言環境和對兒童的語言輸入的作用。他們研究了指向兒童的語言，發現母親和其他成人使用特殊的語言形式向不同年齡的兒童提供適合兒童水平的語言材料，能促使兒童語言的發展。但另一方面，兒童的回饋又決定成人對兒童說話的複雜程度，成人的言語部分取決於兒童本身。因此，兒童和他的語言環境是一個動態系統，是一個統一的整體。兒童在這個整體系統中不是一個被動的

接受者，而是一個主動的參與者。

　　不過，學術界對指向兒童的語言的性質和作用有不少疑問。語言輸入在兒童語言獲得中究竟起多少作用，起什麼作用，還存在不少問題。一些學者認為社會相互作用論還不能說明兒童如何在人際關係中，在語言輸入的基礎上形成和發展語言能力。

　　我們認為，兒童語言是在個體與環境相互作用中，尤其在與人們語言交流中，在認知發展基礎上發展起來的❶。兒童語言富有創造性，但模仿、學習在語言獲得中仍起著不可低估的作用。因為創造必須以一定的範型為基礎，它是對已有範型的概括和新的組合。新的句子既是新穎的又是以模仿到的範型為基礎的。因此，選擇性模仿可能是語言獲得的重要模式。斯金納的強化理論不能解釋語言獲得的全部現象，尤其不能解釋語言的創造性。而喬姆斯基關於先天能力、先天普遍語法知識的觀點也缺乏事實依據，是一種唯理論觀點。

　　如果說存在著某種人類的「語言獲得裝置」的話，也絕非天生的、現成的語法規則系統，只能是人類獨有的、高度組織起來的大腦的分析、綜合機能。不具備這樣的大腦，即使經過長期精心設計的強化依隨的訓練，如黑猩猩華休（Washoe）和莎拉（Sacah）等，充其量也只能學會極其有限的詞彙和句子結構，終不能達到人類三歲幼兒的水平。但僅僅具有這樣一個有特殊機能的大腦，而沒有和社會環境的互動，沒有語言實踐的機會，也不可能獲得語言。

　　語言發展必須以一般的認識發展為基礎，但語言能力還具有它自身的特點，二者的關係不可能是直接的和單向的。

　　從現有的研究水平看，要對語言獲得過程及其機制提出結論性意見，還為時過早，有待於跨學科的探索。

- - - - - - - - - -

❶武進之、朱曼殊：《影響兒童語言獲得的幾個因素》，載自《心理科學通訊》，一九八二年第五期。

參考書目

一、中文部分

1. 皮亞傑‧英海爾德著，吳福元譯：《兒童心理學》，商務印書館，一九八〇年版。

2. 朱曼殊主編：《兒童語言發展研究》，華東師大出版社，一九八七年版。

二、英文部分

1. B. F. Skinner : *Verbal Behavior*, 1957.

2. B. F. Skinner : *About Behaviorism*, 1974.

3. David McNeill : *The Acquisition of Language-The Study of Developmental Psycholinguistics*, 1970.

4. E. M. Hetherington : *Child Psychology: A Contemporary Viewpoint*, Ch.8, 1979.

5. E. H. Lenneberg : *Biological Foundation of Language*, 1967.

6. Howard Gardner : *Developmental Psychology*, Ch.4, 1982.

7. H. J. Sinclair : *The Role of Cognitive Structure in Language*.

8. J. B. Gleason : *The Development of Language*, 1985.

9. N. Chomsky : *Aspects of The Theory of Syntax*, 1965.

10. R. Brown : *A First Language*, 1973.

第七章　兒童智力的發展

　　心理測量學家對認知能力發展的研究，也即對智力發展的研究，是通過對個體實施各種智力測驗，運用多元分析方法來分析人類智慧構成因素在各個發展階段的狀態。無論是「認知能力」一詞，還是「智慧」、「智力」，以及我們在第五章提到的「訊息處理能力」這些詞，心理學家們至今不曾下一種爲大家所接受的明確定義。最簡單地說，在心理測量學中，「智力」是指通過智力測驗所反映的適應環境的能力；在皮亞傑理論中，「智慧」是指同化和調適環境的適應能力；在訊息處理理論裡，「認知能力」可以看作是訊息處理能力，是指人類符號處理系統的符號（訊息）處理能力。這些只不過是各家運用不同的理論框架來表徵同一事物而已。

第一節　智力的一般理論

一、對智力的一般理解

什麼是智力，至今尚無一個公認的確切定義。但是心理學家，特別是那些對創立和發展智力測量具有貢獻的心理學家們總是試圖去確立他們自己的智力觀點。雖然是眾說紛紜，但也不無共同之處。歸納起來，不外乎是從智力的功能和特性方面加以闡述。

1. 智力是適應環境的能力，是學習的能力

如桑戴克（R. L. Thorndike）所指智力表現為學習的速度和效率；又認為智力是一種適當反應的能力。斯騰（L. W. Stern）說：「一般智力就是有機體對於新環境完善適應的能力。」比納（A. Binet）、推孟（L. M. Terman）等人也都認為智力是適應環境的能力。五○年代，魏克斯勒（D. Wechsler）較全面地定義智力是：「一個人有目的地行動、合理地思維和有效地處理環境的總合的整體能量。」

2. 智力是抽象思維和推理能力，亦是問題解決和決策能力

如比納說：「善於判斷、善於理解、善於推理——這是智力的三要素」。他還指出智力的三個特性：方向性、目的性、批判性；推孟認為「一個人的聰明程度是與抽象思維能力成正比」。斯皮爾曼（C. Spearman）曾假設過智力有三種品質，即對經驗的理解、分析關

係、推斷相關聯的事物的心理能力。斯托達德（G. D. Stoddard）認為「智力是從事艱難、複雜、抽象、敏捷和創造性活動，以及集中精力、保持情緒穩定的能力」。吳天敏在《關於智力的本質》一文❶中將智力的特性歸結為四個範疇：針對性、廣闊性、深入性、靈活性。針對性是指針對既定的目的或目標而行動的表現；廣闊性是指突破當時思想活動的侷限性；深入性是指在現實的基礎上預料以後情況的發展並作出適當的安排計畫；靈活性是指對心理活動中出現的各式各樣的矛盾，能夠迅速地作出最好的決策。

以上只是舉一些有代表性的論點，它們之間雖有共同之處，但尚難概括出一個為大家所接受的明確定義來。不過，半個多世紀以來，各家按自己的智力觀點所編制的智力測驗卻有一定的類似性。某些測量一般智力的測驗通過相關分析也表現出一定的正相關，特別是測驗的結果與一般人們所理解的智力概念（即日常的常識概念）也並不相悖。所以，只要測驗所測出的「智者」（聰明的人）與人們頭腦中的「聰明的人」的原型一致，那麼我們也可以認為這些智力測驗測到了它所要測的東西。這就是為什麼智力測驗的先驅者比納最終只能憑他的經驗認為：「智力就是智力測驗所測的那種特質。」

隨著智力測驗的廣泛開展以及測驗技術的日益精湛，對智力的性質問題的探討也不斷地深化，從籠統地界說智力是什麼、分析智力包涵哪些因素，到它的結構如何等問題。

二、智力的特質結構理論

在討論智力是什麼的過程中涉及到一個根本問題，即智力測驗的所要測的智力是一個單一的整體結構，還是多種不同的智慧能力的集

---

❶《心理學報》，一九八〇年第三期。

合。譬如，我們是以概括性的術語將一個人描述為很聰明或中下等等，還是應確切地指出他的特長或特短的智慧能力，例如說某人「言詞流利，但在算術方面有些笨」等。為了回答上述問題，因素分析的技術開始被應用到測驗中來。

因素分析是一種統計程序，此種程序是通過相關矩陣的分析，將智力測驗的項目加以分類，彼此有密切相關的項目集合成同一類（群），而與另一類之間則相對獨立。這些彼此相關的項目群就稱為智力因素。一個人如能做好一個智力群中的某個項目，人們可期望他也能做好同一群中的其他項目，但不一定能預料他在別的智力群中也會有相應的成績。

如何將一組智力測驗項目通過因素分析抽出一個或數個因素群，是比較複雜的統計程序，若需進一步了解可參考有關的心理計量學方面的書籍，這裡只舉一個具體的智力測驗加以說明。克朗巴赫（L. J. Cronbach）在他的《心理測驗要義》一書中以洛奇—桑戴克測驗（L—T）為例說明因素分析的原理。L—T包括七個分測驗：(1)圖形分類；(2)數字序列；(3)圖形分析；(4)句子填充；(5)語詞分析；(6)算術推理；(7)詞彙。實施於一組被試後經過統計處理，發現這七個分測驗（七個變量）之間有內在聯繫的和能起主導作用的因素（變量）只有兩個，一個是由(4)、(5)、(6)、(7)四個分測驗集合而成的語詞因素群（語詞能力）；另一個是由(1)、(2)、(3)三個分測驗集合而成的非語詞因素群（或稱空間能力），但是每一個因素對於不同的分測驗，其貢獻大小有不同，這種貢獻稱為因素負荷。由此可見，因素分析可以達到簡化現象，發現規律的目的。卡特爾（R. B. Cattell）曾指出，因素分析這個技術的理論基礎，與一位獵手要作出究竟他看到河裡黑壓壓的一堆東西是三塊不相連的爛圓木，還是一頭短吻鱷魚的決定時，要採取的理論基礎是一樣的。為了作出這個決定，獵人注視著它們的運動情況，如果黑壓壓的東西是一起移動，他就斷定它們是同一組織，即單獨一條短吻鱷魚，如果它們不是一起移動，那麼它們就不是

同一組織，即三塊爛圓木。同樣，在測驗上，一種成績的變化典型地伴隨著第二種測驗成績變化──「它們一起移動」，人們就能確信，這些測驗所測的是同一種特質，或同一個因素。然後，研究者可根據他的知識和見解對所分離出的特質（因素）起一個名字。

下面介紹幾種建立在因素分析基礎上的智力結構理論：

1. 二因素說

在因素分析的基礎上斯皮爾曼首先提出他的二因素說。他認為智力活動包括兩個因素，一個是一般因素（G 因素），這是所有智力活動所普遍共有的因素；另一個是特殊因素（S 因素），是某一智力活動所特有的。各種智力活動中雖然都有 G 因素存在，但含 G 的分量不完全相同，兩種活動如果都有較大的共同因素，則它們之間的關聯較大。如圖 7-1 所示，測驗 1 和 2 因為都較多地滲透著 G 因素（由陰影部分表示），所以彼此之間相關是高的；而測驗 3 與 1、2 之間相關低，因它只有很少的 G 因素。在每一個測驗中的白色部分代表 S 因素和誤差。S 因素因智力活動的不同而異。斯比爾曼把一般因素 G 看作為智力測驗的主體，因它在各種不同場合中都表現出來。

國際上流行的斯坦福—比納智力量表（S—B）和魏克斯勒智力

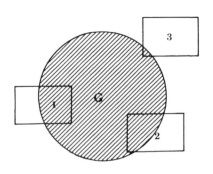

圖 7-1　二因素說的相關模型

量表都體現了二因素說的智力結構理論。將各種不同的認知活動包括在一個智力量表中就含有測驗一般因素的意義。一般來說，根據二因素說編製的智力測驗，必須使測驗的內容充分測量到 G 因素的分量。因此，測驗的選項彼此間都要有一定的相關，例如測動作速度的項目能否用作智力測驗中的一個項目就值得考慮，動作快與智力高未必會呈正相關。

2. 多因素說

　　這是現代較流行的關於智力特質的構成理論。這種理論認為在智力測驗中可以識別出一批中等廣度的群因素，各種測驗分屬於各群，但各因素群在不同的測驗上有不同的比重。如言語因素在詞彙測驗上有較大的比重，在言語類比測驗上比重較小，而在算術推理測驗上則更小。圖 7-2 是一個多因素相關模型圖。在五個測驗中，測驗 1、2、3 彼此有正相關，因為它們都與言語因素（V）有關聯。同樣地，測驗 3、5 的相關是由於都與空間因素（S）有關連；測驗 4、5 的相關是由於都有計數因素（N）；3 與 5 的相關大於 3 與 2 的相關，因為 3 與 5 在 S 因素上都有較大的比重，而 3 與 2 在 V 因素上都只有較小的比重。

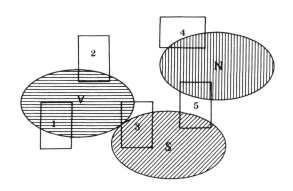

圖 7-2　多因素相關模型

　　塞斯頓（L. L. Thurston）首先運用群因素的理論在多種智力活動中辨認出七群基本因素，他稱之為「基本智能」（primary mental abilities）。

　　這七種基本因素如下：

　　言語理解（V），這是主要的因素，如閱讀理解、言語類比、重組句子、言語推理和寓言比喻等。

　　詞的流暢（W），如字謎、押韻或在特定的類中說出事物的名稱（如講出從 T 字母開頭的字）。

　　計數（N），迅速而正確地計算簡單算術和處理數字的能力。

　　空間關係（S），有關於固定空間或幾何圖形關係的知覺；有想像物體位置的變換能力。

　　聯想記憶（M），主要是配對的機械記憶，也有關於時序和空間位置的記憶。

　　知覺速度（P），快速和正確地辨別物體圖像細節及異同。

　　推理（R），包括歸納和演繹推理，以及發現事物的規則，填補數系和算術推理。

　　最初塞斯頓認為七種基本智能在功能上是彼此獨立的，但後來發現它們之間有顯著的相關。這似乎說明在群因素之外還存在有一般因素，塞斯頓稱其為「次級一般因素」。而斯比爾曼在後來也修正他的二因素說，承認有群因的存在。群因實際上就是特殊因素（S）的相同部分。如計算能力和機械能力這兩個特殊因素中有相同的成分，這部分就是群因。所以，他的二因素說現在可稱為「一般因素——群因理論」。而塞斯頓的群因說現在可稱為「群因——一般因素理論」。二者趨於接近。

　　二十世紀六〇年代，在上述理論的基礎上又發展出三個較有代表性的智力結構理論。

3. 阜南的層次結構模式

一九六〇年阜南（P. E. Vernon）綜合一般因素、群因素、特殊因素提出了一個因素層次的圖解（圖7-3）。他將斯皮爾曼的 G 因素作為最高層次，第二層分為兩個大群因素：言語及教育方面的因素（v: ed）和操作及機械方面的因素（k: m）；兩大群因素下又分若干小因素群，言語、數等屬於（v: ed）；機械信息、空間信息與心理活動等屬於（k: m）；每個小因素群下又有許多特殊因素。這個結構模式是二因素與群因素的結合，可以說更加深入了。

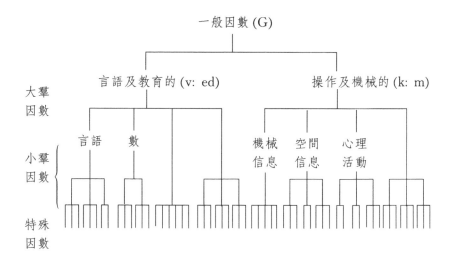

圖 7-3　層次結構模式

三、卡特爾的流體和晶體智力理論

卡特爾（R. B. Cattell）運用因素分析從塞斯頓的七個基本智能中又分析出兩種性質的智力：一種稱為流體（fluid）智力；一種稱為

晶體（crystallized）智力。流體智力是以神經生理為基礎，隨神經系統的成熟而提高，相對地不受教育文化的影響，如機械記憶、分類和圖形關係等；晶體智力是通過社會文化經驗而獲得的智力，如詞彙、言語理解和普通常識等以回憶貯存的信息為基礎的能力。這兩種智力發展的模式不一樣，流體智力在青春期後開始緩慢下來，較早地表現衰退；而晶體智力發展較遲，在青年期仍在上升，並保持其水平直至老年。

流體智力的測量，是依據關於一些排除文化因素的特殊判斷或推理，以及某些知覺和操作等測驗來進行的。測量流體智力因素的測驗可算為「文化均等測驗」。晶體智力的測驗是依據關於詞彙、一般知識以及社會情境適應等問題來進行的。晶體智力是傳統的智力測驗的主要組成因素。

四、吉爾福德的三維結構模式

吉爾福德（J. P. Guilford）的智力結構理論是現代因素分析最複雜的模型之一。他提出智力結構應從智力活動的三個維度上去分析。第一維稱之為過程（或操作），指智力實現的過程或方式；第二維是內容，即智力操作的對象；第三維是成果，指智力實現的結果或產物。操作包括五種：如認知（C）、記憶（M）、發散思維（D）、聚合思維（N）、評價（E）。內容包括四種：如形象（F）、符號（S）、語義（M）、行為（B）。成果包括六種：如單元（U）、門類（C）、關係（R）、系統（S）、轉換（T）、蘊涵（I）。

4×5×6 共有 120 塊立方體（見圖 7-4），每塊代表一種獨特的智力因素。如 CMU 是認知語義單元（如詞語理解測驗），MSU 是記憶符號單元（如數字記憶廣度、說出同義詞等測驗），MFS 是記憶形象系統（如串珠子測驗）。

　　根據這個框架，吉爾福德著手系統地編製相應的測驗，已經找到上百個有關的因素，但是他至今仍難以圓滿地找到所有的因素，特別是由「行為」這個內容所構成的智慧操作。

　　關於因素理論誰是誰非的爭論，由來已久，至今也不曾完結。我們希望進一步的研究能夠真正協調這些理論，而事實也正是如此。關於這一點，我們將在第三節的第二部分加以闡述。

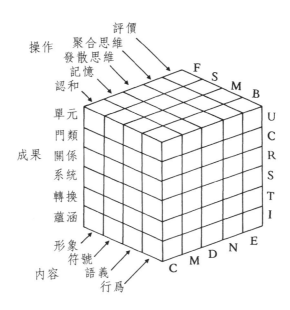

圖 7-4　智力三維結構模型

第二節　智力測驗

一、智力測驗編製的基本原則

我們在這裡介紹智力測驗編製的基本原則並不是要讀者憑此去編製智力測驗，因為這些知識是不足以編製智力測驗的，其目的只是通過對它的介紹使讀者懂得測驗的基本性質，以供讀者今後在測驗實施、測驗分數解釋上更為謹慎和嚴肅。

1. 測驗項目的選擇

測驗項目的選擇取決於測驗的目的和智力的理論。

在進行智力測量時，我們心中總有一個假定，即按照我們所信奉的智力結構理論編製的測驗與我們頭腦中所設想的智力是一一對應的。測驗編製的策略在某種程度上取決於測驗編者所採用的智力結構理論。信賴二因素論的心理學家可以選擇一些彼此組內相關的項目，而信賴智力因素有相對獨立性的人所選擇的項目是互不相關的，譬如吉爾福德就憑此來推斷他的智能的一些假設。儘管在這個問題上存在著分歧，但這些測驗的編製者都是依據自己的目的選擇一組項目用以引起被試反應或行動，據此推測被試者的智力。此一行為樣組的好壞無疑會影響測驗的效度和信度。

2. 標準化

標準化是指測驗的編製、實施、記分，以及測驗分數解釋的程序

的一致性。為了使不同的被試者所獲得分數有比較的可能性，測驗的條件對所有的被試者都必須是同樣的。這樣一種要求只是所有科學觀察要控制條件的一種特殊的應用而已。因此，在測驗的情境下，通常的唯一自變量是正在受測定個體的能力或人格特徵。

測驗標準化才可以獲得真實的結果，各種測驗依標準化的完善程度而異。為了確保測驗條件一致性，在編製測驗時，成批生產的測驗器具要保證物理性能上的一致；對被試者的指導語儘管不能編得天衣無縫，但是要儘量做到凡是足以影響測驗作業的每一種情況都要有詳細的說明，以保證被試者在反應時能減少誤差；評分標準也要在編製測驗時規定清楚，以保證主試者評分的一致性。在測驗實施時，應運用標準化的材料、相同的時間限制，遵照測驗指導語，以確保測驗條件的一致性。在這裡主試者本身的因素相當重要，如念指導語的聲音高低、速度、面部表情、對疑難問題的處理等都對測驗結果有影響。假如主試者念到正確答案時，無意中微笑或突然停頓，就對被試者產生了暗示作用。至於評分的一致性的取得，只要主試者遵循評分標準進行即可達到。

3. 常模的制定

前面所講的標準化是為了使被試者的得分誤差減少。制定常模也屬於標準化的範疇之列，只不過它是廣義的標準化。常模是指某一個標準化樣組在某一測驗上的平均分數。常模的功用是給測驗分數提供參照點。譬如，一個九歲兒童，在某一測驗（二十個測驗題）答對十三題，測驗分數為 13。這個分數除了表示該兒童答對十三題外，並沒有什麼意義，唯有將其與常模比較，才可以確定其意義。假如這個測驗九歲兒童平均分數為 10，那麼我們就說該兒童在平均分數以上；假如又知標準差為 3，則這個兒童在平均數之上一個標準差；如果是一百個兒童的話，根據常態分布可得知在他之上有十六個兒童，在他之下有八十四個兒童，如此分數的意義就明確了。

測驗的常模是某一標準化樣組在一定時空中實現的平均成績，顯然地區不同，常模也就不同，並且經過相當年限以後，社會經濟、文化有了發展，常模就要變動。因此，不能將一個原來良好的測驗不分時間、地區到處亂用。

4. 測驗的信度

對測驗客觀的評價所包含的主要內容，是特定情況下的測驗信度和效度的確定。測驗的信度是指同一組被試者用同一測驗實施兩次後所得分數的一致性，或者同一組被試者經過一次測驗，而後用一個等同形式的測驗再測一次，兩次得分的一致性。測驗的信度很重要，不可靠的測驗是沒有多大用處的。假如某一智力測驗第一次測得某一兒童智商是 130，而第二次測得的智商是 90，就無法肯定這個兒童的智商是多少了，因而這個測驗不可信，其結果沒有用處。

信度的種類有三種：第一種是穩定係數，它的求法是先對某個測驗實施首測，過一段時間對它再測，然後計算首測與再測的相關係數，即為穩定係數；第二種是等值係數。它的求法是先對同一個測驗的第一型或 A 型實施於一組被試，然後在最短的時間內對同一組被試實施第二型或 B 型，求兩者的相關係數，此即為等值係數；第三種是內在一致性係數。常用的方法之一是將一個測驗分裂為兩個假定相等而獨立的部分來記分，一般是以項目的奇數為一組，記以一個分數，偶數為另一組，也記以一個分數，n 個被試者就有 n 對奇偶分數，求兩者相關係數，然後再用斯皮爾曼—布朗推斷公式（$r_{tt} = \dfrac{2r_{hh}}{1+r_{hh}}$，這裡 r_{tt} 是信度係數，r_{hh} 是分半相關係數）求整個測驗的信度。

5. 測驗的效度

一個測驗最重要的問題是它的效度。如一個測驗真正能準確地測量到它所欲測量的東西，這個測驗就謂之有效，或說這個測驗效度

高。要編製一個有效的測驗，必須根據測量目標審慎地選擇測驗材料。譬如編製智力測驗時，不可選用專門知識的材料，即使所選用的材料是知識性的，也必須是一般人都知曉的。

效度可以歸納為三：內容效度、結構效度和準則關聯效度（criterion-related validity）。內容效度所探討的是測題取樣的代表性問題，而結構效度在智力測驗上所研究的是智力的結構與測驗的測值對應的程度問題。譬如人們往往把新編好的測驗實施於一組被試者所得的分數與該組被試者在舉世公認的智力測驗——斯坦福—比納智力量表——上的得分計算相關，如果相關高，就取得結構效度的證據。原因是既然新編的測驗與斯坦福—比納智力量表所測的智力相關高，那就說明該測驗與它有共同因素，此共同因素就是智力。

準則關聯效度又可稱為經驗效度或統計效度，它是以測驗分數和效度準則之間的相關係數來表示測驗的效度的高低。效度化中有關的準則，就是用足以顯示測驗所欲測量的特質的變量或足以顯示測驗所欲預測的變量作為檢驗效度的參照尺度。例如智力測驗的效度檢定，可選用學生學業成績或教師評定的等第作為準則，計算測驗分數與這些準則變量之間的相關。這些資料是現在就存在的，所以此種效度稱為同時效度。同時效度通常與心理特質的評估與診斷有關，大多數心理測驗手冊上所提供的效度資料都屬於此類。

然而，人們往往最感興趣的是對被試者在效度化中的有關準則作業的預測，測驗分數之所以重要，只是因為它能預測到該項準則。在這樣的情況下，測驗作為預測變量（自變量）對於準則變量（即應變量）能預測得多高的準確性，稱為預測效度。譬如，一項能力測驗的成績的效度準則是實際工作的成果，為此運用追蹤的方法對被試者將來的行為作長期的觀察、考核紀錄，以累積的資料與當初的能力測驗的成績分數計算相關，以評價該能力測驗成績對將來成就的預測有效性。

測驗的信度和效度是評價一個編製好的測驗的可靠性與有效性的

指標。因此，人們在使用測驗時就要了解它的信度和效度。信度高則測量誤差小，否則誤差就大；效度高則預測誤差小，反之，預測誤差就大。一般說來，信度係數不宜低於 0.9，但效度係數就很難講出多大的數值才算有效，這是因為效度的情況特定性更為顯著，一般情況下，其數值在 0.4～0.7 之間。

二、幾種常見的智力測驗

1. 比納—西蒙量表

比納和西蒙是智力測驗常模量表的首創者。一九○四年法國教育部委託許多教育家、醫學家組織一個委員會，研究公立學校低能兒童的管理問題。比納也是委員之一，他主張用一種測驗的方法去辨別心理缺陷的兒童。他與西蒙精心研究，次年在《心理年報》上發表了一篇論文，題為《診斷異常兒童智力的新方法》。人們現在稱這篇論文為一九○五年量表。這個量表包括三十個測驗項目，它有如下兩大特點：(1)項目的種類繁多，它們包括：邏輯謬誤、識記能力、數字記憶、注意測驗、閱讀故事之後再回憶細節，以及日常的常識等內容。它可以測量智力的許多方面的表現。我們只有對一個人的行為反應多方面的觀察，才能對他的智力高低作出有效的和可靠的評判；(2)項目的排列由淺而深，使該量表可以測量智力高低不同的兒童。

一九○八年，他倆修訂了一九○五年量表。這次修訂的要點是：(1)增加測驗項目為五十九個；(2)測驗項目按年齡分組，如把三歲一般兒童能夠通過的所有項目都放在三歲組，把四歲一般兒童能夠通過的所有項目放在四歲組，以此類推直至十三歲；(3)該量表的項目由於上述的排列方法，從而產生了智力年齡（mental age）這一概念。

智齡（MA）以兒童得到正確項目的數量相應於某一實足年齡一

般兒童得到的正確項目數為依據，假如一個兒童的智齡為十歲，就是說他的智力相當於十歲一般兒童的平均智力。這個概念對心理測驗起了相當大的推動作用。一九一一年比納與西蒙又修訂了該測驗，就在這一年比納去世了。今天，能夠廣泛地被實際應用的智力測驗數目眾多，它們在項目的取樣上、測驗編製的方法上、技術上、測驗量表的選用上都較比納—西蒙測驗有很大的進步，但它們都是建築在比納的測驗方法的基礎上的，它們都是屬於常模量表的範疇之列。

2. 斯坦福—比納智力量表（簡稱 S—B 量表）

(1)S—B 量表的一般情況

比納—西蒙量表的發表引起許多人的興趣，接踵而來的是，將它翻譯成許多文字並加以修訂，但修訂該測驗成績最大的、成為數十年智力測驗的標準工具的，應首推斯坦福大學教授推孟於一九一六年發表的「斯坦福—比納智力量表」了。這個量表共有九十個項目，其中五十一個為比納—西蒙量表中原有的，其餘是新編的，適用範圍自三歲至十四歲，另有普通成人組和優秀成人兩組。S—B 量表還有一九三七年、一九六〇年、一九七二年、一九八二年以及一九八六年修訂版。

推孟的貢獻有三：(1)嚴格規定測驗編製的標準化，從而增加了量表的信度；(2)擴充成人組的測驗；(3)採用斯騰首先提出的智力商數概念，作為比較兒童聰明程度的相對指標。求智商的公式如下：

$$智力商數（IQ）= \frac{智力年齡（MA）}{實足年齡（CA）} \times 100$$

這個概念告訴我們，如果一個兒童的智力年齡相當於實足年齡，無論他的實足年齡多大，他的智商總是 100，這說明該兒童智力是一般的，如果該兒童以後發展條件沒有什麼變化，據此可以預測他將來

也是一個智力一般的兒童。這個概念還可以比較不同年齡的人之聰明程度。譬如，一個五歲的兒童，他的智齡是六歲，則智商是 120，而一個十歲的兒童，智齡是十一歲。則智商是 110，雖然他們的智齡都是超過實齡一歲，但從聰明程度來看，可以說，前一個兒童比後一個兒童聰明一些。

(2)一九七二年 S—B 量表修訂版測題舉例

①二歲組（六個項目，每通過一個項目得分一個月）

　　a. 三洞形板：把圓形、正方形、三角形的木塊嵌入具有相應形狀的洞內。

　　b. 延遲反應（delayed response）：主試者把三只盒子放在一排，說：「瞧，我要把小貓藏起來，如果你找到它，就可以看見。」一共藏三次，分別藏在中間、右邊和左邊盒子的下面。每次都要把藏小貓的盒子遮蓋起來，並大聲地數一至十，移開遮蓋物，然後要兒童找出小貓。

　　c. 辨認人體各部位。

　　d. 搭積木：塔形。

　　e. 看圖說話。

　　f. 詞的組合：在談話過程中要注意兒童在任何時間裡自發構成的詞的組合。如「看小貓」、「狗汪汪叫」。重復母親或主試者的話就不算完成測驗的需要，詞的組合至少要有兩個字才能得分。

②六歲組（六個項目，每通過一個項目得分兩個月）

　　a. 詞彙量：（四十五個詞中認識六個）如什麼是「桔子」。

　　b. 區別：說出兩物的不同點，如鳥和狗之間有什麼區別？

　　c. 填圖：指明圖片中哪一部分缺少。

　　d. 數概念：從十二塊木塊中取出三塊、十塊、六塊、九塊、七塊（做對四次）。

e. 相對應的類比：如「鳥飛，魚＿＿＿」（四題對三題）。

f. 走迷宮。

③**十四歲組**（六個項目，通過一個項目得分兩個月）

a. 詞彙量（四十五個詞中認識十一個）。

b. 歸納：摺紙、剪洞。要求歸納出每摺一次，洞數增一倍的規律。

c. 推理作業：確定一件竊盜行為的時間。

d. 巧算：如用一個五升的容器和一個九升的容器量出十三升的量（三題答對一題）。

e. 確定方向：「若你向西走，然後向右轉彎，你現在朝什麼方向？」（五題對三題）。

f. 對應物的一致：「冬和夏有什麼相同？」「愉快和憂愁有什麼相同？」「多和少有什麼相同？」（五題對三題）。

3. 魏克斯勒兒童智力量表（WISC）

一九三九年魏克斯勒在美國貝勒維精神病院編製了一套魏克斯勒貝勒維智力量表，測量十六至六十歲的成人，而後分別編製了魏克斯勒兒童智力量表（WISC, 1949）、魏克斯勒成人量表（WAIS, 1955）、魏克斯勒學前兒童和學齡初期兒童智力量表（WPPSI, 1967）。一九七四年，他又對 WISC 進行了修訂。由於這三套量表編製的原理和特點都是一樣的，故只介紹 WISC-R，它適用的範圍是六至十六歲的兒童。

(1)魏氏量表主要特點

①魏氏從整體智力觀點出發，將智力分成言語和操作兩個部分。在他的言語量表中有常識、類同、算術、詞彙、理解、數字廣度六個分測驗，在操作量表中有圖畫補缺、圖片排列、積木圖案、物體拼組、譯碼、迷津六個分測驗，其中數字廣度和迷津兩個分測驗為備用

測驗。在魏氏智力測驗裡，除了計算全量表的智商外，還可以分別計算言語智商、操作智商。

②採用離差智商作為估計智力的相對聰明程度。簡言之，離差智商表明被試者的分數相對地處於同年齡標準化樣組的均數之上或之下有多遠，也即以離差的大小表明智力高低。離差大，且為正數者則智商高；離差大，而為負數者則智商低。一九六〇年及以後修訂的S—B量表也轉向使用離差智商。

(2)WISC-R 測題簡介

①**常識**：是一系列兒童日常生活常碰到的問題。例如：「鳥有幾隻翅膀？」「太陽從哪裡升起？」共三十題。

②**類同**：要求兒童概括出一系列成對的詞在什麼地方相似。例如：「車輪與球什麼地方相似？」「船和汽車什麼地方相似？」等十七個測驗題。

③**算術**：要求被試者心算小學程度的某些算術題，從簡單的計算到較難的心算和推理題，共十八題。

④**詞彙**：要求被試者回答詞的一般意義。例如：「什麼是公主？」「聲明是什麼意思？」共三十二題。

⑤**理解**：要求被試者解釋為什麼某種活動是合乎需要的，在某種情境下，更好的活動方式是什麼？例如：「為什麼不應該浪費燃料？」「假如你弄丟了朋友的玩具，要做的是什麼？」等十七個測驗題。

⑥**數字廣度**：向兒童提出隨機組合的一系列不斷增加長度的數字，要求兒童順背和倒背。如向兒童念出 53782 之後，要兒童也念出 53782，這是順背；倒背是要兒童背出 28735。

⑦**圖畫補缺**：給兒童呈現一幅幅不完全的圖像，要求他指出圖中缺少的部分，共二十六幅。

⑧**圖片排列**：共十二套圖片，每套三至五幅不等，以打亂的次序

呈現給被試者，要求被試者重新按故事情節排好確切的次序。〔參見圖 7-5(1)〕

⑨**積木圖案**：給被試者一套九塊立方體積木，各面塗有紅、白、半紅半白的顏色。然後要求被試者能按主試者給他的樣子擺出來。〔見圖 7-5(2)〕共十一個樣子，其中較簡單的可由四塊積木構成，而較複雜的需九塊。

⑩**物體拼組**：給被試者呈現一套切割成曲線的拼板，要經過思考才能拼成一個整體，參見圖 7-5(3)。該測驗共有四套測驗題。

⑪**譯碼**：分兩種，Ａ型是「圖形對符號」（用於八歲以下的兒童）；Ｂ型是「數字對符號」（用於八歲以及八歲以上的兒童）。這個測驗要求被試者按照所給的樣子，把符號填入相應的數字（或圖形）之下。既要正確，又要迅速。〔見圖 7-5(4)〕

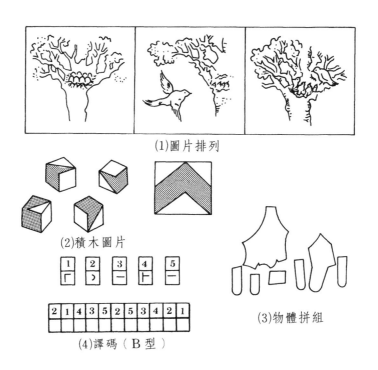

(1)圖片排列

(2)積木圖片

(3)物體拼組

(4)譯碼（Ｂ型）

圖 7-5　操作測驗示例

⑫**迷津**：一共有九個簡單至複雜的迷津，要求兒童用鉛筆正確地畫出通向出口的路線。

WISC-R 與 S—B 量表的相關係數為 0.73。由於 S—B 量表是公認的測量智力工具，既然兩者相關係數較高，因而它們測量的是同一個因素——智力，從而 WISC-R 也就取得了它的結構效度。

4. 嬰兒的智力測驗

測量未學會說話的嬰兒的智力是困難的，主要原因有三：第一，嬰兒沒有掌握語言，主試者不可能向他們提出測量他們的思維或推理能力的問題，嬰兒也不可能依據主試者的要求作出反應，唯一的辦法是觀察嬰兒在各種場合中表現出來的行為。由此便引出了第二個原因，嬰兒的行為範圍有限，往往侷限於感覺機能、基本姿勢的控制水平、動作協調水平等方面，而後才有較複雜的行為，如模仿父母的行為。第三，主試者無法控制他們的動機。例如，五個月至九個月的嬰兒就應有想攫取遠處玩具的意向，如果以此作為測驗項目去測量七個月的兒童時，偏偏被試者不去取，此時存在兩種可能：他不知如何去取或不想去取。如果是前者，我們說，該嬰兒對此項目測驗未通過；如果是後者的話，我們就不能下這個結論。

由於上述三種原因，幼兒智力測驗的效度就存在著一些問題。根據大量的研究發現，正常兒童在嬰兒期所測得的智力分數幾乎不能預示到兒童期的智力程度，這是因為早期智力測驗所測量的多是動作活動，這跟往後包含有大量的語言文字材料的測驗差距很大。儘管如此，但嬰兒智力測驗在預測智力有缺陷的兒童未來的學業成績上確有相當的有效性。譬如，沃納（Werner）和杭齊克（Honzik）對六百三十九名二十個月的嬰兒實施卡特爾嬰兒智力量表（並請兒科專家、心理學家進行評價），在這些嬰兒到了十歲的時候再實施智力測驗，並對他們的學業成績進行評價。結果表明，早期智商為 72 或低於 72 的兒童，在學習上確有困難。

(1)格賽爾發展程序表

格賽爾和他的同事們於一九四七年在美國耶魯大學研究設計了測量出生四週至六歲的嬰幼兒的發展程序表，該程序表包括：

①**動作行為**。小兒的姿態、頭的平衡、坐、立、爬、走、跑、跳以及使用手指的能力，這些運動能力構成了對小兒成熟程度估計的起始點。

②**適應行為**。在拿東西和擺弄東西時，手和眼的協調，例如解決問題，將圓形和方形的東西分別放到圓洞和方洞裡以及探索新事物和新環境，這些都反映了幼兒對外界事物分析與綜合的能力。

③**語言行為**。幼兒對別人的講話看起來能聽懂多少，他怎樣通過面部表情、姿勢、身體動作、牙牙學語，以及最後以講話來作反應，從而獲知他們聽、理解和語言表達的能力。

④**個人以及與人們交往的行為**。這是反映幼兒生活能力和與人交往的能力。例如，他們是否能自己吃飯？什麼時候會笑？對著誰笑？……等等。

該發展程序表觀察記分方法與一般心理測驗相比較，其標準化程度是不夠高的，然而如能由受過專門訓練的人員使用，其可信度仍很高。此程序表可以使小兒科醫生深入地了解兒童行為的發展，所以在醫學上檢驗幼兒是否有行為異常或神經系統障礙時，它是一個很好的輔助工具。

(2)貝利嬰兒發展量表

貝利（Bayley）和她的同事自格賽爾的發展程序表，以及嬰幼兒、學齡前兒童測驗中選取一些好的測驗項目，加上他們多年的研究，終於編成一個完整的嬰兒發展量表。該量表是為測量出生兩個月至二‧五歲的嬰兒設計的。它包括心理量表、動作量表以及嬰兒行為紀錄等三項。心理量表旨在測量適應性行為，包含諸如對視覺和聽覺刺激的注意，照令行事，尋找失落的玩具及模仿等行為。動作量表用

於測量粗略動作，如擡頭、走路以及手的抓握物件等。嬰兒行為紀錄是評定嬰兒的恐懼、快樂、耐力、易感應以及目的指向性等反應的等級。由此可見，行為紀錄是偏重於評鑑人格發展的問題。

　　該量表已制定了常模（樣組為有代表性的美國一千二百六十二個兩個月至二‧五歲的嬰兒），只要將被試者的實足年齡對照發展常模，即可知道其目前的發展情形，所以對早期發現嬰兒的情緒、感覺和神經系統是否有缺陷有很大的幫助。

第三節　智力的發展變化

一、智力的成長曲線

　　根據心理學家的研究，人類智力隨年齡增加而增長。但是，智力成長過程呈何種趨勢？其成長曲線是等速還是加速進行的？智力在幾歲達到高峰。人們對這些問題的看法和意見不一致。下面舉幾種說法：⑴推孟認為智力發展在十歲之前呈一條直線，超過這個年齡開始減慢，到十八歲停止生長；⑵貝利以貝利嬰兒智力量表、S—B量表、魏克斯勒成人量表對同一組被試者經過三十六年長期追蹤研究，發現十三歲以前測驗分數呈直線上升，以後逐漸緩慢，到二十五歲時達到最高峰，二十六至三十六歲屬於保持水平的高原期，隨後有所下降（見圖7-6）；⑶魏克斯勒與塞斯頓等人分別在一九五八年和一九六五年得出下列結論：①一般人的智力發展自三、四歲至十二、十三歲呈等速趨勢，十三歲後則呈負加速前進，即隨年齡增加而漸減；②智力發展速度與停止年齡雖然有個別差異，但是與人的智力高低有密

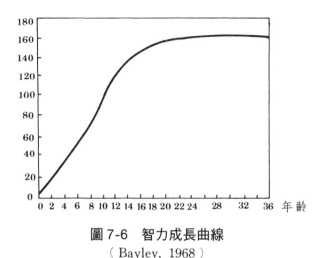

圖 7-6　智力成長曲線
（Bayley, 1968）

切的關係，智力低的人發展速度慢，停止年齡較早；反之，智力高的人，其智力發展速度較快，而停止的年齡也較晚；③智力發展大約在二十五歲達到顛峯。這一點與智力發展質的分析不一致，質的分析認為是十六至十八歲。根據 S—B 量表（1972）常模分數估計出十八歲以後也不隨年齡上升，它似乎與質的分析相一致。

上述智力的絕對分數是隨年齡而變化的，可是智力的相對分數（智商、IQ）是否在兒童發展過程中有所變化呢？下面就來討論智商的穩定性問題。

二、智商的穩定性問題

智商的算法前面已提到，而其功用概括來說是：(1)由於它是相對數值、無名數，因而就可以用它比較各人的智力高低，而不必考慮年齡的大小；(2)一個人的智商，在推孟看來是相對穩定的，即經過長時間之後再測，也不會有什麼變動（一般在 1／3 標準差之內或五個分

點之內的變動可歸因於測量誤差），所以知道一個人的智商可以預測此人將來的成就。但是智商是否具有穩定性？遂引起許多心理學家對此進行研究。現以貝利的一個追蹤研究資料為例（見表7-1）。

表7-1　早期智力分數與後期智力測驗分數的相關

第一次 測　驗 年　齡	測　驗 名　稱 （第一次）	兩次測驗相隔的年數			
		1	3	6	12
3個月	CFY	0.10(CFY)	0.05(CP)	−0.13	0.02
1歲	CFY	0.47(CP)	0.23	0.13	0.00
2歲	CP	0.74(CP)	0.55	0.50	0.42
3歲	CP	0.64	—	0.55	0.33
4歲	S−B	—	0.71	0.73	0.70
6歲	S−B	0.86	0.84	0.81	0.77(W−B)
7歲	S−B	0.88	0.87	0.73	0.80(W−B)
9歲	S−B	0.88	0.82	0.87	
11歲	S−B	0.93	0.93	0.92	

註：CFY＝California First-year; Cp＝California Preschool;

　　S−B＝Stanford-Binet; W−B＝Wechsler-Bellevue。

　　以上皆係智力測驗的名稱，未說明測驗名稱一律為 S−B。

　　這些縱向研究資料歸納出三點共同的結果：(1)嬰兒期（出生至十八個月）的認知作業的測量對後期的智力測驗分數沒有預測性；(2)測驗與再測驗的相關隨兩次測驗間隔時間的增長而下降；(3)在測驗與再測驗的間隔時間相等的情況下，則兩次測驗的相關隨第一次測驗的年齡的增大而增大。

　　這些研究表明嬰兒早期智力測驗的預測性較低，說明嬰兒期智力發展尚不穩定（但這不否定嬰兒量表在用於智力異常的早期診斷及評定個別差異中的價值）。預測性低的原因可能是由於嬰兒期的某些智慧因素（如言語能力）尚未充分萌發出來，因而一般的嬰兒量表所能

測到的較多為感知動作等能力。而後期智力測驗的項目則更多的偏重言語詞彙以及計數推理等內容。這前後兩類項目之間本身的相關原屬較低。有的研究甚至認為早期的運動能力（如遲早學會走路等）與後期 IQ 不一定有正相關。從這個意義上來說，相關低的現象也不能完全解釋為智力發展本身的不穩定性。有些是屬於測驗過程本身的問題。因此有人將早期測驗中的語音因素的成績單項分析出來則發現與後期 IQ 有較顯著的相關，說明嬰兒的語音分數的高低對於後期智力有一定的預示意義。

其次，從這些縱向研究的相關係數來看，似乎四歲是一個相關係數（r）顯著增大的關鍵年齡（一般達 0.70 左右），說明四歲時測得的智力分數對後期有較可靠的預測性。有人認為，這可能是由於學齡前期（四歲左右）正是言語機能充分發展的時期，而言語機能的完善與否將是智力發展的一個重要因素。

上面是從相關的角度來分析 IQ 的穩定性。下面再從 IQ 分數的絕對值變化來看。如一個研究（Honzik, 1948），追蹤了一批兒童在六至十八歲期間（測驗八次）IQ 分數的變化情況。發現有 85% 的被試者 IQ 變化達 10 分點以上（包括 10 分點），60% 的被試者變動達 15 分點以上。說明 IQ 分數在成長過程中變化是相當普遍的，而且變化的幅度也是相當大的。10～15 分點的變動可以使一個人的智力評定上升或下降一個分類等級。

三、關於智力發展的因素分析

在第一節中，我們初步介紹了因素分析的性質在智力研究中的作用，以及由此而形成的各種智力結構理論。現在進一步討論因素分析方法在智力發展研究中的作用，以及在這種方法基礎上所形成的若干關於智力發展的假設。

1.智力發展的因素分析離不開年齡水準

　　長期以來，人們圍繞著哪一種智力結構的因素理論更合適的問題進行了激烈的爭論，不同學派的心理測量學家都理直氣壯地拿出自己的研究結果證明自己的觀點。為了緩和這種爭論，有人提出了「互相兼容」的觀點，如所謂既承認「G」因素，又承認「群因素」的觀點。但這從實質上並不曾使這個問題得到比較合理的解決。

　　當我們對這些心理測量學家的研究加以仔細的推敲時，就不難發現其中存在著共同的缺陷：因素分析的工作是因各自的理論而有所偏好的。具體表現在：(1)樣組可能包括了一個廣泛的年齡區間，即是包含了不同年齡被試者的混合樣組，從而從根本上掩蓋了不同年齡階段上智力因素結構的深刻差異；(2)為使結果與自己的某種主觀假設一致而有選擇地抽取樣本，從而缺乏代表性，如塞斯頓和吉爾福德在為他們的群因素理論和智力三維結構模式尋求事實證據時，所採用的被試者分別是大學生和經過篩選留下來的軍官；(3)對性質互不相同的樣組結果進行不適當的比較；(4)對特定樣組的因素分析結果加以過度的解釋和外推，顯然，當塞斯頓將結果推廣到全部的人尤其是兒童時，其真實性是值得懷疑的。

　　考察智力發展，必然要以年齡為標誌。同樣，用因素分析的方法研究智力發展，也離不開年齡這個維度。我們可以有把握地說：在心理學的因素分析中，不存在無時間、無空間、無對象的一般結論。那麼，這種研究怎樣進行，它的結果又會重新告訴我們一些什麼可能的結論呢？這將是下面所要討論的問題。

2. 如何用因素分析的方法研究智力發展❶

　　在用因素分析方法研究智力發展時，所要處理的是若干個測驗分數矩陣，而不是一個分數矩陣。它們或者從橫斷研究的測驗而來，代表了不同年齡兒童同一時期的作業成績，或者通過縱向研究的測驗而來，代表了同一兒童（及群體）不同時期的作業成績。它們都反映了兒童發展的年齡差異，但是，嚴格說起來，後者不僅反映了年齡差異，而且反映了這種差異的形成過程，即年齡變化。

　　發展心理學家經常使用的是橫斷研究或數個短期的縱向研究的方法，但這並不是由於這種方法的有效性更大，而只是由於使用上的方便。如果希望用橫斷研究的結果解釋兒童發展上真實存在著的年齡差異，就要求在實際研究中嚴格滿足若干條件，其中一個基本的前提就是：各個年齡的樣組必須與縱向發展上各個年齡的總體（或樣組）在智力結構上相同，這樣我們就可能進行關於發展的橫斷研究，包括實驗性質的研究。儘管從理論上來說，由實驗所引起的變化是否與個體的真正發展同質或同型的問題還遠未解決，但我們暫時可以作出這樣的假設；前者是對後者的模擬，它們都遵循等同的，至少是高度相似的行為規律。在進行了實驗處理之後，我們可以以智力為因變量，比較實驗前後測驗結果在相關矩陣和因素負荷模式上的結構變化，進而推斷出它們可能確實相應於由縱向發展研究所發現的結構變化。這樣我們就提高了因素分析方法在智力發展研究中的意義。

　　在智力發展的因素分析研究中，我們有理由假設，智力的因素結構在兒童的發展過程中，不是靜止不變的（和我們在傳統的因素分析學家那兒所看到的恰恰相反），而是有一個形成和發展的過程，並且在這個過程中，存在著從量變到質變的轉化。對於量變，可以從因素

----

❶洪戈力：《智力發展研究中的因素分析方法》，載自《應用心理學》，一九八六年第三期。

分數（即個體關於某因素的測驗分數）的變化和反應變量間相關及相關模式的變化中反映出來。對於質變，我們可以有這樣一些反映指標：(1)因素數量的變化；(2)因素性質及比重的變化；(3)因素內容的變化；(4)因素間相關的變化。

我們還可以利用因素分析方法更深入地研究個體的發展過程，描述其由量變到質變的轉換，區分開不穩定的變化和穩定的變化。不穩定變化是指智力發展中尚未定型的或者暫時的狀態。後者是指已經定型的特性。要達到這個目的，就必須結合因素負荷矩陣和因素分數（而不僅僅只是其中之一）進行分析。當測驗特定時，因素負荷矩陣反映了一個總體（或樣本）的反應模式（即智力結構模式），在一段時間內，它可以是穩定的，也可以是變動的；因素分數則反映了樣本中個體的反應水平，在一段時間內，它也可以是穩定的或變動的。如果我們進行一次先期測量和一次後期測量的話，就會構成四種可能的組合：A 因素負荷矩陣是穩定的，因素分數也是穩定的；B 因素負荷矩陣是穩定的，但因素分數是變動的；C 因素負荷矩陣是變動的，但因素分數是穩定的；D 因素負荷矩陣是變動的，因素分數也是變動的。對於發展來說，它們的意義各不相同，將它們區別開來，並加以描述，成為因素分析方法研究智力發展的一個重要策略。

3. 因素數量隨年齡變化而變化

因素數目究竟是多少？這個長期懸而不能解決的問題可以合理地置於這樣一種框架之中：它們是隨著年齡的增長而發生變化的。具體是怎樣一種變化過程，可以有種種不同的假設。例如蓋雷特（Garrett）提出的「分化理論」，即是指智力因素隨年齡的增長而不斷發生分化，由某種單一的、籠統的能力逐漸變化為一組或多組結構鬆散、彼此獨立起作用的能力因素。

有許多證據支持這種觀點。例如，蓋雷特曾經對九歲、十二歲和十五歲兒童分別進行了十個有關記憶力、言語能力和計數能力的測

驗，對其結果的分析發現，除了一個測驗例外，這三種類型間的相關在九歲和十二歲之間、十二歲和十五歲之間都顯示出穩定的下降❶。這意味著，這些能力隨著年齡的增長而彼此分離開來。一九八五年，華東師範大學心理學系發展心理學研究室制定了魏克斯勒兒童智力量表的上海常模，對各分測驗分數之間的相關矩陣所進行的分析，也可以發現這種趨勢。表 7-2 是其中三個年齡組分數的相關情況，由 t 檢驗可知，在 N＝60，p＜0.05 時，達到顯著性相關水平的 r 值等於 0.25，p＜0.01 時，達到顯著性相關水平的 r 值等於 0.325。

表 7-2　三個年齡組在韋氏兒童量表十個分測驗間相關係數（r）的顯著性情況（r 數為 45×3＝135 個）

年齡	平均相關（r）	p＞0.05	p＞0.01
6 歲	0.373	6	11
12 歲	0.277	22	26
16 歲	0.220	25	33

表 7-2 表明，無論是從分測驗間相關的平均數值，還是從小於顯著性相關水平的 r 的個數來看，十個分測驗間的相關程度隨著年齡遞增而不斷減弱；同時，這三個年齡組之間相關值不斷減弱的趨勢和程度也是十分明顯的。

再以對魏氏兒童量表十二個分測驗及瑞文漸進方陣測驗的測量結果進行的因素分析的資料來看，也進一步提供了這種證據。用「主要因素分析法」得到的上述三個年齡組的一般因素方差變化情況，見表 7-3（其中每個年齡組被試者 N＝60，分測驗 n＝13）。

- - - - - - - - - - -

❶參見 Garrett et al: The age factor in mental organization, *Archives of Psychology,* 1935.

表 7-3　三個年齡組一般因素方差比例變化

年齡	一般因素方差	占總共同性的百分比	占總方差的百分比
6	4.595	67.6	35.3
12	3.557	57.3	27.4
16	3.192	52.9	24.5

這就是說，隨著年齡的增長，對於完成同樣的智力作業，一般因素的作用相對減弱；因而意味著，隨著年齡的增長，完成智力作業所需要的智力因素更專門化些。

上述證據至少表明，智力因素的數量是變化的，而不是恆定的，並且這種變化是有規律的。因而可以設想：主張較少因素的理論──如斯皮爾曼理論可能更真實地反映了較小兒童的智力特性；而主張較多因素的理論──如塞斯頓、吉爾福德理論則可能反映了較大兒童及成人的智力結構。當然，除了「分化理論」之外，我們也可以設想其他一些能盡量真實反映兒童智力因素數量發展變化的模式。

4. 因素比重隨年齡變化而變化

不僅僅因素數量隨年齡發生變化，而且單個因素在整個因素結構中的比例也會發生變化。這一點既是智力發展的重要標誌，又是個體能力傾向及發展形成的主要原因。這就是說，一方面，某種因素──應該是在性質上更為複雜的因素，其方差比例逐漸增加，重要性逐漸增強；另一方面，個體間同種因素比重變化的差異就是解釋一個人比另一個人更聰明的良好依據，而個體間不同種類因素比重的增加，就構成了評價人們能力傾向的良好依據。

不僅如此，這種情況再一次為各種智力構成因素的理論提供了一條互相融合、互相協調的途徑。例如，可以設想，儘管早期的高爾頓、卡特爾所進行的智力測量似乎與現代智力測量格格不入，但他們所設想的那些構成智力的東西很可能是反映了嬰兒和幼兒的智力結

構；而由比納、西蒙、韋克斯勒等人所設想、所測量的可能反映了更大年齡的兒童的智力結構。換言之，真正對個體差異產生重大影響、對智力活動有深刻作用的因素是因年齡而異的。

貝利的研究發現❶，嬰兒十個月前占最大比重的因素包括：視覺跟蹤、社會性反應、知覺興趣、動作靈巧性等，在這個階段的後期，聲音的意義聯繫開始重要起來；十至三十個月之間：知覺興趣、聲音的意義聯繫和知覺辨認，而物體間聯繫、物體形狀記憶和言語知覺在這個階段的後期一直到五十個月相當重要。五十至七十個月：以物體形狀記憶、言語活動、詞彙及複雜的空間聯繫為主；七十至九十個月時：以語言活動、詞彙及複雜的空間聯繫三種因素為主。

霍夫斯特（Hofstaetter）曾經對貝利「伯克萊生長研究」的數據進行了分析❷，發現在嬰兒二十個月前，第一個因素「感知運動靈活性」可以解釋智力作業上的大部分個體差異變化，而到四十個月以後，它就不能說明測驗分數上的變化了；第二個因素「持久性」則是二十至四十個月之間個體差異的主要標誌；從四十八個月以後，幾乎所有的變化都可以用第三個因素「符號操作」或「純粹抽象行為」加以說明，此種因素大概就類似於斯皮爾曼的「G」因素。

由此，我們就看到了此種趨勢：隨著年齡的增長，更複雜、更高級的因素是導致智力個體差異的更重要因素。我們也可以推知，所謂「聰明」在不同的年齡其含義各不相同，它所反映的是各年齡階段中占最大比重的因素。因此，一個良好的智力測驗應該反映出此種內涵的不斷變化；智力一詞在語義上的定義，或在結構上的心理測量學描述，也應該反映這種不斷變化的內涵。

----

❶參見 Development of Mental Abilities, *Carmichael's Manual of Child Psychology,* 1970.

❷參見 The Changing Compositicn of Intelligence, *Journal of Genetic Psychology,* 1954.

5. 在一定因素結構中，因素內容隨年齡變化而變化

　　前面所設想的變化是指因素模式或因素結構所發生的變化，即或者是因素數量的變化，或者是不同因素所說明的對智力活動貢獻（負荷）的變化，它們為解釋人類智力結構及發展提供了不同的架構。現在我們要設想是否還有另外的形式可以說明智力的發展。

　　有些心理測量學家認為，因素結構可以是不變的，但填充這個結構的內容卻是可以變化的（儘管有時此二者不易明確地區分）。例如，運載衛星的同是助推火箭，但其燃料可以是固體的，也可以是液體的。他們認為在一般因素此種結構模型的基礎上討論這個問題，既有理論意義，更有實用價值。如在每個年齡階段，對兒童的智力測驗都可以給予一個 IQ 分數，它反映了兒童在不同年齡「理論和處理周圍世界的整體能力」（魏克斯勒），或者說，它反映了一般能力因素的發展變化。但是，這些表示一般因素的 IQ 分數在不同年齡時期所蘊含的內容很可能不一樣。譬如未受學校語言訓練的學前兒童可能用機械的方式解決空間問題，但在他入學之後，他就更可能用言語的方式解決此類問題。不同時期的 IQ 分數變化可以是一種在量上表現為連續性的變化，但它所代表的智力的結構或內容性質，卻可能是一種非連續性的變化（作為此種非連續性的變化過程形式表述得極為精彩的例子是，皮亞傑關於兒童智慧運算結構變化的階段理論）。

　　一九七二年麥卡爾（McCall）等人的研究為此種觀點提供了佐證[1]。他指出，在每個年齡水平上其一般因素各不相同，即使在智力發展的早期階段也是如此。例如，嬰兒六個月時能夠說明智力活動的一般因素是由視覺引導的知覺探索；十二個月時是感知運動和社會性模仿的混合以及初步的發聲言語行為；十八個月是言語模仿和動作模

----

[1]參見 Transitions in Infant Sensorimotor Development and The Predicion of Childhood IQ, *American Psychologist,* p.27, 1972.

仿以及言語理解；二十四個月時是言語的理解和流暢性以及語法的成熟。顯而易見地，「Ｇ」因素在嬰兒水平上，其內容為知覺性成分，而越到後來所包含的高級認知成分越多。

在這個研究的基礎上，麥卡爾提出了兒童早期智力發展五階段的模式：階段一（○至二個月），嬰兒基本上只是對一定的刺激起反應，而這些刺激物在某種意義上是與嬰兒感知系統的預定結構相匹配的；階段二（三至七個月），其特徵是嬰兒對環境的探索更加活躍，儘管他們對世界的認識完全是主觀的；階段三（八至十三個月），活動的方式、手段從目的中開始分化出來，此種分化一直要到下一個階段才能完成；階段四（十四至十八個月），嬰兒不需要直接作用於物體，就可以把兩者聯繫起來；階段五（二十一個月以後），抽象的符號聯繫開始出現。

綜上所述，從應用和理論的觀點而言，我們不應該拋棄一般因素的觀點。承認既有一般因素又有多種不同性質的群因素，並且承認它們可能存在的發展轉化，似乎更可以為兒童的認知發展研究提供更適當的理論基礎。同時，我們也需要有更多的實驗證據和更合理的途徑來檢驗、協調和發展這些智力因素理論。

四、智力發展的個別差異問題

1. 智商的穩定性存在著較大的個別差異

一些個案的追蹤研究資料表明，智力成長變化有以下幾種模式：

(1)聚合式

兩個同年齡女孩早期智力一個高於平均值，一個低於平均值，兩者相差 30 個分點，往後則是高者下降，低者上升，到成熟時，二者

會合在一個水平上，IQ 一為 138；另一為 139。

(2)發散式

兩個同年齡的男孩在二十一個月時智力起點相近，都略高於平均值，經過十六年卻分道揚鑣，一個 IQ 為 138；另一個為 93，兩者相差 45 個分點。

(3)交叉式

一個從早期的高於平均值發展到後期低於平均值；另一個卻相反，形成交叉式的發展。

心理生長的比率在不同的年齡兒童中是變化的。正如兒童在不同年齡階段生理的生長經歷著突變或高原期一樣，認知發展的加速或水平的發展在不同年齡階段是有變化的；這些生長率的變異會明顯地影響著 IQ 分數的穩定性。這種變化表現為：有的趨向於下降的兒童停止下降，有的轉為上升，有的則保持在一定的水平上。而轉折點最可能出現在六歲和十歲。六歲的變化可以支持皮亞傑和其他研究者關於六歲兒童的抽象推理和概念形成向較高水平轉變的理論，而十歲變異的原因尚待研究。

這樣說來，似乎 IQ 的穩定性是值得懷疑的，如果這種說法成立的話，那就無視一個人的基因的終身不變性和環境變量的相對穩定性以及發展的不可逆性等因素對智力發展的影響。因此，我們說一個人的智商在相對穩定的生活經歷下有著相對穩定性。另外還須指出，在 IQ 的變化中有相當一部分是屬於測驗過程的問題（如測驗實施不標準化增高了測量誤差，致使分數變動很大），不能歸因於個體在成長過程中真正智力（聰明度）的變化。

前面討論的智商穩定性的問題，實質上包含著影響智力發展的因素的看法的分歧。主張智商穩定的人認為，智力是以固定和預定的模式發展的，或者說智力發展的能量上限及其模式和發展速率都被遺傳

所預先決定的，經驗對兒童智力的發展不發生任何可測量的效應。而主張在兒童智力發展中智商有顯著變化的人，強調兒童所經歷的那種環境刺激構成兒童心理發展的重要因素，否定智商的相對穩定性。這兩種觀點都是各執一端，我們認為，在兒童智力發展中智商是相對穩定的，智力是遺傳與環境這兩個因素相互作用的產物。即一因素所起作用的性質、程度依賴於另一因素的條件，而不是簡單的相加。人們往往發現聰明的父母生聰明的孩子，這裡好像是遺傳在起決定作用。不一定，因為父母傳給下一代的不僅有他們的遺傳基因，還有他們的文化教育等環境因素。聰明的父母往往比不聰明的父母經濟狀況好一些，受過更高的教育以及其他的有利條件。這就很清楚地說明，遺傳與環境的相互作用對智力的影響。關於這方面的證據，本書在第二章中已有詳盡的闡述。

2. 智商的分布與智力的分類

　　推孟根據九百零五名五至十四歲兒童的智商，得出一個實際次數分布，這一實際次數分布與理論的常態分布是吻合的，不僅推孟的結果是這樣，其他研究者的結果也證實是如此。所以，智商分數可以用常態分布來表示，並據此可以將智力加以分類。推孟曾按智商的高低將智力分成九類。（參見表 7-4）

　　雖然當時推孟的這種分類界限只是為了說明的方便，但是後來在實際運用中反映了這個理論上的分布及分類與實際情況頗相一致。所以時至今日，除了兩端稍有變更外，智力按智商的基本分類仍沿用至今。如表 7-5 是魏克斯勒根據智商分布所列的智力等級。

　　由上表可知，占全體 82％ 的兒童屬於中上、中等、中下，兩極端的甚少，但他們都需要給予特殊的教育、諮詢。現對兩極端的兒童略加描述。

表7-4　智力的分類

智　商	類　別
140 以上	天才（genius）
120～140	極優（very superior）
110～120	優秀（superior）
90～110	中智（average intelligence）
80～90	遲鈍（dull）
70～80	近愚（borderline case）
50～70	愚魯（moron）
25～50	痴愚（imbecile）
25 以下	白痴（idiot）

表7-5　魏克斯勒對智力的分類

IQ	類　別	百分比	
		理論正態曲線	實際樣組
130 以上	極優秀	2.2	2.3
120～129	優秀	6.7	7.4
110～119	中上（聰穎）	16.1	16.5
90～109	中等（一般）	50.0	49.4
80～89	中下（遲鈍）	16.1	16.2
70～79	低能邊緣	6.7	6.0
69 以下	智力缺陷	2.2	2.2

(1)智力優異

　　所謂智力優異是指 IQ 在 140 以上，即推孟所講的「天才」，天才一詞常含有特權的意思，故改稱為智力優異。推孟自一九二一年以縱向研究方法對一千五百名 IQ 在 140 以上的兒童作長期追蹤研究，

發現其特徵如下：

①心理與身體特徵

他們記憶力極強，識字比一般兒童多，對各種事物觀察入微，努力探求各種問題正確的答案，並且想像力豐富，才智超群。他們有獨立的、獨創的、幽默的、機敏的、穩重的、充滿活力的人格特徵。他們共同的缺點是懶惰、急躁、喜狡辯。他們的身體比同年齡同性別的兒童高而結實，在幼兒時期比較早學會講話，同時比較早進入青春期。

②在遊戲方面

他們喜歡與年紀大的兒童一起玩，比同年齡兒童更具有豐富的遊戲方法與知識。根據推孟的研究，智商在 110～120 的兒童，當團體首領較多，而智商高到 160 以上的兒童，當首領的反而少，這是因為興趣與眾不同而不受擁護的緣故。

③家庭背景、性別、出生次序

社會經濟地位、文化教育水平較高的家庭的兒童智力優異的較多。這個等級中（IQ140 以上）男女之比為 120：100，有三分之二是老大或獨生子女。

④成人對智力優異兒童的態度所產生的影響

有些智力優異的兒童如果父母對他們寄以厚望，卻會產生很大的心理壓力，而有的父母對這類兒童放鬆管教，卻使小孩過度放縱，致使他們走上犯罪道路，犯罪的手法極度高明。在學校裡有些教師討厭他們，因為他們太聰明了，會指責教師的錯誤，因而教師在同學面前壓制或處罰他們，在這種情況下，他們對學校或老師產生強烈反感，導致逃學。

(2)智力缺陷

心理學家大都以「智力程度」和「適應行為」當作智力缺陷的分類標準。

①智力程度

根據個別智力測驗所求出的智商，以標準差為單位將其分類。由於各種測驗的標準差不同。魏氏量表是 15，S—B 量表是 16，故根據不同測驗的 IQ 的分數所作的分類就略有差別。（參見表 7-6）

表 7-6　根據智商所作智力缺陷的分類

等階	類別	標準差（SD）	魏氏量表(SD=15)	S—B 量表(SD=16)
5	邊緣	−1～−2	84～73	83～68
4	輕度	−2～−3	69～55	67～52
3	中度	−3～−4	54～40	51～36
2	重度	−4～−5	39～25	35～20
1	極重度	−5 以下	25 以下	20 以下

②社會適應

智力缺陷的人往往社會適應能力比一般人差，用杜爾（Doll）編制的「梵蘭社會成熟量表」（Vineland Social Maturity Scale）可以測出個人社會成熟商數（SQ），按標準差分為五個等級。（見表 7-7）

表 7-7　根據社會成熟商數所作的分類

等級	類　　別	標準差（SD）
5	無負偏差（適應未發生困難）	−1.00 以上
4	輕度負偏差（輕度不良適應）	−1.00～−2.25
3	中度負偏差（中度不良適應）	−2.26～−3.50
2	重度負偏差（重度不良適應）	−3.51～−4.75
1	極重度負偏差（完全無法參加社會生活）	−4.75 以下

參考書目

一、中文部分

1.全國高校兒童心理學教學研究會編：《當前兒童心理學的進展——兒童智力的發展》，北京師範大學出版社，一九八四年版。

2.克雷奇等著，周先庚等譯：《心理學綱要》第十章，文化教育出版社，一九八一年版。

3.R·M·利伯特等著，劉范等譯：《發展心理學》第八章，人民教育出版社，一九八四年版。

4.帕普莉著，華東師範大學外國教育研究所譯：《兒童世界》第五章，人民教育出版社，一九八一年版。

5.戴忠恆：《心理與教育測量》第三章，華東師範大學出版社，一九八七年版。

二、英文部分

1.A. Anastasi: *Psychological Testing*, 1976.

2.D. Wechsler: *Manual for Wechsler Intelligence for Children Revised*, 1972.

3.E. M. Hetherington: *Child Psychology*, 1979.

4.J. Cronbach: *Essential of Psychological Testing*, 1970.

5.L. M. Terman, M. A. Merrill: *Standford-Binet Intelligence Scale, Manualfor The Third Revision Form L−M*, 1973.

第三篇

情緒、個性的發展和社會化

第八章 兒童情緒的發展

　　前面幾章討論了兒童身體和動作的發展，以及感知、記憶、思維等認知方面的發展，從本章起將分別探討兒童在情緒和社會性方面的發展。

　　情緒是心理生活中的一個重要方面，它與認知活動一樣，都是個體對客觀事物的一種反映。所不同的是，它是對客觀事物與個人需要之間的關係的反映。兒童有著廣泛的情緒反應範圍，他們有時候喜氣洋洋，十分高興；有時候悶悶不樂，顯得有點焦慮；而在有些時候又會變得憤怒、暴躁。兒童各種各樣的情緒是怎樣發展的？早期的情緒對後期的社會行為有什麼影響？對一些消極的情緒如恐懼等，如何加以克服？這些都是本章準備討論的問題。

第一節　兒童早期情緒的發展

喜、怒、哀、樂是人們表現情緒的形式。利用這些方式可以表達一個人當前的需要與願望，同時也調節著人與人之間的社會距離。嬰兒很早就能利用哭與笑這樣的情緒表現作為緊密聯繫照顧者、躲避陌生人、調節與周圍環境關係的社會工具。

一、情緒的組成成分

為了更好地理解情緒，人們把情緒結構分成四個組成部分（參見圖 8-1），它們是引起情緒的情境、身體狀態、情緒表現和情緒體驗。

1. 情　境

當前的事件、回憶、思考，甚至先前的情緒體驗都能引起兒童的情緒。

研究者（J. Strayer, 1986）要求四至七歲的兒童回答：什麼事情使你們高興、傷心、憤怒、害怕和驚奇。兒童說出的理由可以歸結為七種：材料性質（如得到一個新玩具）；想像的東西（如妖怪）；人與人之間的事情（如被取笑）；環境事件（如到迪斯尼樂園去）；成就（如考試得到優秀）；食物（如吃蔬菜）；動物（如一隻快死的狗）。從結果看出：(1)各種情緒都可以由人與人間或環境的事件引起；(2)傷心和憤怒情緒與人與人之間相互作用關係最密切；(3)高興和驚奇常常由材料性質引起；(4)想像或幻想的東西基本上與兒童害怕相

聯繫；(5)七歲兒童與四歲兒童相比，由人與人之間的相互作用及成就引起的情緒更多，而年幼兒童歸之於由幻想引出情緒的更多，表明隨年齡增長，引起兒童情緒的原因也在變化。

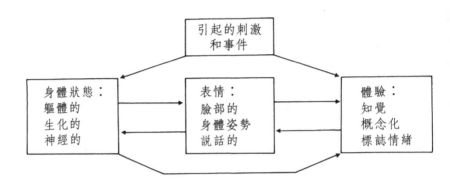

圖 8-1　四種情緒成分
（引自 M. Lewis & C. Saarni, 1985）

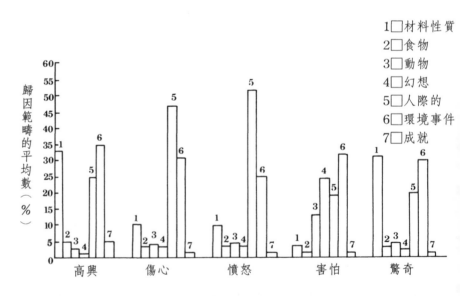

圖 8-2　四至七歲兒童報告引出情緒的原因
（引自 J. Strayer, 1986）

引起情緒的刺激與兒童的認知水平有關。有人（J. Cantor 等，1984）利用皮亞傑的理論來預測刺激與情緒的關係。他們給幼兒和小學生看一部一個男人變成綠妖怪的電視片。研究者設想這個情節會引起幼兒而不是小學生的害怕，因為前運算階段的兒童還不懂得人的本質是不會隨外部形象的變化而變化的。這個預測與兒童的反應吻合。研究者還預測當刺激情境要求移情，即採取電視角色的觀點時，具體運算階段的兒童更易產生害怕。給兒童看一群黃蜂正在攻擊一個男孩的電視片。當鏡頭對準黃蜂時，三至五歲的兒童顯得很害怕，但是當鏡頭移向男孩的臉部表情時，害怕卻不那麼強烈了，而這時九至十一歲的兒童感到很害怕，因為他們會把自己置身於男孩的地位上。

2. 身體狀態

情緒的第二個成分是身體狀態，或者說身體活動的變化，表現為軀體的、神經的和生化變化，如心率改變、出汗、血液裡腎上腺素水平提高等。不同的情緒體驗伴隨著不同的身體狀態，但它們之間並不是簡單的一一對應關係。

3. 情緒表現

臉部表情、身體運動和發音（如哭、尖叫）都是看得見的情緒表現的形式。有心理學家認為，有些臉部表情和特定的情緒之間存在先天的聯繫：不管是什麼地方的人，開心時總是微笑或大笑；傷心時皺眉頭，看上去很嚴肅。但這種先天的聯結能夠被改造。每種文化都有合適的表情顯示的規則。如肯尼亞的 Kipsigis 人認為成人哭是極其不合適的。尤其是青年男女在接受痛苦的青春期儀式進入成年期時，如果哭泣就是給家裡人丟臉，還將破壞他們期盼的前途。

4. 情緒體驗

有意識的情緒體驗在一個人知覺到情緒或說得出情緒名稱時發

生。語言是情緒體驗產生的關鍵。它為識別模糊不清的內部感受和區分各種感情提供了工具。不會說話的嬰兒與大一點的兒童、成人的情緒體驗無法比較，不同文化的人因語言上的差異，描述情緒類型的詞彙也有差別。

總之，一種情緒實際上是四種成分的結合，不同的成分會互相影響。有時候情境刺激引起了身體狀態的變化，而身體狀態的變化又導致表情和體驗；有時候一個人的體驗和行動能夠影響身體狀態。如果你微笑或大笑就會體驗到高興，大聲吼叫就會感到憤怒。假如一個人的文化和家庭背景中沒有某種特定的情緒表達方式，他就不會有那樣的體驗，或者體驗這種情緒的能力會受影響。例如，在美國，父母不准他們的孩子表達碰到生殖器後所產生的快感，這樣就使孩子無法了解他們此時的身體狀態或如何去表達其中的感受。

二、嬰幼兒的情緒

1. 先天的情緒表達能力

許多研究證實兒童具有先天的情緒機制。愉快、感興趣、驚奇、厭惡、痛苦、憤怒、懼怕和悲傷等八種基本情緒，都是進化中獲得的，並在外部刺激的誘發下發生、展現。

行為主義創始人華生指出，新生兒有三種非習得性情緒：如愛、怒和怕。他還詳細地描述了這些情緒的表現：愛——嬰兒對柔和的輕拍或撫摸產生一種廣泛的鬆弛反應，或像展開手指和腳趾作咕咕和咯咯聲那樣的一些反應；怒——如果限制嬰兒的運動，就會產生身體僵直的反應，或像手腳「亂砍似」的運動，還有摒息、尖叫之類的反應；怕——聽到突然發出的聲音會產生吃驚反應，當突然失去身體平衡時就發抖、嚎哭、摒息、啜泣。隨著行為主義的興起，關於新生兒

有三大基本情緒的推論也跟著流行起來。但是其後的一些研究都未能證實華生對原始情緒的劃分。有人將新生兒自由落下兩尺的距離，八十五個新生兒中只有兩名嚎哭，有些新生兒根本就沒有發生明顯的身體反應。謝爾曼（Shermen, 1927）曾用四種不同的刺激情境（針刺、過時不餵、身體突然失去平衡、束縛手和腳的運動）來引起新生兒的情緒反應，然後叫醫生、大學生進來觀察新生兒的反應情況，要求他們指出嬰兒的哭聲有什麼不同，這些不同的哭聲是由什麼原因引起的。結果這些觀察者對嬰兒表現出來的情緒，以及造成這些反應的可能原因，都未取得一致意見。因此，有人認為新生兒的情緒狀態是籠統的，遠不如行為主義者所設想的那樣具體。

加拿大心理學家布里奇斯（K. M. Bridges）在一九三二年提出了一個新的觀點：新生兒的情緒只是一種彌散性的興奮或激動，是一種雜亂無章的未分化的反應。它包括一些由強烈的刺激所引起的不協調的內臟和肌肉反應。通過成熟與學習，各種不同性質的情緒才漸漸分化出來。新生兒在三個月時，初生時的原始激動分化為兩種矛盾的情緒狀態，即痛苦和快樂；到六個月時，痛苦型又進一步分化為怕、厭惡和憤怒；到十二個月時，快樂型又分化出高興與喜愛；再過半年，又可看出愛成人與愛兒童的區別，與此同時，痛苦中又分化出忌妒；到二十四個月時，可以在快樂的熱情中區分出較穩定的歡樂來（見圖8-3）。

有人將嬰兒因飢餓、痛、生氣而發出的哭聲錄下來，放給不知情的母親聽。這些母親聽到因痛而發出的哭聲時，都衝進房間去看看自己的孩子是不是發生了意外，而聽到另外兩種哭聲時，都慢吞吞地作反應（Wolff, 1969）。由此可見，嬰兒已能用不同的哭聲傳達自己的情緒。

斯洛夫（Sroufe, 1979）提出了與布里奇斯類似的觀點。他指出，隨著嬰兒的成熟，各種情緒鋪展開來，嬰兒變得會用微笑來表示高興，用哭來表示不安。

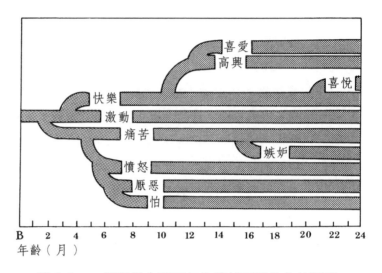

圖 8-3　一個兒童在頭兩年內情緒不斷分化的圖示
（引自 K. M. B. Bridges: Emotional Development in Early
Infancy, *Child Development*, Ch.3, pp.324－341）

　　伊扎特（Izard, 1982）用新的技術手段研究嬰兒的情緒表達能
力。他利用攝影機錄下嬰兒與母親在一起玩的情景（如抓冰塊、玩具
被搶走等）中出現的表情，然後讓未知事件發生原因的被試者從錄影
中嬰兒的表情來判斷嬰兒的情緒。結果判斷相當一致。伊扎特根據實
驗得出結論：嬰兒出生時已具有五種面部表情跡象：驚奇、苦惱、厭
惡、微笑、感興趣。三至四個月的嬰兒會表示憤怒；五至七個月的嬰
兒能表示悲傷和恐懼，隨後是羞恥和害羞；一歲後有了蔑視、內疚等
複雜的情緒。

　　心理學家在嬰兒情緒表達方面也作了不少研究和探索。林傳鼎於
一九四七至一九四八年根據對出生一至十天的新生兒動作變化的觀
察，提出了自己獨到的見解。他認為新生兒已具有兩種可以分清的情
緒反應：一種是愉快情緒反應，代表生理需要的滿足；一種是不愉快
的情緒反應，代表生理需要尚未滿足（如飢餓、疼痛、身體活動受束
縛等）。不愉快反應是「通常自然動作的簡單增加」，或者說是「自

然動作的一般性擴張」，它由所有不利於機體安全的刺激所引起；愉快的反應是一種積極生動的反應，它表現為某些自然動作，尤其是四肢末端自由動作的增加，或者說是「限於某些特殊動作的擴散」，它為一些有利於有機體安全的刺激所引起。

孟昭蘭依據自己的研究及對前人研究的總結提出了嬰兒情緒分化理論：(1)人類嬰兒有八至十種從種族進化中獲得的情緒；(2)個體情緒發生有一定的時間次序和誘因（參見表 8-1）；(3)情緒發展有一定規律，也有個別差異。

表 8-1　嬰兒情緒發生的時間、誘因和情緒表現

時　間	誘　因	情　緒
初　生	痛──異味──新異光、聲、運動	痛苦──厭惡──感興趣和微笑
3～6 週	看到人臉或聽到高頻聲音	社會性微笑
2 個月	打針	憤怒
3～4 個月	痛刺激	悲傷
7 個月	與熟人分離，在高處	悲傷、怕
1 歲	新異刺激突然出現	驚奇
1～1.5 歲	在熟悉的環境遇到陌生人，做了不對的事	害羞內疚、不安

2. 嬰兒的情緒識別能力

嬰兒不僅具有表達情緒的能力，還有識別情緒的能力。通常母親都會察覺到自己一歲的嬰兒已能「察顏觀色」：別人發怒，孩子會感到不安，並想離開；當別人表示溫情或親密時，孩子也會表現深情的行為或妒忌。

學者（Sagi & Hoffman, 1976）將出生兩天的嬰兒分成三組：

一組嬰兒聽到別的嬰兒哭聲；另一組嬰兒聽到由電腦製造出來的哭聲，音量與真的嬰兒哭聲一樣大；還有一組嬰兒周圍保持安靜。然後比較嬰兒在三種情境中的行為反應（如腳踢、面部肌肉動作等）。結果發現，第一組嬰兒哭得最多，這說明嬰兒很早就能識別別人的情緒。

情緒對嬰兒來說，有重要的生存價值或社會適應意義。看到照料者時的微笑、依偎，和看到陌生人時的「嚴肅」、害怕，都具有保護個體生存的意義。當嬰兒在環境不確定時參照照料者的表情，再作出反應的現象，被稱為「社會性參照」（social reference）。當母親與陌生人熱情交談時，嬰兒就不太怯生，而當母親持中性或消極態度時，嬰兒也會作出類似的反應（Boecia & Campos, 1983）。觀察十二個月大的嬰兒對「視崖實驗」中的三種視崖高度的反應，第一種視崖十分「深」，每個嬰兒都望而怯步；第二種視崖十分淺，幾乎每個嬰兒都爬了過去；第三種視崖是個模稜兩可的高度，這時的被試者中有不少是參照母親的表情後才決定如何行為（Sorce, Emde, Campos & Klinnert, 1985）。在第三種高度時，讓兒童接近一樣新奇的玩具，若母親裝出害怕的表情，並伴以威脅語調說一些無意義的詞組，兒童就會停止碰玩具或爬回母親處；如果母親帶著微笑說話，兒童會繼續朝玩具爬去（Klinnert, Sorce & Emde 等，1983）。

3. 嬰兒的微笑

嬰兒的笑是第一個社會性行為。通過笑，可以引出其他人對他積極的反應。與情緒體系本身一樣，笑也有一個發展過程。不少心理學家，如鮑爾貝（Bowlby, J., 1969）、斯羅夫（Sroufe, L. A.）和瓦特斯（Waters, E. 1976）等，研究了嬰兒笑所經過的幾個階段：

第一階段：自發的微笑（○至五週），又稱內源性微笑。這個階段嬰兒的微笑主要是用嘴作怪相，它與中樞神經系統活動不穩定有關。笑的時候，眼睛周圍的肌肉並未收縮，臉的其餘部分仍保持鬆弛

的狀態。對於這樣一種微笑，早在一八八二年普萊爾（Preyer）就把它稱作「嘴的微笑」，以示與後來產生的社會性微笑相區別。這種早期的微笑可以在沒有外部刺激的情況下發生，是自發的笑或反射性的笑，在睡著時發生得最普遍。如果我們撫摸嬰兒的面頰、腹部或者發出各種聲音，也能引出嬰兒的微笑。由於這種早期的微笑可為各種廣泛的刺激所引起，因而還稱不上真正的「社會性」的微笑。女嬰自發微笑的次數比男嬰多。

第二階段：無選擇的社會性微笑（三、四週起）。這種微笑是由外源性刺激引起的微笑。雖然這個時候嬰兒還不會區分那些對他有特殊意義的個體，但是人的聲音和人的臉特別容易引出他們的微笑。有些心理學家曾觀察到這個階段嬰兒在微笑時十分活躍，眼睛明亮，眼睛周圍的皮膚也伴之皺起，可是持續的時間相當短。大約到第五週時，嬰兒開始對移動著的臉微笑。到第八週時，會對一張不移動的臉發出持久的微笑。這種發展標誌著有選擇性的社會性微笑的開始。這時候嬰兒對陌生人的微笑與對熟悉的照顧者的微笑沒有多少區別，只是對熟悉的人的微笑比對陌生人的微笑多一點，這種情況持續到六個月左右。嬰兒見到熟悉人的臉、陌生的臉，乃至假面具都會笑。

第三階段：有選擇的社會性微笑（五、六個月起）。隨著嬰兒處理刺激內容能力的增加，他能夠認出熟悉的臉和其他的東西，開始能對不同的個體作出不同的反應。嬰兒對熟悉的人會無拘無束地微笑，而對陌生人則帶有一種警惕的注意。這時的嬰兒已經很能笑，儘管笑得很短暫，轉瞬即逝。嬰兒的照料者這時常常會高興地說，「孩子會嬉笑了」、「他會看著我笑了」。這種微笑增加了嬰兒與照顧者間的依戀。

4. 嬰兒的害怕

嬰兒也能表現害怕，不同害怕的表現視年齡而定。學走步的孩子怕痛，怕帶給他們痛的體驗的人（如打針的醫生）；幼兒期間的兒童

害怕具體的東西，如獅子、老虎，但並不把它們與以前的痛聯繫起來；學齡兒童害怕學業失敗。

第二節　　兒童情緒的獲得

正如第一節所說，兒童出生時已具有一定的情緒反應能力，但是情緒作為一種適應能力是通過後天的學習獲得的。下面介紹幾種兒童情緒獲得的理論假設。

一、學習理論

兒童的情緒可以通過經典性條件反射（或應答性條件反射）獲得，華生和雷諾（Watson, J. B. & Raynor, R., 1920）做了怕是學習獲得的經典實驗。實驗對象是一個名叫艾伯特（Albert）的十一個月的男孩。實驗者讓小男孩玩白鼠，起初他一點也不害怕。後來，實驗者就在小孩玩白鼠的同時，敲打鋼棒，發出猛烈的響聲。幾次以後，艾伯特只要一看到白鼠，即使沒有響聲伴隨，也表現出極度的害怕，不僅是害怕白鼠，還害怕與白鼠類似的物體，如狗、白兔、皮外套、棉花、羊毛等，甚至連聖誕老人的面具也害怕。一個月以後又對他重新測定一下，發現他的害怕程度雖有所下降，但這種條件性的害怕依然存在。由於這個實驗會給兒童的心靈帶來傷害，而受到人們的指責，但它也揭示了怕的習得過程。兒童的害怕不僅可以通過條件反射的建立而獲得，還可以通過新的條件反射的建立來加以克服（見本章第三節）。

據心理學家對老式孤兒院的研究發現，這些孤兒院孤兒的微笑發

展比一般家庭撫養的嬰兒慢，長大後對周圍的人，包括朝夕相處的保育員和同伴，在感情表達和豐富性上也成問題，有的十分冷漠，有的則是表現過於「熱烈」，渴求別人的注意。這種感情上的扭曲發展可能與早期撫養方式有關，因為孤兒原先由生物驅力表現的情緒（如飢餓時的哭喊、舒服時的微笑）得不到周圍人的社會性回饋，久而久之，他們的感情之源漸漸乾枯了。而在家由父母撫養的兒童的感情表達常常能得到父母的強化（如嬰兒笑，母親就對孩子說話、抱孩子，使孩子笑得更多），情緒發展更快。儘管每個出生正常的兒童都具備發展感情的先天基礎，但由於生活處境不同，情感表達的方式、情感的豐富性和發展速度也不同。

兒童對情緒的識別，大部分來自父母對情緒行為的標誌。如當兒童發怒時，父母會說：「怎麼啦，生氣了，別這樣。」看到兒童笑得很歡樂，父母又會問：「什麼事，讓你這麼高興？」這種情緒識別的能力隨著兒童閱讀能力和欣賞能力的提高而有所增強。他們通過小說主角和影視角色的內心展示，可以學到更多標誌複雜情緒的詞彙，同時也促進了識別別人情緒能力的發展，豐富了自己情緒表達的能力。

每個社會，每種文化，都有約定俗成的「情緒表達法則」。它規定一個人什麼時候該哭，什麼時候該笑，什麼場合想笑不能笑，什麼場合想哭不能哭，什麼時候要故意表達某種情緒，什麼時候故意掩飾一種情緒。這些法則往往是通過兒童對成人和其他人（包括影視角色）的觀察和模仿，通過自身生活體驗的累積獲得的。然而，這種能力的獲得，要以學會區分「情緒表達」和「情緒體驗」為前提。

觀察和模仿還有助於兒童學會如何處理緊張。心理治療家常利用這種方法來幫助兒童克服緊張。

二、知覺再認理論

　　知覺再認理論把兒童看作是一個信息加工的機體，並試圖用已形成的結構或工具來影響輸入的刺激。兒童在知覺外部事件時，在頭腦裡形成了一個心理映像，這個內部的心理映像稱為圖式（ schema ）。凱根（ Kagan, 1966 年 ）等人曾作了這樣一個研究：給四個月的嬰兒看一張規則的人臉照片或三維的人臉塑像，再給嬰兒看一張圖式化了的臉的變體或一個弄歪了的不規則的臉的變體。結果發現嬰兒對前者比對後者產生更多的微笑。實驗者還注意到，嬰兒從注視規則的臉到微笑的產生，中間約有三至五秒鐘的間隔。這就支持了這樣一個解釋，當嬰兒在注視一張規則的臉時，有一個潛伏期（ 刺激同化於原有圖式所需的時間 ），隨著對臉的知覺認識，微笑就被釋放出來了。在現實生活中確實可以看到這種情況，嬰兒不是見到刺激後就立即發出微笑，而往往是在「 研究 」了刺激之後才產生微笑。

　　希伯（ Hebb, D. O., 1946 ）對黑猩猩所作的經典實驗研究也能說明這個觀點。一組黑猩猩一直有正常的視覺刺激，包括能看見其他黑猩猩；另一組黑猩猩是在有障礙物、看不見其他黑猩猩的條件下撫養的。給兩組黑猩猩看一個石膏製的黑猩猩頭像，結果發現那些在正常視覺條件下養大的黑猩猩，一見到這個頭像就喚起了害怕與憤怒；而缺乏視覺經驗的黑猩猩或者沒有引起什麼反應，或者感到好奇，絕無害怕的表示。希伯認為，這兩組黑猩猩的不同反應是由於在正常視覺條件下撫養的黑猩猩形成了一個知覺模式，這個知覺模式包括黑猩猩的頭部、身體、四肢，可是眼前它們看到的模式雖然是十分熟悉的，卻是不完整的，與它們原有的經驗不相符，於是喚起了害怕。另一組黑猩猩因為從來沒有見過黑猩猩的模樣，也未形成過有關黑猩猩的知覺模式，沒有比較，也就無所謂害怕了。

人類嬰兒似乎也有類似的現象。嬰兒見到自己熟悉的人就感到很愉快，而見到陌生人就感到害怕，甚至哭了起來。按照知覺再認者的觀點來解釋，那是因為陌生人與他們熟悉的人相比，又相似，又不相似，所以引起焦慮。總之，無論是害怕還是微笑，與兒童同化刺激物的知覺再認能力有關。

三、社會認知理論

社會認知是指對人類和人類事物的知覺、思維和推理。社會認知理論研究的重點是兒童對社會世界、對自己和別人、對社會關係的認識和理解。兒童的社會認知能力會影響兒童的情緒。隨著兒童學會採取別人觀點，感受到別人情緒的移情作用漸趨成熟，引出兒童情緒反應的刺激性質也起了變化。前面提到學齡前兒童與小學生觀看一個兒童被一群黃蜂攻擊的不同情緒反應，就是很好的例子。

同時，隨著兒童採擇別人觀點能力的提高，兒童學會了對別人行為的正確分析和歸因，能更好地控制和表達自己的情緒與行為。如兒童甲剛搭好的積木塔被兒童乙推倒了。如果兒童甲認為這是兒童乙故意破壞，就會發怒，但是若認為是無意中碰翻的，就不會發火。兒童早在五歲時就表現出歸因對情緒的影響。到了學齡期，為了減少別人的不滿或痛苦，他們還會編造行為發生的原因。

第三節　兒童的害怕和一些情緒障礙

一、害怕的發展

　　隨著年齡的增長，兒童害怕的情緒也在變化，有些過去不害怕的人或物或事件，漸漸變成兒童害怕的對象，而過去曾經害怕的人或物或事件反倒變得不那麼害怕了。

1.怯　生

⑴什麼是怯生？

　　兒童對不熟悉的人所表現的害怕反應通常稱為怯生。過去有一段時期，人們認為怯生是一種不可避免的、普遍存在的現象。但許多研究表明怯生與依戀不同，它既不是不可避免的，也不是普遍存在的。對陌生人的害怕取決於諸多因素，包括陌生人的行為特點、兒童所在的環境、兒童發展的狀況等等。

　　怯生不是突然發生的，它與微笑一樣有一個逐漸顯露的過程。出生頭幾週的害怕主要依賴內部生物學因素，以後轉向外部事物。一般地說，害怕的發展要比積極情緒的發展遲一些。埃姆迪（Emde, R., 1976）和他的同事追蹤了嬰兒頭一年社會性害怕的發展。（參見圖8-4）

　　四個月的嬰兒對陌生人也笑，只是比對母親笑得要少，不過並不害怕陌生人。他們對新奇的對象包括陌生人顯示了極大的興趣。四、

五個月的嬰兒注視陌生人的時間要多於注視熟悉人的時間。嬰兒有一個來回注視比較陌生人的臉和熟悉者的臉的比較期。約到五至七個月時，嬰兒見到陌生人往往會出現一種嚴肅的表情，七至九個月見到陌生人就感到苦惱了。圖8-4不僅顯示了嬰兒怯生這種社會性害怕的發展過程，也可以看出嬰兒起初看見陌生人時並無強烈的情緒反應，或突然出現嚴肅的表情。

　　出生後五至九個月，嬰兒不僅害怕陌生人，還害怕許多東西。如在深度知覺測驗中，九個月的嬰兒與五個月的嬰兒相比更害怕「視覺懸崖」。令人感到有趣的是五至九個月嬰兒對「視覺懸崖」反應的心率模式的轉換跟對陌生人反應的心率模式轉換十分類似。五個月的嬰兒對「視覺懸崖」或對陌生人所作的反應顯示為心率降低，表明他們正在密切地注視著客體。九個月的嬰兒則相反，出現了心率加速的模式，表明他們想避開客體。這些發現說明，中樞神經系統組織的變化以及有關認知和知覺過程的轉換，可能是這個時期發生害怕反應的基礎。

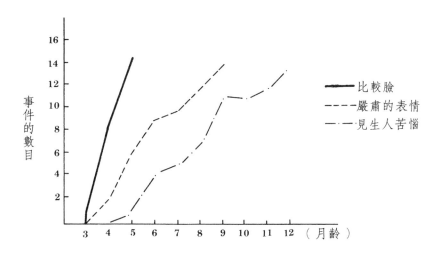

圖8-4　社會性害怕的發生

(2)影響怯生的因素

嬰兒並非見到陌生人就一定會害怕，而產生怯生受許多因素影響。例如：

①父母是否在場。如果嬰兒坐在母親膝蓋上，或由母親抱著，那麼陌生人進來幾乎不產生什麼影響；如果母親與嬰兒有一定距離，就更可能產生害怕。

②環境的熟悉性。據一些心理學家（Sroufe, Waters & Matas, 1974）報告，十個月的嬰兒若在家裡被測定對陌生人害怕的反應，幾乎很少出現怯生；若在不熟悉的實驗室進行就有近50％的兒童怯生；如果給嬰兒一段熟悉環境的時間，那麼害怕的人數則相應減少。

③陌生人的特點。嬰兒並不是對所有的陌生人都感到害怕。M.劉易士和J.布魯克斯（1974）為了了解嬰兒害怕什麼樣的陌生人，曾設計了這樣一個實驗：被試者是七至十九個月的嬰幼兒，觀察他們對陌生的成年男子、成年女子、陌生兒童（四歲的女孩）和兒童的母親的反應，還觀察兒童對自己（在鏡子裡的映像）的反應。嬰兒的反應在與陌生人相距四種距離加以測定；十五步遠、八步遠、三步遠以及直接接觸。按照五級量表評定反應：3分表示中性；1分表示最消極的反應；5分表示最積極的反應。臉部表情量表從張嘴笑到嘴唇皺成像哭一樣的變化。動作量表是兒童從走到陌生人那裡──徘徊──到母親那裡的變化。實驗顯示陌生人在場不一定引出嬰幼兒的怕，這要看兒童與陌生人的距離。距離越近，消極情緒越大。反過來，兒童與自己的母親或自己的映像越是接近，積極情緒越大。最為有趣的是嬰兒對陌生兒童的反應與對陌生成人的反應完全不同，他們對陌生兒童顯示了積極的、溫和的反應。這表明嬰兒並不是對所有的陌生人都害怕，而只是對陌生的成人感到害怕。那麼，是成人的什麼特點會引起嬰幼兒的害怕呢？是成人的高度？還是臉部特徵呢？劉易士和布魯克斯（1979）又作了如下一個實驗：讓七至二十四個月的嬰幼兒與陌生成人、侏儒、兒童在一起，發現嬰兒對陌生成人、侏儒的害怕多於

對陌生兒童的害怕。於是實驗者認為，單憑高矮大小不能作為害怕陌生人的線索，臉部特徵倒是重要的線索。

④**撫養者人數的多少**。嬰兒熟悉成人的多少會影響其怯生程度。如果一個嬰兒由少數幾個成人撫養，他所產生的怯生程度可能比由許多成人撫養的嬰兒來得高。一般說來，在托兒所撫養的嬰兒與在家裡撫養的嬰兒相比，前者怯生的少些。

⑤**嬰兒與母親的親密程度**。嬰兒與照顧者（主要是母親）的關係越密切，見到陌生人就越易產生害怕。

⑥**嬰兒接受的刺激**。有人曾經對五十四名初做母親的人和他們的嬰兒進行觀察，目的是了解嬰兒在一個月和三個月時，母親為其提供的刺激程度與嬰兒在八至九個半月時怯生程度的關係。觀察結果顯示兩者成反比。嬰兒獲得的聽覺刺激和視覺刺激越多，怯生程度越小，因為這樣的兒童已習慣於接受各種新奇的刺激，可能有一個較好的「心向」，能對付並同化「陌生」的事物。因此，無論是陌生人還是陌生的事物，對他們來說，並不算是太新奇，因而也不易引起害怕。

2. 兒童害怕的年齡特點

兒童除了在幼兒時害怕陌生人以外，還怕其他一些客體和情境。兒童害怕的對象是否隨兒童年齡的變化而變化呢？杰賽爾和霍爾（Jersild, A & Holmes, F. B., 1935）有一個關於這方面內容的經典調查。他們通過訪問母親、孩子本人以及在實驗情境裡喚起孩子害怕的刺激反應等方式蒐集了兒童害怕的材料（參見圖8-5）。研究者發現，兒童從二到五歲，對噪音、陌生的物體或陌生人、痛、墜落、突然失去身體平衡以及突然的移動等刺激的害怕降低了、減少了；與此同時，對想像中的生物、黑暗、動物、嘲笑、有傷害性的威脅，如過馬路、落水、火以及其他有潛在危險情境的害怕增加了。後一種害怕是隨兒童認識能力的發展而發展起來的，兒童漸漸可以預見潛在的害怕。

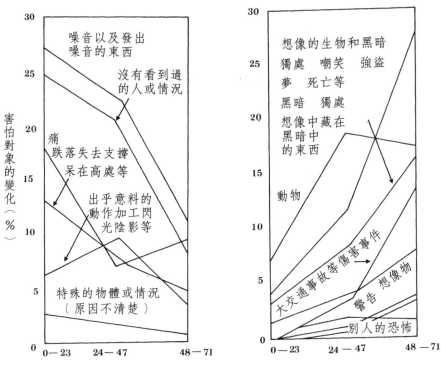

圖 8-5　害怕對象的年齡變化

　　一九六九年，巴尼特（Barnett, J. T.）繼續對兒童害怕的發展作了研究，被試者是二百二十八個七至十二歲的小女孩。她發現，從總體上來看，不同年齡兒童的害怕沒有什麼差別。但是，就幾種專門的害怕對象來看，有一個年齡變化的特點。從圖 8-6 中可以看到，想像中的生物和個人安全感的害怕有隨年齡下降的趨勢。這可能是因為隨年齡的增長，兒童對支配物質世界的規則或知識也懂多了。但同時，隨著年齡的增長，與學校和社會有關係的一類害怕明顯地增長了。現代兒童由於身體發育加速，性成熟提前，學習任務繁重，社會性害怕和焦慮也有明顯增長，如學校恐懼症、考試焦慮、青少年自殺等發生率都比以前高。

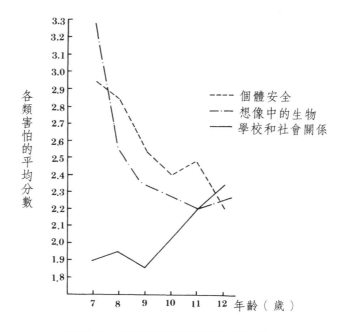

圖 8-6　兒童隨年齡而變化的害怕

二、克服害怕的幾種方法

　　一個人在生活中對某些東西感到害怕是正常的、必要的，如看見老虎或蛇，就要設法躲避它們或殺死它們。但是，有些害怕是完全不必要的，甚至有損於身心健康，如不敢在黑屋子裡睡覺，或不敢進黑屋子取東西。兒童害怕不該害怕的對象或事情，就可能影響個性的正常發展，至少表明兒童的軟弱、膽怯。

　　一些學習理論學者認為，既然許多害怕是通過後天學習獲得的，那麼害怕也可以通過後天的重新學習而被克服。他們提出了幾種克服害怕的方法。

1. 對抗性條件作用（counter conditioning）

所謂對抗性條件作用，是把一些能喚起害怕情緒反應的刺激與愉快的活動同時並存，最後以愉快活動所產生的積極的情緒克服由害怕刺激引起的消極反應。舉一個經典的實驗為例：瓊斯（M. C. Jones, 1924）的被試者是個三十四個月的男孩彼得，他害怕皮外衣、怕羽毛、怕棉花、怕羊毛、怕動物，尤其怕兔子，凡是帶毛的東西他都害怕。為了使他克服對兔子的害怕情緒，實驗者採用食物作為愉快的刺激。每當小彼得吃飯時，實驗者就把關著小白兔的籠子放到房間裡來。最初怕兔子的出現會干擾彼得吃飯，所以籠子儘量放得離桌子遠一點，以後一天天地把籠子向桌子移近，最後可以把小白兔放出來。到治療末期，小彼得一點也不怕兔子了，連兔子跑到飯桌上來也不害怕。按照瓊斯的說法，這是因為吃飯是一項十分令人愉快的活動，若與兔子經常結合在一起，與吃相聯繫的積極的情緒就會延及到兔子身上，從而對抗了彼得對兔子的害怕。以後的測驗還表明，這種積極的情緒還會擴展到先前害怕的皮毛之類的東西。小彼得害怕皮毛的行為問題，就通過這種對抗性條件作用被克服了。

但是，這樣一種方法也可能有潛在的危險，情緒上的擴散也可能以相反的方向逆行，即兒童不是把愉快的情緒延及到兔子之類的引起害怕的對象上，反而是讓害怕的情緒延及到吃飯、吃冰淇淋等愉快的活動上。因此，有些心理學家主張，為了可靠起見，與其採用對抗性條件作用的方式，不如讓兒童簡單地去適應害怕的對象較好。如把籠子放在兒童經常作遊戲的房間角落裡，讓兒童自己慢慢地習慣走近籠子，甚至去探究籠子裡的小動物。

2. 系統脫敏法（desensitization）

系統脫敏法是指在身體放鬆的情況下，安排患者逐漸地接近所害怕的對象，或逐漸提高患者害怕的刺激物強度，讓患者逐漸減輕懼怕

對象的敏感性。這個技術的基本前提是害怕的心理狀態不能與不緊張的身體狀態（如肌肉放鬆）同時並存，而且認為這種不緊張的身體狀態能夠阻止與害怕相聯繫的反應。根據這個原理，治療者先要訓練兒童學會放鬆身體的技術，同時將害怕刺激根據害怕的強度分成幾個層次，然後用圖片、幻燈片或言語指示向兒童呈現害怕的對象或事件，並要求兒童想像害怕的對象或事件。每次想像害怕的對象時，就要求兒童放鬆肌肉。當害怕刺激呈現後被試者不再感到害怕時，就說明被試者對這級刺激的害怕消除了。於是，再逐級上升害怕刺激，直到過去最使兒童害怕的刺激呈現也變為中性化為止。

3. 模特示範塑造法

　　模特示範或榜樣不僅能使兒童獲得良好的行為習慣、高尚的思想品質，還能幫助兒童克服害怕的情緒。

　　社會學習理論家班圖拉（A. Bandura, 1967）等人用實驗證實了模特示範可以幫助兒童克服害怕的觀點。實驗者把托兒所裡害怕狗的兒童分別分到四個條件不同的小組，第一組兒童在一起參加一個愉快的聚會（積極的情境）時，可以看到一個四歲兒童與狗親密地在一起玩（示範者）；第二組兒童同樣地也看到兒童與狗一起玩的情境，只是他們沒有參加聚會（中性情境）；第三組兒童雖然參加了愉快的聚會，也看到有條狗，但沒有示範者；第四組兒童只參加了聚會，既沒有見到狗，也沒有見到示範者。實驗者在實驗前先對各組兒童害怕狗的情況作一次摸底測驗，訓練後一天及訓練後一個月又作了一次測驗。測驗由一個個與狗相互作用的等級組成，如接近狗，撫摸狗，最後能關上房門單獨與狗一起玩等。四組的兒童在實驗不同階段害怕狗的成績可參見圖 8-7。

　　從圖 8-7 中可以看出：(1)有模特示範的兩組兒童害怕狗的測驗成績比另外兩組沒有模特示範的兒童進步明顯。前兩組兒童中已有許多兒童達到了可與狗在一起玩的水平；(2)根據一個月後的跟蹤測驗表

明，有模特示範的兩組兒童不害怕狗的影響比較持久。此外，在實驗中還看到這種進步表現在兒童對不熟悉的狗也不害怕，說明已有了反應的概括化。這個實驗令人信服地證實了，向兒童顯示同伴能成功地對付自己所害怕的對象，可以有效地幫助兒童廣泛而持久地減少害怕的程度。

目前，這種利用模特示範塑造法幫助兒童克服害怕的技術已運用到某些會給兒童帶來害怕的領域中。如放映不怕牙醫治療的兒童影片，幫助兒童克服對牙醫的恐懼。

4. 認知療法

我們的行為和情緒都有一定的思想作指導，要改變不合理的行為和情緒，首先要找出不合理的思想基礎。通過認識和改變不適當的思想來達到改變行為和情緒的目的，是認知療法的基本觀點。兒童有些害怕也與不正確的認知有關。例如，有個兒童害怕老師、害怕同學、害怕學校，社會行為退縮。問他為什麼害怕，他說：「我成績不好，

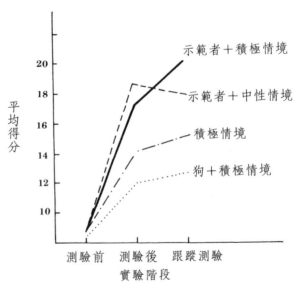

圖 8-7　不同測驗階段不同組的平均分數

別人都不喜歡我。」治療者就要設法幫助兒童認識這種錯誤的想法，並學會自我監察害怕行為的發生，教會兒童用新的認知去塑造新行為。這裡的關鍵是幫助兒童根據事實去分析他的想法與現實的差異。

此外，還可以為孩子說明令孩子害怕的事情發生的情由，為兒童提供一些克服害怕的具體手段等方法。

三、害怕的預防

兒童的許多害怕與父母不合適的教育方法有關，尤其是父母過度保護和過度限制兒童的行動，使兒童對原來並不害怕的對象和活動產生莫明的害怕。如兒童在爬高、玩水、玩狗時，成人突然神經質地大聲嚇唬和尖叫起來（其實成人自己感到害怕）。這種由尖叫引起的無條件恐懼與高、水、狗等條件刺激相結合，兒童就可能形成怕高、怕水、怕動物。時間久了，兒童自己也不清楚為何怕這些本不該怕的東西。兒童害怕考試也與父母的期望過高，過分關注兒童的學習成績，對孩子壓力太大有關。兒童由害怕父母懲罰、失望轉移到害怕考試。

四、兒童期的一些情緒障礙

兒童的許多行為和心理問題可以分成兩個範疇：一個是內化綜合症，如過度沮喪、焦慮、痛苦、社會退縮、自我貶低；一個是外在化綜合症，包括過度活動、自我控制差、攻擊性強、犯罪等。這裡僅就內化綜合症問題來談論。

1. 沮 喪

沮喪的兒童看上去很傷心，他們自己也說很傷心，容易哭，感到

孤獨和悲觀。這些現象有時可以用認知理論和社會學習過程加以解釋。也有些人認為這些兒童無法控制他們周圍的世界，尤其是一些消極的、不利的事情。這些兒童看來有一種無助感，與家庭的破裂、困惑、找不到自己在團體中的位置有關。

2. 社會退縮

社會退縮的兒童不敢與其他兒童交往，感到害羞或害怕。這可能與兒童缺乏社會認知能力有關，如不了解別人的意圖，不知如何與人交往。相關研究指出，將孩子置於小小組裡，或參加有組織的活動，同伴會幫助他們提高相互作用的水平。有時候同伴的鼓勵和強化優於成人的指導。

3. 焦慮反應

有嚴重焦慮反應的青少年會突然感到害怕，彷彿有什麼不幸的事情即將發生。他們會變得心神不定、煩躁不安，容易受驚，還會體驗到一些諸如頭昏眼花、頭痛、噁心或嘔吐等症狀，注意廣度受到限制，還可能出現精神錯亂。這些兒童的睡眠往往有障礙，很難入睡，常在床上翻來覆去，還伴有惡夢或夜遊。如果此種焦慮反應沒有什麼明顯的外部原因，那就可能是為一種神秘的原因所困惑，或者是歸之於外部瑣碎的、偶然的事情。實際上青少年的焦慮有一些廣泛的和基本的因素，只是他們並未意識到。如親子關係失調，思慮成長的要求，對性衝動或侵犯性衝動感到害怕或內疚。

治療性干預須在變為慢性焦慮（如心理退縮、學業受損，不斷出現疼痛、腹瀉、呼吸短促、疲勞等症狀）之前，在個體對焦慮的反應變成一種生活方式之前就加以處理。

4. 青少年抑鬱症

青少年抑鬱有兩種表現形式：第一種是缺乏感情，有一種空虛

感，彷彿是遺棄了兒童期的自我，卻未能以發展著的成人自我取代它。此種空虛釀成高度的焦慮和抑鬱，而處於類似悲傷的狀態。在這種狀態下，將失去的愛戀對象體驗為是自我的一部分。此種抑鬱形式並不持久，容易解決；第二種是以長期、反覆體驗挫折為基礎的抑鬱，很難消除。青少年試圖通過努力解決一些實際問題，達到對個人有意義的目標，但沒有成功。也許是別人不理解，也許是本身做得並不合適，使目標無法達到。由於連續地未能取得成功，處於抑鬱狀態下的青少年很可能尋求自殺。

第四節　兒童高級情感的發展

在與社會需要相聯繫而產生的一些情感中，有一些是高級情感，它們是道德感、理智感和美感。這些高級情感的形成和發展對兒童個性的形成與發展有重要的意義。

一、道德感的發展

道德感是關於人的言論、行動、思想或意圖，是否符合人的道德需要而產生的情感。

道德情感從形式上來分，大致有以下三種：

1. 直覺的情感體驗

它是由於對某種情境的感知而引起的，其產生往往極其迅速、突然。例如，人由於突然的不安之感而制止了不道德的要求，由於突如其來的自尊心而激起了大膽果斷的行為。這種道德體驗表面上看來似

乎是無源之水，實際上是個體長期穩定的道德認識、道德行為在特殊情境下的集中反映，對指導個體在緊急情況下迅速作出正常的行為定向有重要的作用。

2. 與具體的道德形象相聯繫的情感體驗

當兒童聽了一段報告、看了一本小說，或看了一部電影或電視後，一些栩栩如生的人物形象和他們的高尚的情操和思想往往會激起兒童情感上強烈的共鳴，有的形象則叫人永世難忘，只要一想到如此的形象，兒童就會按照他們身上的某一種特質或行為來要求自己、激勵自己。

3. 意識到道德理論的情感體驗

這是一種自覺的、有意識的、概括性的道德情感，如愛學校、愛團體、愛家鄉、愛國家、愛人民、愛科學等。年幼的兒童由於對道德倫理的認識極為簡單，因而與之相聯繫的道德倫理情感體驗也是十分粗淺的，直到青年期這種情感才開始占重要地位。

兒童在家庭、學校、社會的教育下，漸漸地掌握了一定的社會規範、道德標準，並把遵守社會規範、道德標準轉化為自己的需要。當兒童自己或別人的行為、言論、思想符合他所掌握的社會標準時，兒童就會產生高興、滿足、自豪的體驗；當兒童自己或別人的行為、言論、思想不符合他所掌握的社會標準時，就會產生懊喪、羞恥、憤怒等體驗。此種與一定的社會道德標準或社會評價相聯繫而產生的體驗，就是道德感。

一歲的嬰兒已經產生了一種對人的最簡單的同情感。嬰兒看到別的孩子哭，他也會跟著哭；看到別的孩子笑，他也會跟著笑。心理學上將它稱為「情感共鳴」，這是高級情感產生的基礎。

兩、三歲的兒童已產生了簡單的道德感。兒童在做這件事或那件事時，總伴隨著成人這樣、那樣的評價以及肯定的或否定的情緒表

現。兒童看見別的孩子家有新玩具，他想奪過來自己玩，成人會生氣地馬上制止他這個行動，並告訴他：「好孩子不拿別人的東西。」兒童把自己喜歡吃的東西先給奶奶吃或別的小朋友吃，成人就會笑嘻嘻地稱讚他、表揚他：「真乖，像個好孩子。」在成人的教育下，兩、三歲的兒童已出現了最初的愛與憎。他們看到童書上的大灰狼會用拳去打它，用手指去戳破它；看到小朋友跌倒了會叫老師來扶他。他們願意把玩具讓給別的小朋友玩，將食物分給成人和別的小朋友吃。這時的兒童雖然還不了解為什麼這件事不能做、那件事應該做，但是成人的評價與情緒表現已使他產生了相應的情感。成人責備他，他就變得不高興；成人表揚他，他就變得高興。這時的道德情緒表現完全取決於成人的表情、動作和聲調。當然，這時兒童產生的道德情緒表現是極為膚淺的，因為他們的這些行動或者是出於純粹的模仿，或者是受成人指使。他所產生的情緒表現也是因成人的態度而轉移，成人為他的行動表示高興，他也就表示高興；成人為他的行動表示憤怒，他也就不高興。而且這種高興或不高興，在兒童那裡的表現十分短暫。有時也很不明顯。只有當兒童本身對自己的行動意義有了一定的理解表示，或養成了一定的習慣以後才會有自覺的、主動的體驗。因此，先幼兒期的兒童只能說道德感開始萌芽。

幼兒在幼兒園的集體生活中，隨著各種行為規則的掌握，道德感有了進一步的發展。幼兒園小班的兒童，由於剛入學，對一些必須遵守的行為規則還不了解、不熟悉，他們的道德感往往仍是由教師對行為的直接評價所引起。到了中班，他們漸漸地在形象水平上懂得了一些道理，開始將自己的或別人的言行與一定的規則和作為規則體現的榜樣相比較，產生相應的道德體驗。如此時的兒童很喜歡「告狀」：「老師，××打人」；「老師，××不肯把熊貓給我們玩，他一個人玩」；……此種告狀，實際上反映了幼兒正在把別的兒童的行為與老師經常教導他們的行為準則作比較，並且已主動地產生了某種道德體驗。列昂節夫曾在一次實驗中將一顆糖分給沒有完成任務的幼兒以示

鼓勵。可是，這顆糖並未能安慰幼兒，他為自己沒有完成任務而感到傷心，彷彿這是顆「苦糖」。五、六歲的幼兒不僅開始能將行為與道德規則相比較，而且已經開始能夠體驗到經比較而產生的相應的情緒狀態，以後這種狀態可以成為兒童行為的動機。

小學生的道德感從內容上而言已大大超過幼兒。他們已經有了集體感、榮譽感、自尊感、責任感、愛國主義感。他們已能區別一些真與假、美與醜、善與惡。不過此種區分還十分粗淺，相當絕對，不是好便是壞，不是正確便是錯誤。他們的道德感在很大程度上仍然帶有直接的、經驗的性質。

小學生的道德感從形式上來說還屬於與具體的道德形象相聯繫的情緒體驗。正面的道德形象最能引起小學生的情緒共鳴，激發起他們向榜樣學習的熱情。小學生常將自己的行動與榜樣作比較，當自己的行動與他所熱愛的榜樣相一致時，他們就感到十分高興。當自己的行動與他們所喜愛的榜樣不一致時，就會難過。這裡的一致主要是具體行動上的一致，還不是思想高度上的一致。

總而言之，兒童的道德感從體驗的內容或範圍來看是越來越豐富；從產生道德感的形式或條件來看，是從由成人對兒童行為的直接評價與成人的情緒表現所引起——以具體的道德形象為榜樣，與榜樣的具體行動相比較而引起——自覺地以道德理論、道德標準為指導而產生。或者說，兒童的道德感是從外部的、被動的、未被意識到的情緒表現逐漸轉化為內部的、主動的、自覺意識到的道德體驗。

根據兒童道德感的發展過程，我們在培養兒童的道德感時須注意以下幾點：(1)為兒童樹立切實可學、生動形象的榜樣；(2)在進行道德教育時須「曉之以理，動之以情」，不斷激發學生的情緒共鳴，使他們從小能對符合社會道德的行為產生愉快、自豪、羨慕、嚮往的情緒體驗，對違反社會道德的行為表示厭惡、蔑視、羞恥。要形成一種正確的集體輿論，及時表揚好人好事、批評不良行為，使正確的道德行為得到道德上滿足的情感，不良的行為產生否定的體驗；(3)隨著兒童

認識的發展，闡明道德理論、道德標準，使道德體驗不斷概括化、深化。

二、理智感的發展

理智感是在認識客觀事物的過程中所產生的情感體驗。它是與人的求知慾、認識興趣、解決問題的需要等滿足與否相聯繫的。

人在認識世界和改造世界的過程中，總渴望探求新的事物，企求有新的發現、新的創造。若在認識過程中遇到矛盾或挫折就會產生驚訝或疑惑，在作出判斷而又感論據不足時會感到不安，一旦有所發現或有所進展就會欣喜、快樂。這些與認識需要滿足與否相聯繫而產生的體驗就是理智感。

布魯納認為人類生來就有一種好奇的內驅力。巴夫洛夫認為，兒童生來就有一種不學而能的探究力：「這是什麼反射」。兒童一出世就積極地向周圍世界探索，他們用手能摸衣被，用眼追尋視野中的物體；哭叫著的嬰兒聽到音樂或別的聲音會自然止住哭，看到熟悉的人和不熟悉的人就會用眼睛加以辨別；三、四個月的嬰兒放在「視覺懸崖」一邊，心率就會降低；七、八個月的嬰兒看見彩色的玩具就要設法用手去抓；剛學會走路的嬰兒，總想掙脫母親自己走路；嬰兒手裡拿到東西就喜歡東敲西敲發出聲音等等。這些都是嬰兒與認識事物相聯繫的情緒反應——好奇感。

隨著兒童年齡的增長，活動能力的提高，認識活動的擴大，兒童會越來越多地感受到認識的喜悅。三、四歲的幼兒當他在成人的指導下用積木搭出一個小房子時，會高興得拍起手來；五、六歲的幼兒會長時間地迷戀於一些創造性的活動，如用積木搭出宇宙飛船、航空母艦，用泥沙堆成高山、挖出地道。這些認識活動不僅使兒童產生由活動成果帶來的積極情感，如愉快、自豪、獨立感，而且這種認識性情

感又成為促使兒童進一步去完成新的、更為複雜的認識活動的強化
物。

　　幼兒的理智感有一種特殊的表現形式,即好奇好問。幼兒特別喜
歡問成人:「這是什麼?」因此有的心理學家將幼兒期稱作疑問期。
據皮亞傑對學齡前兒童言語的分析,其中有15%是屬於提問性質的
(1955),在新奇的或不適應的情況下,為了補足知識上的缺陷,問
題所占的比例就更大。此種認識事物的強烈興趣,不僅使幼兒能獲得
更多的知識,而且也進一步推動了理智感的發展。

　　幼兒求知慾的另一種表現形式是與動作相聯繫的「破壞」行為。
嶄新的玩具剛帶回家,有時一轉眼的功夫,就被兒童拆得四分五裂,
一些家長常常為此感到惱怒。有位母親告訴陶行知先生,他的兒子把
她新買來的一塊金錶當作玩具拆壞了。她一氣之下,把兒子痛打一
頓。陶先生幽默地說:「恐怕一位中國的愛迪生被你耽誤掉了。」❶

　　日常生活中許多在成人看來是十分平凡的事情和東西,在兒童看
來卻感到新奇,所以他們要問,要動手拆,這完全是一種正常的現
象。作為家長和教師必須珍惜兒童的此種探究熱情,並創造條件解放
兒童的雙手,讓他們從小就有動手的機會。

　　幼兒被好奇感所驅使,對周圍的一切事物都感興趣,但是他們自
己的思索並不多,常常輕信成人的回答,提出的問題也都是些極為表
面的現象。進入學校後,由於知識面擴大、學習責任感的產生,他們
的理智感也相應地變化。兒童從遊戲活動和對事物的表面興趣轉入到
從積極的思維活動中尋找樂趣,如解決了一道難題就會十分高興,解
決不了時就十分著急。高年級小學生已不喜歡解太容易的或「炒冷
飯」的題目,喜歡有一定難度的、須動腦筋的題目。由於小學生的抽
象思維尚未發展,所以他們的理智感較多地與具體直觀的事物相聯
繫,產生了認識事實、認識具體事件的興趣(斯米爾諾夫)。

- - - - - - - - - -

❶《文匯報》,一九八四年四月二十日。

　　小學生對不同學科已產生不同的興趣，但此種分化尚不明顯，也極不穩定。老師對學生的態度、學生對這門課掌握得好壞，都直接影響兒童對課程的興趣與愛好。

　　青少年隨著學習內容向縱深發展，以及對自己能力的意識、對學科的興趣越來越分化、穩定。青年學生對學科的興趣已與以後的職業選擇、志向確定聯繫起來。他們的理智感中最突出的特點是產生了那些跟穩定的、深刻的認識興趣相聯繫的情緒體驗，與探求這樣或那樣的論點的論證或根據有關的情緒體驗，以及與智力活動的一般發展有關的情緒體驗。

　　培養兒童的理智感應當注意以下兩點：(1)鼓勵兒童多提問、多思索、多探究，並創造條件讓兒童有機會去探索、去創造；(2)兒童在遊戲和學業上取得了成功要及時給予表揚，儘量避免讓兒童體驗過多、過強的失敗情緒，任務與要求要切合兒童的實際狀況，要善於發現兒童認識活動中的優勢領域和興趣。成功和興趣是推動年幼兒童理智感發展的重要保證。

三、美感的發展

　　美感是人們對審美對象進行審美後所得到的一種愉悅的體驗。大自然的景色，繪畫作品中的山水花鳥，優美的音樂旋律，電影、小說中的藝術形象，以及現實生活中具有美好心靈的人，都能撥動人的心弦，使人產生種種美的感受。

　　美感與兒童知覺、思維的發展有密切的聯繫。二至三歲兒童還不會分辨藝術作品中的形象與真實的對象，往往把二者視為同一。學齡前兒童開始能把二者區分開來，以後還會把它們加以比較，作出評價。

　　幼兒的美感與道德感常常聯繫在一起，並以道德感代替美感，凡

是與他的道德感相一致的藝術作品或藝術表演，不管藝術水平如何，總是美的、喜歡的；凡是與他的道德感相衝突的藝術作品或藝術表演，總是醜的、不喜歡的。

幼兒對色彩鮮豔的藝術作品或東西容易產生美感。在教育的影響下，幼兒中期能夠從音樂、繪畫等藝術作品中，從自己從事的美術活動、歌舞、朗誦等藝術表演中產生美感，並且能體驗到天然景色的美。幼兒晚期對美的標準的理解和美的體驗有了進一步的發展，如不滿足於顏色鮮豔，還要求顏色搭配協調。

學齡初期兒童對事物的美的評價有兩個特點：一是仍受事物外部特徵所吸引，如色彩鮮豔、新奇性；二是真實感。凡是與實物十分相像的作品形象就是好的，不相像的就不是好的。他們對美的體驗僅與事物的具體形象相聯繫，還不會欣賞抽象的、概括化的藝術作品。

經過學校專門的藝術教育（音樂課、美術課、各種形式的文藝活動），青少年的美感得到很大發展。他們不僅形成了與理解並評價藝術作品所描繪的現實有關的情緒體驗，還產生了與理解並評價藝術作品中所運用的藝術手段的技術水平和它的表現力等有關的情緒體驗。青年已具有敏銳的審美力。

美感在兒童的發展中有著重大作用。如果讓兒童能看到、聽到、理解到許多美好的事物，且去創造美好的事物，就會使兒童的精神生活變得更加豐富多彩，體驗到許多高尚的情趣。一個人如何理解、感受、體驗藝術作品和現實生活中的美與醜、高尚與卑劣、善與惡，在很大程度上決定一個人的社會品行、思想境界，因此必須從小開始對兒童進行美感教育。

兒童的美感教育有多種途徑，主要應通過音樂、體育、美術和語文等涉及藝術的學科進行，還可通過課外活動進行，如組織各種文藝活動小組，如繪畫組、歌詠組、舞蹈隊、樂隊。此外，可利用假日、春遊秋遊，把兒童帶到大自然的懷抱裡，既可使他們享受到大自然的美，又能激發起熱愛國家、熱愛家鄉的感情。社會是個廣闊的天地，

也是進行美感教育的重要場所。如參觀展覽會、博物館、遊覽名勝古跡，利用社會上湧現出來的先進人物、先進事跡對兒童進行道德風尚美、心靈美的教育，是美感教育中經常持久的內容。

　　根據以上的介紹，可以看到兒童的情緒世界是一個豐富多彩的世界，從只會哭到笑到種種高級社會情感的產生，也經歷了很長的發展過程。兒童情緒的發展大致呈現這樣的趨勢：(1)從情緒表現的形式看，是從外顯→內隱，即從明顯的、外露的向不明顯的、內含的情緒表現發展；(2)從情緒控制的能力來看，是從衝動的→自制的，即從毫無控制地表現到有一定的能力控制情緒的表現；(3)從情緒引起的動因看，是從直接→間接、具體→抽象。最初是由具體的某個刺激直接作用於個體才能引起，以後可以由言語、表象、行為範例、社會評價及自我評價等因素引起；(4)從情緒表達的內容來看，是從生理需要→社會性需要。最初的情緒表示兒童生理需要是否獲得滿足，以後產生了與社會性需要是否獲得滿足的情緒，最後又產生了與社會評價相聯繫的情緒，情緒反映的社會性越來越強。

　　最後，值得指出的是，良好的情緒是個體心理健康的重要標誌，是個體適應現代複雜的人我關係的社會化水平的重要標誌。我們必須高度重視兒童情緒能力的培養。

　　良好的情緒至少具有以下幾個方面的特徵：(1)正向情緒或積極情緒占主導地位；(2)情緒體驗豐富多樣；(3)情緒穩定；(4)能控制情緒衝動；(5)以合適的方式表達情緒，悅納自己，悅納別人；(6)能及時地宣洩、轉移和擺脫不良情緒的困擾。

參考書目

一、中文部分

1.王耘等：《小學生心理學》第八章，浙江教育出版社，一九九三年版。

2.申繼亮等：《當代兒童青少年心理學的進展》，浙江教育出版社，一九九三年版。

3.段淑貞：《兒童的異常心理》第四章，科學普及出版社，一九八七年版。

4.高月梅、張泓：《幼兒心理學》第九章，浙江教育出版社，一九九三年版。

5.章新建等：《中小學美育淺談》，上海教育出版社，一九八二年版。

6.黃希庭：《普通心理學》第十一章，甘肅人民出版社，一九八二年版。

7.K·T·斯托曼著，孟昭蘭等譯：《情緒心理學》，遼寧人民出版社，一九八六年版。

8.張欣戊等：《發展心理學》，臺灣空中大學出版社，一九九五年版。

9.遼寧等四省小學教師進修中師教材編寫組：《兒童教育心理學》第三章，湖南教育出版社，一九八三年版。

10.黛安·E·帕普利等著：《兒童世界》第六章、第八章，人民教育出版社，一九八一年版。

11.關忠文：《青年心理學》第六章，黑龍江人民出版社，一九八二年版。

12.龐麗娟、李輝：《嬰兒心理學》，浙江教育出版社，一九九三年版。

二、英文部分

1. E. E. Maccoby: *Social Developmen*, Ch.2, 1980.

2. E. M. Hetherington 等：*Child Psychology*, Ch.5、7, 1979.

3. G. G. FEIN: *Child Development*, Ch.7, 1978.

4. H. Gardner: *Developmental Psychology – An Introduction*, Ch.1, 1978.

5. R. F. Biehler: *Child Development – An Introducation*, Ch.4, 1976.

6. T. FAW: *Child Psychology*, Ch.10, 1980.

第九章 兒童個性的發展

　　每個兒童的心理活動總表現爲一定的特點和一定的傾向性。這些經常表現出來的穩定的心理特點和心理傾向性的整合就是一個兒童總體的精神面貌，是一個兒童不同於任何一個兒童的獨特的個性表現。

　　個性或人格，是一個複雜的、多側面、多層次的動力結構。它包括了一個人的氣質、性格、體貌特徵、智力和創造性、與人交往和適應變化著的環境的能力、動機、志向、興趣、信念和人生觀。此外，個性還包括自我意識。

　　兒童的個性是逐步形成和發展起來的。兒童個性是怎樣形成的？爲什麼不同的兒童會形成不同的個性？家庭這個社會化動因又是如何影響兒童的個性的？作爲個性組成部分的自我意識是如何發展的？這些是本章主要討論的幾個問題。

第一節　兒童個性發展的理論

　　心理學家對兒童個性是怎樣形成和發展的問題存在不同的看法。分歧仍然在於如何估計生物學因素和社會因素在發展中的地位，以及兩者如何相互作用上。這裡介紹兩個對兒童發展有影響的個性理論。

一、弗洛伊德的心理性慾理論（the psychosexual theory）

　　弗洛伊德（Sigmund Freud, 1856～1939）是十九世紀末維也納的精神病學家和精神分析學派的創始人。在與精神病人的長期接觸和對他們的治療過程中，弗洛伊德發現有些精神病人的發病與其童年早期的經驗有關。因此，他十分重視早期經驗在人格形成中的作用，並詳細地描述了兒童人格形成的過程。

1. 人格結構的形成

　　弗洛伊德設想一個人的人格由三個方面組成，即本我（id）、自我（ego）和超我（superego）。我們可以將「本我」理解為人格的生物成分，將「自我」理解為人格的心理成分，而將「超我」理解為人格的社會成分。一個人的行動實際上是這三種成分互相作用的動力過程。

　　本我是弗洛伊德人格結構中最重要、最基本的部分。用弗洛伊德的話來說，本我彷彿像「一團混沌、一鍋沸騰的興奮物」，由先天的本能和基本的慾望所組成。這些本能和慾望不斷盲目地、強烈地衝動著，以求滿足機體的快樂。本我是無意識的、非道德的，代表著直接

追求和絕對滿足生物性本能的人格方面。

自我介於現實世界與本我之間。它的作用就是要滿足本我的本能需要，同時又要控制和壓抑本我的衝動，使它只能獲得為現實所許可的那種快樂，從而也保護了個體不致因本我的盲目衝動而遭受外界的損害。因而，自我是有意識的、理智的，它遵循「現實原則」行動。但是，自我不能脫離本我而獨立存在，自我消耗的能量都是由「本我」供給的。

弗洛伊德把「本我」和「自我」的關係比作是馬和騎士的關係。馬提供能量，而騎士則指導馬朝著它想去遊歷的路途前進。但是，有時候並不理想，騎士被迫要沿著馬想走的路行進。

超我是自我的一部分，與具有執行功能的自我本身相對，是一種監督的自我。超我代表著社會的倫理道德，代表著一個力求完善的維護者。它與自我不同，不僅力圖使本我的慾望延遲得到滿足，而且使它完全不能得到這種滿足。弗洛伊德的超我即通常所說的良心，它按「至善原則」行動，當自我控制不了本我，並向本我妥協而違背了良心時，自我就會產生一種內疚感、犯罪感來懲處自己。所以，超我又可以說是自我的一種機能，一種能夠置身於自身之外而來觀察自己、評判自己的機能。

人格的三種結構成分是逐步形成的。本我是人格的初始面，生來就有。個體為了滿足自己的需要並維持一種令其適宜的緊張水平，就必須和現實世界發生交互作用。為了促進這種交互作用，自我就從本我中發展出來，充當本我和現實世界的仲裁者。超我是從自我中產生，並從自我中分化出來的。它通過兒童的自居作用❶將父母對兒童的約束、禁律、習慣等內化而成。超我一旦形成，兒童就能自己控制

----

❶自居作用（identification）是弗洛伊德提出的一種心理機制假說，即認為兒童傾向於仿效父母，不僅仿效個別特性，而且以父母的完整形象為楷模。他認為兒童這樣做的動機在於怕失去父母的愛，或出於對父母的愛，或希望獲得某些非常值得嚮往的父母的特性，以便在將來能夠達到父母所期望的目標。

自己的行為，自己決定對行為的獎懲了。

2. 人格發展的階段

　　弗洛伊德是個本能決定論者，認為人格發展的基本動力是本能，尤其是性本能。弗洛伊德所指的「性」與一般人狹義理解的性有所不同。弗洛伊德的「性」除了與生殖活動有關之外，還包括吸吮、大小便、皮膚觸摸等凡是能直接或間接引起機體快感的一切活動。在他看來，個體的許多活動都是與性有關的。因此，人們把弗洛伊德看成是泛性論者。

　　性本能表現為「一種力量」，正是借助這個力量，性本能才得以完成其目的。這種力量，或者說一種能量、一種衝動，弗洛伊德把它稱之為「里必多」（libido）。里必多貯存在本我那裡。里必多要達到成熟，要真正行使生殖的職能要經過一系列的發展階段。每個發展階段以里必多集中投放的身體部位進行區分。這些為里必多集中投放的身體部位是機體獲得快感的重要區域，所以這種身體區域可以稱作「性感帶」（erogenous zone）。弗洛伊德按照里必多發展經過的「性感區」的不同，把里必多的發展劃分為五個階段，即口腔期、肛門期、性器期、潛伏期和生殖期。里必多在發展過程中會遇到兩種危機：固著（a fixation）和倒退（regression）。固著是一部分里必多停滯在較初期的發展階段上；倒退是里必多倒流到初期的發展階段。停滯固著的點越多，倒退的可能性也就越大。這猶如一支遠遷的民族，在遷移途中停止前進的人越多，就越容易為前進的勁敵所戰敗而退回。無論是固著還是倒退都是不正常現象。在弗洛伊德看來，一個人的個性或人格早在兒童早期，或者說在五歲前後就已形成了。早期里必多的發展變化決定了人格發展的特徵和心理生活的正常與否。

　　人格發展經過的五個性心理發展階段，見表9-1。

表 9-1　弗洛伊德的心理性慾發展階段

階　段	年齡範圍	性感帶	性的活動
口腔期	0～18 個月	嘴、唇、舌、牙齒	吸吮、吞嚥、咀嚼、咬
肛門期	8 個月～4 歲	肛門、屁股	排泄或潴留排泄物
＊性器期（奧狄帕斯情結）	3～7 歲	生殖器	手　淫
潛伏期	5～12 歲		
生殖期（奧狄帕斯情結）	12～20 歲	生殖器	手淫、性交、對其他人感情

＊ 按照弗洛伊德的說法，奧狄帕斯情結（此術語源自古希臘悲劇家索福
　勒斯所寫的悲劇 Oedipus Rex）出現在性器期，男孩產生了與母親亂
　倫的觀念，女孩產生了與父親亂倫的觀念。後來發覺這種願望犯了社
　會禁忌，而且是注定不能實現的，於是便把這些社會禁令內化──產
　生內疚的超我，以控制這類危險的衝動和幻想。此後，自我便能觀察
　自己，自己懲罰自己。（引自 Fong: *Child*, p.352）

(1)口腔期

　　這個時期嬰兒主要通過吸吮、咀嚼、吞嚥、咬等口腔的刺激活動
獲得性的滿足，口腔一帶是獲得快感的中心。如果在這個時期性的滿
足不適當（太多或太少）就會產生口部類型的人格。吸吮、哺食、哭
叫過多，就可能發展成一種依賴人或糾纏別人的人格。若口慾的滿足
太差，就可能形成一種緊張與不信任的人格。在弗洛伊德看來，成人
樂觀、開放、慷慨等積極的人格特點和悲觀、被動、退縮、猜忌等消
極的人格特點都可以從這個發展階段偶然產生的事件找到原因。

(2)肛門期

　　這個時期兒童肛門一帶成為快感的中心。兒童對肛門糞便的潴留

與排泄均能得到快感，但無論排泄或不排泄，兒童都可能與父母發生衝突。強烈的衝突可能導致所謂的肛門期人格。一種是肛門排泄的人格特徵，如表現為邋遢、浪費、無條理和放肆；另一種是肛門便泌型的人格特徵，如過分乾淨、過分地注意條理和小節，固執和小氣。因此，弗洛伊德特別要求父母注意，對兒童大小便的訓練不宜過早、過嚴。

(3)性器期

里必多這時集中投放到生殖器部分，性器官成了兒童獲得性滿足的主要來源，表現為這個時期的兒童喜歡撫摸生殖器和顯露生殖器，以及性慾幻想。男女兒童在行為上也開始有了性別之分。弗洛伊德斷定在這個階段的男女兒童分別出現了「戀母情結」和「戀父情結」。按照弗洛伊德的說法，這個時期的男孩十分愛戀自己的母親，而十分忌恨自己的父親。可是他又害怕父親的懲罰，因而把對父親的恨轉而為模仿父親的行為和態度，以此來博得母親對他的愛。女孩的情況則是相反。

戀母情結和戀父情結在弗洛伊德理論體系中占有重要的地位。他認為這個情結不僅在神經病和精神病的產生中起著重要的作用，而且和道德規範、社會價值的內化，性別角色的同一也有重要關係。良心或超我就是在情結的克服之中產生的，與同性父母認同的性別行為也是從這個時期開始的。弗洛伊德認為，在生殖器期很容易發生里必多的停滯，導致後來出現許多行為問題，如攻擊和各種各樣的性「偏離」等。因此，弗洛伊德認為性器期衝突的順利解決對人格的健康發展是極為重要的。

(4)潛伏期

兒童從五、六歲後，性衝動開始進入暫時停止活動的時期，這個時期一直持續到青春期開始。這個時期最大的特點是對性缺乏興趣。

男女兒童的界線已很清楚，常常分開作遊戲，甚至互不往來。直到青春期開始，這種現象才有所轉變。

(5)生殖期（十二至二十歲）

前一時期，由於性衝動被深深地埋入潛意識之中，兒童處於相對平靜的階段，把精力集中投放到社會允許的各種活動中，如參加各項體育活動、遊戲以及智力活動。但是，這種平靜的時間不長，男女兒童一進入青春發育期，性的能量又重新湧現出來，亂倫的戀父（母）情結再次闖入意識中，原先建立的防衛有遭受攻破的危險。弗洛伊德認為，青年期最重要的任務是從父母那裡擺脫自己，建立起自己的生活，尋找同齡的伙伴，考慮建立穩固的、長期的性關係。

弗洛伊德對青春期兒童的任務著墨得不多，而他的女兒安娜‧弗洛伊德（Anna Freud）為青春期的精神分析寫了不少文章。安娜跟她父親一樣，承認青春期有戀母情結復活的危險，但對異性父母者的亂倫感情仍處於較潛意識的狀態。在此期間，兒童採用的防衛措施有幾種：如儘量擺脫父母，幻想獨立；採取禁慾主義，企圖擋住可能引起快感的一切活動，而用精疲力盡的體育活動來鍛鍊身體；試圖將性的問題轉移到高度抽象的智力活動上等等。

3. 簡評弗洛伊德人格發展理論

弗洛伊德的精神分析理論自問世以來，就在心理學界和社會各界引起了巨大的回響。對其整個理論的評價可謂褒貶懸殊。有的將弗洛伊德奉為「本世紀偉大的思想家之一」（如威廉‧C‧格萊因）、「最偉大的創建者，時代精神的代言人」（波林）；有的認為他的理論價值不大，似乎沒有構成科學理論所必需的原理、必要的條件和精確的關係（如杜‧舒爾茨）。評價如此懸殊可能與理論本身的精準與模糊對照鮮明有關。以下僅就弗洛伊德的人格發展理論提供幾點看法：

(1)弗洛伊德人格發展理論特別強調人格形成與兒童早期經驗有關，與父母對兒童的教養態度有關。此一人格發展理論的提出對推動心理學界重視並積極開展兒童早期經驗、早期教育和兒童期心理衛生問題的研究有極大的影響。

(2)弗洛伊德將人格結構劃分成三個部分，即本我、自我和超我。它們之間的矛盾爭議在某種意義上反映了人格發展中人的本能、現實環境和社會道德要求之間的矛盾。通過對這些爭執的描述使人們開始看到了動機、情緒在心理發展中的作用，並將人格發展的過程視為是動態變化的過程。這對開創心理動力學，對改變傳統心理學中重理念輕意慾，重視意識、輕視或無視無意識的傾向是個重大的貢獻。

(3)弗洛伊德是性本能決定論者。他將人格發展的基本動力歸之於性本能或里必多，認為性本能的滿足與否直接影響人格的發展。弗洛伊德把性的作用強調到如此不恰當的程度，致使其在觀察中發現的許多重要的心理學事實在上升到理論時變成了謬誤。

(4)弗洛伊德人格發展理論依據的資料，主要來自弗洛伊德個人的診斷經驗和自我分析，缺乏科學的實驗依據，很難重複驗證。其中有些重要的理論觀點已被一些研究所否定。如弗洛伊德認為超我是因為兒童害怕父母的懲罰而形成的，但一般的研究認為，一個害怕懲罰的兒童是難以形成真正的道德觀念的。又如「戀母情結」的觀點也已被交叉文化的研究，而否定了它的普遍意義。人類學家馬利洛斯基（Malinowski, B.）在屈比安德（Trobriand）島上調查發現，那裡的男孩不存在戀母情結。因為這個島上的孩子主要是由舅舅管束的，文化中最嚴重的亂倫禁忌不在父母和子女間，而是在兄弟姐妹之間。他們壓抑和渴望的東西與弗洛伊德所說的並未一致。

二、艾里克森的心理社會發展階段理論

　　艾里克森（E. H. Erikson），一九二〇年生於德國法蘭克福，在維也納時是弗洛伊德家中的常客之一，受過弗洛伊德精神分析的訓練與培養。後來他通過自己的臨床觀察和實際經驗，對弗洛伊德的理論作了修正，建立了代表新精神分析學派的個性形成理論。

1.艾里克森人格發展階段論與弗洛伊德人格發展階段論的區別

　　艾里克森人格發展階段論與弗洛伊德人格發展階段論存在以下幾點區別：

　　⑴弗洛伊德特別強調本能的作用、本我的力量、自我只是本我和超我的奴僕；艾里克森則更強調自我的作用、理智的力量、相信超我能引導心理性慾向著社會所規定的方向發展，超我可以協助自我，監督本我。

　　⑵弗洛伊德在研究兒童人格發展時，僅把兒童囿於母親──兒童──父親這個狹隘的三角關係中；而艾里克森則把兒童置於更加廣闊的社會背景上，重視社會對發展的影響。

　　⑶弗洛伊德對兒童人格發展的研究只到青春期為止，而艾里克森則將個性發展的階段擴展到八個階段，貫穿人的一生。

　　⑷弗洛伊德認為人的本性是惡的，而艾里克森則認為人的本性既不是善的，也不是惡的，兒童出生後都存在向善的或惡的方向發展的可能性。他對形成和發展良好的個性品質抱著較為樂觀的態度。

　　艾里克森將兒童人格的發展看作是一個逐漸形成的過程，一定要經過幾個順序不變的階段。每個階段都有一個普遍的發展任務，這些任務都是由成熟與社會文化環境、社會期望間不斷產生的衝突或矛盾所規定的。如當兒童由於性的衝動產生亂倫觀念時，社會就要引導他

們進入性禁慾期，於是個體的生物本能就與社會的期望發生了衝突。
如果兒童解決了衝突，完成了每個階段上的任務，就能形成積極的個
性品質，完成得不好就會形成消極的品質。每個兒童完成任務的程度
各不相同，一般都介於積極和消極的兩個極端之間，健康的個性品質
應傾向於積極的那一端。上一個階段任務的完成有助於下個階段任務
的完成。但是，艾里克森不像弗洛伊德那樣悲觀，他認為一個階段的
任務雖未完成，仍有機會在以後的階段繼續完成，並不一定導致像弗
洛伊德所說的那種病理性後果。同時，艾里克森也指出，即使一個階
段的任務完成了，並不等於這個矛盾不復存在了，在以後的發展階段
裡仍有可能產生先前已解決的矛盾。

2. 心理社會發展的階段

　　艾里克森詳細地描述了人的一生人格發展的八個階段（參見表
9-2）。這裡著重介紹對兒童人格發展五個階段的描述：

⑴基本的信任感對基本的不信任感

　　該階段的發展任務是培養兒童的信任感，發展對周圍世界，尤其
是社會環境的基本態度。嬰兒出生後就有種種生物學的需求，要吃、
要抱、要有人逗他說話等等。當這些需要獲得了滿足，就會使嬰兒對
周圍的人，尤其是照料他最多的母親產生一種信任感，感到世界是可
靠的，人是可靠的。此種對人和對環境的基本信任感是形成健康的個
性品質的基礎，是以後各階段發展的基礎，更是青年期形成同一性的
基礎。如果兒童的基本需求沒有得到滿足，得不到成人應有的照料，
兒童一涉世就會對人和世界產生一種不信任感和不安全感，而且此種
不信任和不安全感會延續到以後的階段。為了使兒童從小就能形成基
本的信任感，應使兒童的生活有一定的節律和規律，要讓兒童產生期
望，並使期望得以實現。艾里克森還認為，要形成嬰兒基本的信任
感，不僅要重視育兒的技術，更要重視育兒時親子關係的性質。信任

表 9-2　艾里克森理論的八個發展階段

		1	2	3	4	5	6	7	8
8	成　　熟								自我整合與絕望
7	成年期							繁衍與停滯	
6	年輕的成年期						親密與孤獨		
5	青春期					同一性與角色混亂			
4	潛伏期				勤奮與自卑				
3	運動的生殖的			主動與內疚					
2	肌肉的肛門的		自主與懷疑、羞愧						
1	口腔的感知的	基本的信賴與不信賴							

左邊列出的是近似年齡或弗洛伊德的心理性慾階段。

艾里克森理論中每個階段衝突的問題，顯示在對角線上。（Erikson, 1963）

是雙向的，要使嬰兒信任父母，父母必須相信「我們所做的事情的方式於自己的兒童是有益的」。嬰兒對於母親的形象有一種特殊的身體上的移情（physical empathy），嬰兒能感受到母親的情緒狀態。如果母親感到焦慮，嬰兒也會感到焦慮；母親心情寧靜，嬰兒也會感到寧靜。總之，父母對兒童、對生活、對自己的不信任感，會巧妙地傳遞給兒童，對兒童的成長產生影響。

艾里克森要求培養嬰兒的信任感，並不等於說不能有不信任感，而是說信任感要超過不信任感。「人類嬰兒為了有識別地體驗信任感，必須有相當程度的不信任的體驗。」（艾里克森）

(2)基本的自主感對基本的羞恥感與懷疑感

該階段發展的基本任務是發展自主性。在此之前，兒童的依賴性很強，行為大部分都由外界引起。然而，當他學會了說話和走路，能夠比較獨立地探索周圍世界時，兒童便開始藐視外部世界的控制，處處喜歡顯示自己的力量。他們愛講「我」、「我自己來」之類的話，渴望自己吃飯、穿衣、走路，對成人的幫助總用一個「不」字來拒絕。兒童的這些想法和做法不僅擴展了兒童的認識範圍，培養了獨立能力，更重要的是感到自己的力量，感到自己有影響環境的能力。

要使兒童獲得自主感，首先要允許兒童去從事能力所及的事，給予一定的自由。如果父母對兒童的行為限制過多、批評過多、懲罰過多，就往往會使兒童產生一種羞恥感，一種自認為無能的懷疑感。如這時對幼兒尿床或尿濕褲子批評過於劇烈，就會使兒童產生羞恥感。除了允許兒童、鼓勵兒童去從事力所能及的事之外，父母對兒童的行為也要有一定的控制或限制，只有如此，才能使兒童既學會獨立地生活，又能服從一定的規定與要求，以便將來能服從社會的秩序和法制。

(3)基本的主動感對基本的內疚感

該階段發展的基本任務有兩個：一是發展良心；二是獲得性別角色。早年獲得的信任感和自主感，以及還在不斷發展著的說話、行動等能力，使兒童有可能將他的活動範圍擴展到家庭之外。在此種情況下，兒童必須要發展「良心」，使自我在不受父母直接控制的時候，仍能由代替父母聲音的內部良心來引導自己的行為，於是產生了主動性。如果父母能積極支持兒童從事的遊戲和智力活動，兒童就會發展更多的主動性。如果父母經常嘲笑兒童的活動，認為兒童從事的活動是笨拙的，兒童就會對自己的活動產生內疚感。有時候兒童在主動工作時，也往往會與別人的主動性發生衝突，甚至侵犯別人的自主性，在此種情況下，也會產生內疚感。

在這個時期，兒童已意識到性別差異，並建立起適當的性別角色。關於性別角色建立的問題，艾里克森認為，無論男孩還是女孩在情緒上與母親更為親近，因為母親使他們始終一貫地得到安逸。但是，兒童也會與父母產生奧狄帕斯式的衝突。父親作為性別角色的最初對象，他也是男孩子必須和他競爭母愛的人。女孩最初愛戀的是母親，在性別角色上同一的對象也是母親，但女孩也會與母親爭奪父親的愛。當父母中的異性者被兒童充當羅曼蒂克的愛戀對象時，兒童就更加認為自己與父母中的同性者有相同的特性或機能。正是利用這種方式兒童建立起了自己適當的性別角色。而只有當兒童把對父母中的異性者的愛轉移到同伴中去時，這種奧狄帕斯式的情感衝突才告結束。艾里克森相信，只有充分地發展了基本的信任感和自主感的兒童，才能實現這種轉移。如果堅持對父母的羅曼蒂克的愛，不能建立合適的性別角色，就會產生過度的內疚感。

遊戲在這個階段具有重要的作用，所以這個階段也稱遊戲期。艾里克森認為遊戲是自我的一種重要功能。遊戲時，兒童既可以越出空間、時間和現實的自我疆界，又能與現實保持一致，學會新的控制，走向新的階段。同時，遊戲又具有自我教育和自我治療的作用。艾里

克森有言，可以運用遊戲來補償失敗、受苦和挫折的體驗。遊戲在這個階段主要表現為兩種形式：一是獨角戲或做白日夢；二是尋求同伴共同遊戲，演出內心矛盾，從而使危機得到緩和或解決先前遺留下來的某些問題。

(4)基本的勤奮感對基本的自卑感

該階段兒童已進入學校，第一次接受社會賦予他並期望他完成的社會任務。為了完成這些任務，為了不致落後於眾多的同伴，他必須勤奮地學習，但同時又滲透著害怕失敗的情緒。此種勤奮感與自卑感的矛盾便構成了本階段的危機。如果兒童在學習上不斷取得成就，在其他活動中也經常受到成人的獎勵，他們的學習就會變得越來越勤奮。如果兒童在學業上屢遭失敗，在日常活動中又常遭成人批評，就容易形成自卑感。艾里克森十分強調教師在培養學生勤奮感方面的作用。如果一個自卑的學生遇到一位敏感的、教導有方的教師，成績就可能有所提高，從而使他重新獲得勤奮感方面的作用。

到了這個階段，影響兒童活動的主要因素已由父母轉向同伴、學校和其他社會機構。

勤奮感不僅指學習上和工作上的能力，還包括對人與人之間互相接觸的勝任感，即相信個人在追求社會的和個人的目標中自己對社會所起的積極作用。艾里克森指出，許多人對工作和學習的態度、習慣可以追溯到本階段的勤奮感。

(5)基本的自我同一感對基本的同一感分散或混亂

該階段的基本任務是發展自我同一感，建立新的自我同一感。所謂自我同一感是一種關於自己是誰，在社會上應占什麼樣的地位，將來準備成為什麼樣的人，以及怎樣努力成為理想中的人等一連串感覺。一個實現了自我同一感的青少年至少有以下三方面的體驗。首先，他感到自己是一個獨立的、獨特的有自己個性的個體，雖然他與

別人一起活動，共同承擔任務，但他是可以與別人分離的。其次，自我本身是統一的。他的需要、動機、反應模式可以整合一致。從時間上來看，自我有一種發展的連續感和相同感。「我」是由童年的我發展而來，將來我還會不斷變化發展，但我還是我，而不是別人。再次，自我所設想的我與自我所覺察到的其他人對自我的看法是一致的，並深信自我所努力追求的目標，以及為了達到這個目標所採用的手段是為社會所承認的。

同一性並不是在青春期才出現的。兒童在兒童期裡已通過自居作用形成了各種同一性，只是到了青春期，早期形成的同一性已不能應付眼前必須作出的種種選擇和抉擇了。在青年期，兒童由於內部狀況的劇變，如身體迅速發展，性成熟開始以及新的指向未來的思維能力的出現，加之即將面臨的種種社會義務和種種選擇，如異性朋友的選擇、職業的選擇、理想的選擇等等，就會對原來已形成的自我同一感發生懷疑，這就是同一感危機。此時的兒童迫切地要求了解自我，要求形成一個真正的而不是附屬於別人的獨立的自我。艾里克森認為，一個有能力的青年能將過去各個時期裡與各種人物同一而形成的種種自我形象加以整合，形成一個新的自我同一。此種新的自我同一並不是以前各種形象的總和，而是已經整合了的個體的完形。

艾里克森認為，一個兒童在進入青春期時，若有較強的信任感、自主感、主動感和勤奮感，他實現有意義的同一機會就較多，反之，就可能出現與自我同一感相反的情況，即同一感分散或混亂。此外，要實現有意義的同一，還依賴青少年認知能力的發展，能用一些抽象的術語將自己概念化，有時自己還要作為一個旁觀者來客觀地觀察分析自己。

青少年在探求、實現自我同一感的過程中，往往會出現兩種失敗的情況：一是同一性拒斥（identification foreclosure）。這是個體過早地將自我意象固定化，或者說是過早地停止了對同一性的探求。同一性拒斥的兒童往往是缺乏主見、尊重「權威」、高度認同的。他

們缺少反思，也很少焦慮，對傳統的價值觀很感興趣，與同伴的聯繫不如與父母的聯繫那麼緊密；二是同一性混亂。此類青少年無法「發現自己」，也不知道自己究竟是怎麼樣的一個人，想要成為什麼樣的人，沒有形成清晰的固著的自我同一感。他們在一段時期內，為了尋找自我、發現自我，而出現暫時的同一性分散或角色混亂可能是正常現象。特別是在現在這樣科學技術、社會生產力高度發展的社會，青少年往往感到要作出的抉擇未免太多、太快，自然充滿了焦慮和不安。

順利實現同一感的關鍵是鼓勵並支持青少年親自去作一些試驗。通過親身的體驗，摒棄那些看來是不合適的東西，發現適合於他的生活方式、滿足於自己需要的某些活動、人物、態度和價值觀。經過一段時期的自我的探求和同一性的混亂——這種探求往往是痛苦的，但可能實現更為牢固的、積極的、更富有創造性的同一。然而，也有些青少年由於長期遭到同一性挫折，出現了持久的、病態的同一性危機。這些青少年的自尊心很弱，道德推理不夠成熟，對自己要承擔的生活責任感到困難。他們往往是衝動的，長久地找不到或無法按照自己設想的樣式去生活，有時就會走向與家庭、學校和社會建議的同一相反的消極的同一。

艾里克森十分重視自我同一感，認為它是發展兒童健康人格和道德品質的重要因素。青年同一感矛盾的解決與前幾個階段發展任務完成的程度固然有密切關係，但是即使青春期未能很好地解決這個矛盾並不意味著今後就無法解決了。而已經建立的自我同一感，也不一定一勞永逸，它還會在今後遭到種種威脅和挑釁。所以艾里克森所說，形成自我同一感是個終身的任務。

3. 簡評艾里克森的人格發展理論

(1)艾里克森對兒童發展的研究著眼於將兒童看作是一個整體，從情緒的、道德的和人與人關係的整體發展過程來研究人格的發展，而

不是單從某個心理過程的發展來研究兒童。此種整體性研究的觀點值得借鑑。

(2)艾里克森的理論中有一些辯證法的思想。例如,他認為發展是有階段的,每個階段都有一對由自我與社會期望之間的衝突構成的矛盾或危機;兒童的發展始終存在著兩種可能性,或者是解決矛盾,形成積極的個性品質,或者解決不了矛盾,形成消極的個性品質;發展不是一次便能完成好,一個階段的任務未完成好,雖然也會影響以後的發展,但它可以通過自我補償作用和自我教育作用繼續解決。已經解決了的矛盾在以後的階段仍要接受新的考驗。

(3)艾里克森比較重視教育的作用,不僅指出了每個發展階段的任務,還提出了解決矛盾、完成任務的具體教育方法。教育中既強調了父母的作用,也十分重視同伴、教師的作用及社會的作用,還對遊戲的作用作了專門的研究與論述。

(4)艾里克森雖然對弗洛伊德精神分析理論作了重大修改,將人格發展的基本動力由本我移向自我,並十分重視自我與外部環境的作用,但是,從總體上以及從某些具體的問題來看,艾里克森仍未完全擺脫弗洛伊德的本能說。

(5)艾里克森描述了個性發展各個階段中社會要求與自我的衝突。這些社會要求究竟是現代資本主義社會向兒童提出的要求,還是不分時代、不分民族、不分社會向兒童提出的要求?兒童與社會發生的衝突是資本主義社會的特殊產物,或是各個社會、各個民族的兒童普遍皆有的衝突?對第一個問題的回答應當作具體分析。每一個社會為使兒童從一個軟弱無能的生物體成長為一個獨立的、自主的社會成員必然要向他們提出一些共同性的要求,這是兒童得以成長為社會一員的最起碼的、基本的社會要求,如一個人要有自信,要有獨立自主精神,要勤奮學習。但是,各個國家、各個民族、各種社會由於歷史的和現實的條件不同,向各個時期兒童提出的要求可能並不完全相同。因此,可以說社會向發展中的兒童提出的社會要求中,有一些具有普

遍意義，而有些只具有特殊的意義。至於第二個問題，艾里克森所提出的各個階段的社會要求與衝突是否具有普遍意義或僅僅是資本主義制度的產物，應當通過交叉文化的研究進一步加以檢驗，不能作簡單的肯定或否定。

　　從上述兩種個性發展理論中可以看到，個性或人格的發展要經過一系列連續又不連續的階段。這些發展階段的推移與個體內部生物學因素的成熟有關，與兒童所處的社會環境的變化有關，與社會向兒童提出的要求變化有關。

第二節　個性形成的生物學因素

　　影響個性形成的主要因素有三個：一是生物學因素，包括遺傳、先天素質和氣質、體貌特徵和成熟速率；二是社會化因素，主要有家庭、學校、同伴、社會團體組織和機構，廣播、影視、報刊的宣傳等；三是個體的自我意識，即人對自己的狀況和活動的意識。

　　正如前面幾章提及的那樣，生物學因素和環境因素對發展的影響是很難分離的，因為任何一種心理特徵的表現都是這兩種因素相互作用的結果。但是，也不能否定有些特徵受環境的影響更大些，而有些特徵受遺傳的影響更大些。

一、最初的個性或氣質

　　人們在動物行為的研究中已經發現，狗和其他一些動物的諸如攻擊性、易發怒、膽怯、馴順等行為特徵都受到遺傳強大的影響，因而能用選擇性繁殖的方法培育出各種品行的動物，並利用其不同的行為

品行為人類服務，如極其溫順、安靜的狗，神經質的、極為凶猛的狗。

　　人類行為中的某些特徵也受到遺傳強大的影響。托馬斯、切斯和伯奇（A. Thomas, S. Chess & H. Birch, 1970）曾經對一百四十一名兒童追蹤研究達十年之久，出生後第一年每三個月一次；一歲到五歲每半年一次；五歲後每年一次。實驗者根據九個獨立的三級量表（three-point scales）概括地勾勒出兒童的行為輪廓。研究者發現，這些實驗對象在出生後的幾週就在氣質上表現出明顯的個別差異，這些差異似乎與教養方式無關，而且這些特點在以後的實驗裡仍能見到。實驗者認為，大部分兒童可以劃分為三種氣質類型：第一種是「容易（護理）的」兒童。他們的飲食、睡眠習慣和大小便都有一定的節律，喜歡探究新事物，對環境的變化很容易適應；第二種是「困難的」兒童。他們的活動沒有節律，對新生活很難適應，遇到新奇的事物或人容易產生退縮的行為，心境十分消極，容易表現不尋常的緊張反應，如大哭、大叫，發脾氣時臉會變色；第三種是「慢慢活躍起來的」兒童。他們的生活節律多變，初遇到新事物或陌生人時往往會退縮，對環境的適應較慢，心境帶有點否定性（參見表9-3）。不過，托馬斯等人的這種分類也僅僅具有一般的指導意義，實驗中一百四十一個被試者中，只有65％能按此標準劃分，有35％的被試者表現了混合型的特徵，即按有些表現特點可以歸入「容易的」兒童，而按另一些表現特點則可以歸入「困難的」兒童。

　　兒童最初表現出來的這些氣質特點是兒童個性發展的基礎，是個性塑造的起跑線。正是這種差異或特點制約了父母或其他教養者與兒童相互作用的方式，也制約了父母和教養者對兒童作用的效果。如有的嬰兒生下來就對人十分冷淡，有的嬰兒則相反。於是，那些喜歡別人擁抱、親吻的嬰兒，就可以從父母那裡引出比不願別人抱的嬰兒多得多的反應，而且反應的情況也不同。喜歡別人抱的嬰兒會促使母親對他表示更多、更親熱的行動，而冷冰冰的嬰兒更易引出與此相應的

反應。喜歡獨立的個體傾向於擺脫成人的控制，而喜歡成人注意的兒童往往更易得到成人的注意。父母對一個執拗的兒童所用的教養方法既不同於依賴性強的兒童，也不同於獨立性強的兒童。一個依賴性強的兒童往往更希望得到父母的幫助，而父母似乎也更容易給予更多的反應。當然，這裡還得考慮父母的個性。一個喜愛安靜的兒童可能不討喜愛說說笑笑的母親的歡心，可是卻會受到喜愛安靜的母親的歡喜。總之，兒童的個性，從一開始就帶著自身已有的特點，在與周圍的人、周圍的環境發生相互作用中發展起來。

表 9-3　個性類型和氣質

兒童類型	活動水平	節律性	分心	探究與退縮	適應性	注意廣度和持久性	反應的強度	反應性閾限	心境的性質
	活動期與不活動期之比較	餓、排泄、睡眠和覺醒的節律	外部刺激改變行為的程度	對新的客體或人的反應	兒童適應環境變化的容易性	專心於活動的時間，分心對活動的影響	反應的能量，不管它的性質或方向	喚起一個可以分辨的反應所要求的刺激強度	友好的、愉快的、高興的行為數量，與不高興、不友好行為相比
容易的	較適中	很有節律	多變	積極探究	容易適應	高或低	低或適度的	高或低	積極的
慢慢活躍的	多變	多變	多變	最初有退縮	慢慢地適應	高或低	適度的	高或低	稍微否定的
困難的	多變	無節律	多變	退縮	慢慢地適應	高或低	強烈的	高或低	否定的

來源：A・托馬斯，S・切斯 & H・伯奇，1970（引自 Fong 等：*The Child*, p.360）。

二、體貌與體格的影響

體貌指的是面部特徵、身高體重和身體的比例。體貌本身並不直接地影響一個人的個性，但是當它成為社會注意的對象，並賦予人為的社會價值時，它就會成為影響個性發展的一個因素。

我們在生活中可以看到，有些長得俊俏的人常常為自己的容貌出眾而自鳴得意，也比較自信；而有些長得醜陋的人，或者身體有缺陷的人，往往為此苦惱、愁悶，容易滋長否定、消極的情緒。但是，這並不是說外貌特徵可以決定一個人的個性。外貌在個性發展中究竟占有什麼樣的地位，是產生積極的影響還是消極的影響，取決於兒童所處的環境中的其他人，尤其是在兒童心目中有權威的人對兒童外貌的看法以及兒童本人其他的一些個性特徵，特別是一個人的能力和理想。一個外貌佳的兒童可以由於家庭不安定、父母教養不當、學習成績不佳，以及不能正確地認識自己等原因，變為一個缺乏自信、依賴性極強的人。而一個身體有缺陷的兒童，如果得到家庭和團體的溫暖與幫助，對人生價值有一個正確的看法，發奮圖強，事業上取得成就，就會贏得人們的尊敬。

有些研究指出，正常兒童的身體體格與個性特徵存在著小的，但有意義的相關，其中有個研究材料指出，十歲、十一歲個子矮小、協調性較差、體質相對比較羸弱的兒童傾向於害臊、膽怯、消極、憂愁，對照之下，那些同年齡中長得高的、強壯的、精力充沛的、協調好的兒童往往是愛開玩笑的、自我表現的、健談的、有創造性的。

雖然體格並不能直接決定一個人的個性，但有些體格特徵可能影響教養者對他們的態度和教養方法，從而影響個體的興趣、愛好、能力等。例如，一個高個子的兒童更容易對打籃球、跳高感興趣。體質強健的兒童由於不怕挨凍受熱，父母往往給予更多的獨立性，加之兒

童自身又無生病痛苦的體驗，因而容易養成樂觀、開朗、生氣勃勃的個性特點。那些體弱多病的兒童，由於父母須經常細心地照料他們，因此更易養成依賴的、神經過敏的、謹小慎微的個性特點。此外，那些體格強壯、身材高大、協調能力較強的兒童，更易被同伴看作是成熟的、有能力的兒童，而且他們在動作活動、體育活動方面也較易取得成功。這些都會影響他們在同伴中的地位，反過來又會促進他們的自信和開朗等特徵的發展。

邇來，人們就注意到體格與個性的關係問題。到了二十世紀二〇年代，德國精神科醫生克雷奇默爾（E. Kretschmer）依據他的臨床觀察，從生物學觀點出發，認為精神失常與人的整個體格有關。狂躁症患者往往是矮胖型的，而精神分裂症患者往往是虛弱型、強壯型或發育異常型的人。二十世紀四〇年代，美國醫生威廉·謝爾登（W. Sheldon, 1942）對一般人的體型與行為間的關係作了研究。體態屬均勻豐滿的「內胚層型」的人，往往具有優閒自在、喜愛交友、慢條斯理和寬宏大量的人格特徵；體態屬於健壯的「中胚層型」的人，往往具有自信、健壯、精力旺盛和大膽的人格特徵；體態屬於高而瘦長虛弱的「外胚層型」的人，往往具有內傾、拘謹、膽怯、愛好藝術等人格特徵。一九六三年，沃克（Walker）進行了體格與個性特徵關係的研究。他要求一百四十七名上中產階級的父母依據謝爾登的體型分類，對他們二至六歲的孩子的各種人格特徵加以評定。同時，他又單獨地對這些兒童加以分類。這些父母認為，內胚層體型的兒子好侵犯、霸道、難對付，而且有妒忌心，而內胚層體型的女兒比較可愛、容易合作、隨和，屬外傾性格。中胚層體型的女孩精力旺盛，更加合作，而過剩的精力在男孩身上，表現為霸道、無禮、魯莽、好侵犯、我行我素。外胚層體型的男孩子愛交際、靦腆、不好侵犯、渴望討好別人、容易合作、不易喪失自信心，而外胚層的女孩則容易緊張、反覆無常、執拗、憂鬱、精力不足、食慾欠佳、愛挑剔、好爭吵、怕失敗、容易感到失寵。

　　為什麼不同體型的人會具有不同的個性特徵呢？有三種可能的解釋：第一種解釋，體型的差異反映了人體結構和機能的潛在差異，這些差異還可能影響諸如精力充沛等氣質特徵，然後，這些差異又會影響一個人的行為和別人對他的反應；第二種解釋，可能是父母對待矮胖的孩子和瘦長的孩子以及身材適中的孩子態度不同，於是人為地造成了一些個性特徵；第三種解釋，可能兒童間並無真正的差別，只是父母們認為他們有差別，似乎胖的、瘦的、健壯的都有一個相對固定的行為模式，而兒童也絕不會辜負成人對他們的期望，最後，很快學會順應相應的個性模式。

　　謝爾登的類型理論簡單而又方便，很能吸引人們的興趣。但是，這種理論過於將人的人格形式簡單化、絕對化了，而在實際上這種類型理論也不是普遍有效的，有時還會維護人的偏見，傷害一些人的人格。

三、成熟速率的影響

　　青少年達到身體成熟的年齡存在驚人的個別差異。一般說來，正常的女孩達到青春期的時間比正常的男孩要早兩年，但是在同性別內，到達青春期的年齡差異可以長達四年。

　　身體成熟的早或遲會使同年齡的兒童招致不同的社會心理環境，從而影響一個人的情緒、興趣、能力和社交。身體成熟的早遲對男女青少年的影響有些不同，此可能是與社會對男女孩不同的期望所致。

　　一個個子矮小的中學男生，在同班同學中看起來就像是個小學生，各項體育比賽往往沒有他的份，甚至還成為同學們談話的笑料。由於長得矮小，同學和父母都把他當成小孩，而在他看來，這是對他的污辱。這樣的男性青年往往有一些否定的自我概念，有一種似乎被人拋棄的感覺，有較多的依賴性和倔強個性。相比之下，那些較早熟

早的男孩由於身體發展快，自己感到像個大人了，其他人也把他當大人看待，因而感到自信，有較強的獨立感，更可能成為受同伴推崇的人物。

馬森和瓊斯（Massen, P. H. & Jones, M. C., 1957）曾對三十三位十七歲的男性青年作了主題理解測驗（TAT），其中十六位是早熟者，十七位是晚熟者。TAT 是一項個性投射測驗，向被試者提供一系列圖片，然後要求被試者根據這些圖片講個故事。實驗者分析了這些故事後得出這樣的結論：那些晚熟的男性青年比較多地感到自己的不足，認為自己受人排擠和支配，多依賴性，容易與父母對抗；早熟者表現出獨立、自信，在人與人相處中能承擔成人的角色。但是，這兩組男性青年在要求取得成就和別人的認同方面，並沒有什麼差別。

在另一項縱向研究中，馬森（1958）等三位觀察者與一些青少年合作了好幾年，彼此相處融洽。觀察者根據這些青少年平時的行為加以評定，發現他們在兩個方面很不相同：一是在與人交往上，晚熟的青年往往作出很大的努力，以求得到社會的認同，但他們在這方面的嘗試是幼稚的，出於感情的；二是在侵犯行為方面，晚熟者表現了更多的攻擊性行為，這也許是他們感到不安全或不足而引起的。

早熟的女孩相對於晚熟的女孩來說，可能存在一些不利的社會條件。一些早熟的女孩由於月經來潮早，身體發育快而顯得忸怩不安。但是早熟並不一定會對女孩的發展造成障礙。在對三十四位十七歲成熟期早晚不同的少女進行主題理解測驗時，早熟者好像比晚熟者更容易適應環境，儘管這兩組的差異不如上述兩組男性大。然而同伴和成年觀察者在過去六年對這些兒童的評定表明，似乎晚熟對女孩更有利些（瓊斯和馬森，1958）。

成熟早晚給個性發展帶來的差別會存在多久呢？此種差別會對成年人的性格留下什麼影響呢？這是瓊斯等人研究的另一個問題。她接觸了二十個三十三歲的男子，他們曾是早熟的或晚熟的青少年。她發

現，早熟和晚熟兩組人間的差別隨著成年身分的獲得，多半已趨消失，但仍有痕跡存在。如早熟者似乎在工作中獲得較成功的時間要早一些，還比較注意如何給人留下一個好印象，但是有時為了做好這一點，會顯得比較刻板，過分地約束自己；晚熟者在個性方面顯得有較大的靈活性，比較果斷，有洞察力，不過容易放縱自己，容易生氣。

實際上，成熟速率與其他生物學因素一樣，它對個性的發展雖有一定的影響，但絕不是簡單的一對一的因果關係。個性本身是個複雜的綜合體，有眾多的因素在影響著它，成熟速率只是其中一個因素，一個不可忽視的因素。考慮到成熟速率對發展可能帶來的影響，我們應該儘量避免一些可能由於早熟或晚熟而給兒童發展帶來的負面影響。例如，父母的教育方式；父母與青少年的關係；教師、同伴與青少年的關係，從某種意義上來說，對成熟速率造成的影響具有重要的作用。

第三節　個性發展的社會化動因———家庭

家庭是兒童個性實現社會化的主要場所，因為兒童個性的形成，社會行為的獲得，其最關鍵的幾年是在家中度過的。早期兒童與父母的相互作用，情緒關係的性質對兒童以後個性的發展有著重要的意義。社會的信仰、價值觀念等社會化目標都是首先通過父母的過濾；以高度個體化了的、有選擇的形式傳遞給兒童的。父母本身的個性特徵、社會地位、教育水平、宗教信仰、成就動機、性別的價值標準等都會強烈地影響他們的後代。

每個兒童最初的個性特徵或氣質類型各不相同，此種特徵無疑會影響父母對兒童的態度。另外，兒童的性別、家庭規模大小、家庭社

會經濟地位也會影響父母對待兒童的態度；父母的教養方式不同，對兒童的影響也不同。兒童間原先存在的先天差別，隨著與家庭成員發生不同的相互作用，進一步擴大了。

一、父母的管教活動

　　社會化是個體學習和掌握社會文化知識、行為習慣和價值體系的過程。父母根據自己對社會化目標的理解，運用各種教養技術使兒童社會化，並使其個性得到健康的發展。心理學家運用了家庭訪問、直接觀察、問卷和模擬實驗等方法，試圖了解父母影響兒童發展的教養維度。如斯凱富（Schafer, 1959）提出的溫暖／敵視和控制／自主兩個維度；艾里克森（1963）提出的控制／溫暖維度；貝克（Becker, 1964）提出的溫暖（接受）／敵視（拒絕）和限制／允許維度。

　　美國加里福尼亞大學鮑姆令德（Baumrind, 67－77）曾對父母教養行為與兒童個性發展進行了長達十年的三次研究。第一次研究是將學前兒童按個性（獨立性、自信、探究、自我控制、人際關係等）成熟水平分出最成熟的、中等成熟的和最不成熟的三個組，然後從：(1)控制；(2)成熟的要求；(3)父母與兒童的互動；(4)教養四個方面評定三組兒童父母的教養水平。結果發現，第一組兒童的父母教養水平得分最高，第二組次之，第三組兒童的父母得分最低。鮑姆令德將這些父母分別稱為權威型、專制型和嬌寵型（permisive parenting）。

　　第二、三次研究的程序與第一次相反：對三類父母的幼兒作個性評定，待這些兒童長到九歲時再作一次個性評定。結果發現：權威型父母的男女孩子在認知能力和社會能力發展方面都勝過其他兩組兒童；嬌寵型父母的女孩在認知和社會能力方面的得分都低於平均值，男孩的認知能力特別低；專制型父母的男女兒童發展平平。最新的追蹤研究表明，三類父母的兒童在學齡早期表現出來的認知和社會能力

的模式一直持續到青少年期（Dornbusch 等，1987 ）。

　　根據國內外的一些研究，作者認為評定父母管教類型的維度有兩個：控制（對孩子是否提出成熟的要求）和愛（即是否關心、信任和尊重、理解孩子）。根據這兩個維度可以把父母分成四種類型：(1)權威型父母——控制＋愛（接受）；(2)專制型父母——控制＋不愛（拒絕）；(3)嬌寵型父母——不控制＋不完全的愛；(4)冷漠型父母——不控制＋不愛。

　　專制型父母，控制有餘，愛心不足；嬌寵型父母，愛得不理智，控制不足；冷漠型或拒絕型父母，無論從教養方法和教養態度上都很成問題。惟權威型父母是較理想的父母，當然，這要視兒童所在社會的社會化目標和兒童自身的特點而定。

　　父母採用什麼樣的教養方法，屬於哪種教養類型，要受許多因素的制約。貝斯基（Belsky, 1984 ）對這個問題作了詳細的探討，並用圖加以表示（見圖9-1 ）。

　　父母的作用受到以下幾個因素影響：(1)父母本人的個性特徵，如對社會化目標的看法和對孩子的期望，對孩子能力的評估；(2)兒童自

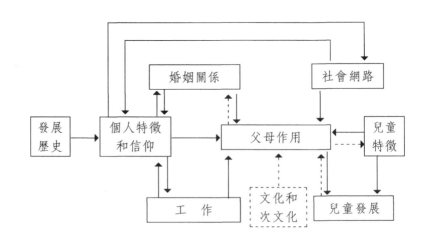

圖 9-1　決定父母作用的處理模式
（Belsky, 1984 ）虛線部分為作者所加。

身的特徵，如氣質、性格和能力；(3)社會環境，家庭內部的環境，如婚姻關係，外部環境有工作單位、社會網絡、社區、文化和次文化等。

二、家庭結構

　　隨著社會的發展，我國的家庭結構發生了很大變化，三代同堂的大家庭減少，核心家庭增加，離婚家庭也在增加，隨之而來的重組家庭也將會增加。對家庭結構與兒童個性發展的關係研究較多的是離異的單親家庭。

　　離婚對父母、對兒童都是一次心靈上的手術，震動很大。它對兒童的情緒、認知和社會化發展都會產生消極的影響。這種影響要持續多長，是暫時的，還是長期的？消極影響與哪些因素有關（如離婚時孩子的年齡、性別、誰作孩子的監護人、監護人與非監護一方相處的關係、監護人的教養類型）？如何減少消極影響？這些都是近年來心理學家們十分關注的問題。

　　國內外許多研究表明，離異家庭兒童在智力、同伴關係、親子關係、情緒障礙、自我控制和問題行為等方面，與完整家庭的兒童相比都存在顯著差異（董奇等，1994；林崇德，1992；Hetherington, 1981）。究其原因主要有三個：(1)原有的家庭生活方式全部擾亂，要適應一套新的、強加的生活方式；(2)離婚父母因受種種壓力（如經濟、家務、社會輿論、自我概念）而顯得緊張、焦慮、沮喪、孤獨，對兒童顯得易怒、缺乏關心和耐心，影響親子關係和正常教育；(3)兒童感到自尊心受蹂躪或內疚（尤其是幼兒），影響學習活動，害怕與同伴交往。

　　父母離婚後兒童的適應一般要經過兩個時期：(1)危機期。常常持續一年左右，兒童受到的消極影響表現特別明顯。(2)適應期。一般在

父母離婚一年以後，父母已基本適應離婚後的生活，自我概念好轉，與孩子關係改善，能較好地教養、訓誡和控制兒童。

據研究，離婚對男孩的影響要大於女孩。男孩顯示出更多認知的、情緒的和社會行為問題，往往變得更富攻擊性、衝動、依賴、焦慮和缺乏任務指向。父母離婚對學齡前兒童的影響比其他年齡組的兒童更大些，也許是他們認知水平太低，無法理解父母分手的原因。在父母即將離婚前的一段日子裡，幼兒會出現一系列症狀：如做惡夢、壓抑性遊戲、飲食障礙、尿床、負罪感、愛哭、哀鳴等等，這種傾向在父母離婚後的一年裡有增無減。學齡兒童雖然已能理解一些父母離婚的原因，但常有被父母遺棄感而引起的憤怒、屈辱，致使成績下降，問題行為增多。此外，兒童是否獨生子女，監護父母的心理狀態及與非監護父母的關係，與祖父母、叔伯的關係等也會影響離婚對兒童影響的大小。

父母離婚對兒童是否會造成長期影響，結論頗有分歧，但有三點是可以肯定的：(1)衝突迭起的婚姻對兒童不利的影響要大於離婚的影響（Hetherington, 1981），故不必為了孩子而保持已經名存實亡的婚姻；(2)從青少年犯罪情況看，來自離異家庭的青少年更加普遍；(3)每個離異家庭的情況都不同，不利影響的多寡和持久性也不同。

為了儘量減少離婚對兒童的消極影響，心理學家建議：(1)加強良好的親子關係；(2)非監護父母繼續（從物質上和精神上）關心與支持原來家庭的兒童；(3)監護父母應保持良好的心理狀態和管教方式。已有一些研究證明，兒童與同性父母生活在一起的適應情況，比與異性父母生活在一起好（Mendes, 76; Santrock & Warshak 79, Peterson & Zill, 86），但安排兒童監護人的關鍵可能還是父母自身的素質。

三、家庭的物理環境

派克（R. D. Parke, 1980）將家庭環境分成兩種變量：社會變量和物理變量。社會變量是指人與人之間的關係，如成人（父母或其他人）↔ 兒童；成人↔ 兄弟姊妹↔ 兒童。他們之間的影響是相互的。物理變量主要是指除人之外的物質條件及其組織和安排。對兒童發展影響較為密切的有玩具、書本、電視、房間布置和生活的條理性等，此外還有不特指某樣東西的背景刺激。如安靜的家庭和喧鬧的家庭、寬敞的家庭和擁擠的家庭，都會對兒童心理有影響。不少研究已表明，如果兒童居住的地方噪音太多，不論是來自家庭內部的，還是外部的，兒童既無法控制它，又無法迴避它，往往與兒童早期認知發展和以後學業成績呈負相關。

父母本身不僅是兒童的社會刺激來源，也是物理環境的中介物，是兒童物理環境的提供者和組織者。父母對兒童的影響有極大部分是通過物理環境作用於兒童的間接影響，所以父母要十分重視家庭環境的組織。據 Wachs（1976）報告，家庭環境的規律性與早期認知發展呈正相關。許多發展不良的學前兒童的家庭環境往往以無規律和不可預測性為特徵。父母要為兒童創建一個充滿吸引力，引導兒童去探究、發現、了解世界、進入人際關係的家庭環境。

四、電視的影響

心理學家稱電視為「家庭的成員」，因為它的存在已影響了不少家庭成員在一起度過的時間及所選擇從事的活動。有的還把電視當成看管孩子的「保母」。馬可比（Maccoby, 1951）的先驅性研究指

出，有電視的家庭，家庭成員在一起度過的時間多於無電視家庭，但非電視參與的家庭活動前者少於後者。馬可比還發現，家庭成員在一起看電視的人際關係並不是相互作用，往往是一種「平行關係」。

研究認為，電視可以減少家庭成員的衝突，但有的研究指出，電視會增加家庭成員間的緊張度。

兒童可以從電視中學到侵犯性行為，也可以學到親社會行為。萊弗科維茲（Lefkowitz, M. M., 1972）等人曾對電視和兒童攻擊性行為的關係作了細緻的研究。他們對近九百名研究對象做了追蹤。研究發現，男被試者在三年級觀看暴力電視片的數量，與當時由同伴評定的他們在教室中出現的攻擊性行為有顯著相關。這個相關結果以後又在另一個城市的八年級男女學生作樣本時得到重複。十年追蹤研究指出，男孩在三年級時所看攻擊性行為的電視數量，和十九歲時由同伴評定的攻擊性行為的等級有顯著相關。

另有研究指出，已有攻擊性傾向的兒童，看了暴力電視後變得更有侵犯性。有的研究者對托兒所裡四歲兒童的自由遊戲作為期三週的觀察，並以此為基線，把兒童分成低於或高於平均侵犯性水平的兩組。在以後的四週內，他們把兒童分成三組：第一組觀看侵犯性電視，第二組觀看中性電視，第三組觀看社會行為節目。每組兒童一次觀看半小時。結果發現，原先侵犯性水平高於平均數的兒童看了侵犯性節目後，活動中比看中性節目的類似兒童有更多的侵犯性行為；那些低於平均水平的兒童對這兩種節目類型的反應沒有什麼不同。這種行為模式在電視觀看結束後的兩週追蹤期內仍保持著。

另有一個大型的縱向研究，在五個國家同時測量兒童在校的攻擊性行為和他們觀看攻擊性電視的數量。結果發現，在五個國家的情況沒有太大不同：暴力電視看得多的兒童變得更加具有攻擊性，而且最初有攻擊性的兒童看了暴力電視後更增加了看暴力電視的癮，造成一種自我不斷的循環（Huesmann & Eron, 1986）。

有的研究者研究了電視觀看數量與學業成績關係，發現電視看得

太多與學業成績差有關（Williams P. A. 等，1982）。有些研究認為，觀看電視會干擾兒童的閱讀。在美國，與電視一起成長的兒童中，大量觀看電視與閱讀差有關，似乎電視代替了閱讀。

當然，電視也有許多積極的影響，關鍵還是在於如何指導兒童看電視。特別要注意不要讓電視擠掉兒童與同伴交往、戶外活動、與父母交談的時間，防止社會退縮的兒童借看電視逃避與現實接觸。

家庭是兒童個性發展的重要基地，除上述分析的家庭結構、父母的教養模式和物理環境外，還有如兒童的數目、出生次序、家庭情緒氛圍、兒童的性別等因素都會對兒童個性產生某種影響。這些影響互相交錯，互相制約，不能單考慮某一個因素的絕對作用。如一個有父親的男孩，如果其父不稱職，父母經常發生衝突，這個男孩的社會化也會發生問題；反過來，母親是個很能幹的、會教育的人，男孩也可能發展得很好。

第四節　自我意識的發展

自我意識是個性的一個組成部分，是衡量個性成熟水平的標誌，是整合、統一個性各個部分的核心力量，也是推動個性發展的內部動因。

自我意識是人類特有的意識，是作為主體的我對自己，以及自己與周圍事物的關係，尤其是人我關係的認識。自我意識主要包括自我觀察、自我監督、自我體驗、自我評價、自我教育、自我控制和自我調節。

一、嬰幼兒自我意識的發展

　　早在十八、十九世紀就有人開始研究個體自我意識的發生（提德曼，1787；達爾文，1877；普萊爾，1893）。隨著科學技術的進步，現代心理學對嬰兒自我意識的發生有了更確切的了解。

1. 有關嬰幼兒自我意識的實驗研究

　　阿姆斯特丹（B. Amsterdam, 1972）借用蓋勒帕（Gallup）在黑猩猩研究中使用的「點紅測驗」（以測定黑猩猩是否覺知「自我」這個客體），以研究嬰兒自我覺知。在嬰兒（三個月到二十四個月）毫無覺察的情況下，主試者在嬰兒鼻子上塗個紅點，然後觀察嬰兒照鏡子時的反應。根據假設，如果嬰兒在照鏡子後能立即發現鼻子上的紅點，並用手去摸它，表明嬰兒已能將自己的形象和加在自己形象上的東西區分，這種行為可作為自我認識出現的標誌。研究結果指出，嬰兒對自我形象的認識要經歷遊戲伙伴階段、退縮階段、自我認知出現三個階段。二十四個月的嬰兒幾乎都會利用鏡中映像去抹掉不屬於自己的「紅點」。

　　劉金花（1993）也重複了這個研究，發現嬰兒自我認識出現經歷的階段與阿姆斯特丹、迪克遜（Dixon, 1975）和路易斯（Lewis, 1979）等人的研究結果基本一致：

　　(1)對物（鏡子）
　　九、十個月的嬰兒對鏡子很感興趣，對鏡中自我映像並不感興趣。

(2)（鏡像）「伙伴」遊戲

一歲及以後幾個月的嬰兒對鏡中自我的映像很感興趣，親吻、微笑，還到鏡子反面去找這位伙伴。

(3)相倚性探究

約在十八個月左右，嬰兒特別注意鏡子裡的映像與鏡子外的東西的對應關係，對鏡中映像的動作伴隨自己的動作更是顯得好奇。有的嬰兒（占24%）已能根據相倚性線束認識鏡中映像就是自己。

(4)自我認識出現

十八至二十四個月借助鏡子立即去摸自己鼻子的人數迅速增加，在有無自我意識問題上出現了質的飛躍。

路易斯和布魯克斯（1979）除採用阿姆斯特丹的「點紅測驗」的鏡像研究外，還利用景象和相片作了進一步的實驗研究。他們從研究中提出嬰兒認識自我形象的根據或線索有兩條：一是相倚性（鏡像動作與嬰兒動作一致）；二是特徵性（鏡像與嬰兒身體特徵的一致性）。

卡根（Kagan, 1981）設計了這樣一個實驗：將兩歲左右幼兒帶到一間帶有玩具的屋裡，讓他們玩十五分鐘，然後由研究者用玩具演示一種較難模仿的動作，並要求幼兒重複，觀察幼兒的意願和能力。他定出了自我認識出現的幾個指標：如對要求模仿顯得苦惱和焦慮（意識到自己不能完成任務）；完成任務，達到預期目的後出現的控制性微笑（意識到自己有能力完成任務）；向成人發號施令（表明嬰兒意識到了自己能影響別人的能力）；自我描述性語言（描述自我行為的言語，和包含「我」、「我的」及自己名字的句子）。這個實驗結果顯示，隨著年齡的增長，不僅自我描述的語言增多，而且從對自我生理性的描述，發展為對自我能力、行為、內心活動和個性品質的描述。

　　二至六歲的幼兒已獲得了生活中許多必不可少的工具：語言、姿勢、繪畫、數字及其他有關的符號。利用這些符號工具，他們不僅能順利地與周圍人交往，還能從中了解自己。遊戲是這個年齡兒童的主導活動。通過遊戲，尤其是通過想像性遊戲，兒童扮演種種不同的社會角色，體驗不同角色在不同場合的感情，既可學會了解別人，又可學會如何使自己適應別人，同時還開始學會把自己的行為與別人的行為相比較，在成人的幫助下學會簡單地評價別的兒童的行為和自己的行為。

2. 幼兒自我評價的特點

　　幼兒的自我評價尚處在學習階段（有人稱其為「前自我評價」），大致有以下幾個特點：

(1)依從性和被動性

　　幼兒由於認知水平的限制，加之對成人權威的尊重與服從，往往將成人對自己的評價就當作是自己的評價，所以他們的自我評價基本上是成人對他們評價的簡單重複。這種評價不是出於自發的需要，而是成人的要求。

(2)表面性和局部性

　　幼兒的自我評價都集中在自我的外部行為表現，還不會評價自己的內心活動和個性品質。與表面性相聯繫的是幼兒只會對某個具體行為做出評價。如問幼兒自己為什麼是好孩子時，只會說：「我不罵人」、「我自己穿衣服」等。

(3)情緒性和不確定性

　　幼兒的自我評價往往帶有主觀情緒性。對權威（如父母、教師）的評價及對自己的評價（與同伴相比較時）總是偏高（蘇波茨基）。

加之評價的依從性和被動性，幼兒的自我評價很不穩定。幼兒自我評價的發展趨勢是時高時低，尚無規律可循。

隨著年齡的增長，幼兒自我實踐經驗的累積，及與同伴、成人的相互作用，幼兒自我評價逐漸提高，變得較為獨立、客觀、多面和深入。

二、學齡兒童自我意識的發展

兒童進入學校以後，自我意識得到明顯發展。一方面是由於兒童已能利用語言符號調節和指導自己的行動；另一方面是因為客觀環境向兒童提出了一系列的要求，迫使兒童要經常按照這些要求來對照檢查自己的行為，加之成人和同伴也經常以這些要求來評定兒童的行為，因而使兒童對自我有更多的了解。

1.對學齡初期兒童自我意識的研究

王憲清對兒童道德判斷作了相關研究。他認為小學生自我評價有如下幾個特點：(1)從受外部條件的制約過渡到受內部道德認識的制約。大約從四年級起，可以明顯地看到兒童開始從道德原則來評價自己或別人的行為；(2)從注重行為的效果過渡到注重行為的動機，轉折年齡在九歲左右；(3)從注重行為的直接後果過渡到注重行為或後果的性質。在這個過程中，兒童逐步形成「人比物重要」的概念；(4)自我評價的獨立性日漸發展，並且有了一定的批判性；(5)從對具體行為的評價到有了一定概括程度的、涉及到某些個性品質的評價。

楊國樞（1977）對小學四、五、六年級兒童的自我概念從自我接受度和自我和諧度兩方面加以分析研究。結果指出：(1)男生的得分一直很穩定；女生的得分隨年級上升而下降，表示年齡越大，對自己印象越差。男女生自我概念上的差異是社會對男女持不同態度所致；(2)

小學高年級生的自我概念較多地從受社會讚許的方面評定自己（如較多選擇歡樂的、友善的、講理的、會做的等形容詞）。

總而言之，小學生的自我概念和自我評價的水平還是很低的，正處於從具體的、個別的評價向抽象的、概括的評價過渡的階段。

2. 對青少年自我意識的研究

青少年時期是自我意識發生突變的時期，產生這種突變的原因有三個方面：

(1)生理上的原因

青少年時期正處於身體生長發育高峰的青春期，身高體重劇增，性成熟開始。生理上這些急劇的變化使兒童開始意識到自己不再是個小孩子，出現了「成人感」。

(2)心理上的原因

在身體迅速發育的同時，少年獲得了一種新的思維能力，能夠對自己的心理過程、內心活動加以分析、評定的思維能力。這種能力稱為反省思維能力。有了這種思維能力，兒童就可以把自身作為思考的對象，把自己的心理活動清晰地呈現在思維的屏幕上，按照內化了的社會化標準，像以前分解每個具體動作那樣審視自己的個性特點、道德品行和情緒狀態。

(3)社會的原因

隨著身心的發展，兒童進入了高一級學校，兒童在家裡和學校的地位發生了變化。雖然父母和教師還未把兒童當成人看待，但也不再把他們當孩子了，向他們提出了更高的要求。同時，青少年正面臨著許許多多有待抉擇的社會問題。這一切就不得不使青少年要正視自己、了解自己。

　　引起青少年認識自己的另一個社會因素是，他們為了不斷地調整自己與同齡人的關係，以便在團體中占有一定的地位，受到同齡同伴的尊重。如果說小學生只需要作為團體中的一個成員，以能夠參加團體舉辦的一切活動為樂的話，那麼，中學生就不能以此為滿足，他們要得到別人的尊重，力求找到知心朋友。在與同齡人相處中，青少年不僅喜歡注意和評論別的青少年的心理特徵和品質，而且自覺地將自己和同齡人比較，找出優點和缺點。這就為青少年的自我教育創造了最有利的條件。

　　青少年自我意識的特點：

(1)成人感和獨立意向的發展

　　隨著成人感的產生，兒童一方面更加自覺地希望參加成人的活動，另一方面也更加希望得到別人的尊重，希望別人將他當成人看待，讓他享受與成人同樣的權利。如果在這個時候父母繼續把兒童當孩子看待，他就會產生不滿情緒，以為這是父母對他的束縛和監視。少年與父母的衝突往往在於父母還不了解兒童內心已發生的這種變化。

(2)自我的分化

　　進入青春發育期後，兒童不僅能認識和評定自我的所作所為，還能把做出這些行為的自我作為客觀的對象加以分析、評定。只有到了這個時候，兒童彷彿才第一次發現了自己，開始認識自己並試圖按照自己的願望塑造自己、統一自己。心理學家把青少年時期稱為「第二次誕生」。一般認為，這種「第二次誕生」是兒童個性重新塑造的時期，處於青少年的後期。

(3)自我意識的強度和深度不斷地增加

　　青少年強烈地渴望認識自己、了解自己，十分關心自己的內心世

界，關心自己的個性、心理，對自我的認識越來越深化。同時，能更
加認真地傾聽別人的意見，更加全面深刻地認識自己。

(4)自我評價逐漸趨於成熟

自我評價是指自己對自己的能力和行為的評價，是個體自我調節
的重要機制。青少年自我評價的發展表現在三個方面：一是評價的獨
立性日益增強；二是自我評價逐漸從片面性向全面性發展；三是對自
己的評價已從身體特徵和具體行為向個性方面轉化。

自我意識是人類特有的主觀能動性。隨著自我意識的發展，兒童
的心理活動和社會行為越來越多地置於自我的監督與控制之下。到了
青少年時期，兒童就能逐漸地按照內化了的社會化目標自覺地改造和
重建自己的個性結構，從而加速個性社會化的進程。自我意識不僅是
人格的組成部分，而且是個體實現社會化目標，完善自己人格特徵的
重要保證。可以這樣認為，兒童個性的發展，不僅有著生物學因素的
作用、社會化因素的作用，還有兒童作為主體我的作用、作為我的功
能自我意識的作用。教育者必須善於利用這個重要的作用，要教會兒
童自己教育自己，完善自己的個性。

影響兒童個性發展的因素除本章討論的家庭和自我意識外，同伴
也是一個重要因素。關於這一因素對個性的作用將在第十一章討論。

參考書目

1. 王耘、謝忠根等：《小學生心理學》，浙江教育出版社，一九九三年版。

2. 申繼亮、李虹等：《當代兒童青少年心理學的進展》，浙江教育出版社，一九九三年版。

3. 威廉·C·格萊因：《兒童心理發展的理論》第七、八章，湖南教育出版社，一九八三年版。

4. J·M·索里等著：《教育心理學》第六章，人民教育出版社，一九八二年版。

5. 高月梅、張泓：《幼兒心理學》，浙江教育出版社，一九九三年版。

6. J·P·普查林等著：《心理學的體系和理論》（下冊）第十二、十三、十六章，商務印書館，一九八四年版。

7. 張欣戊等：《發展心理學》第九章，臺灣空中大學出版社，一九九五年版。

8. 劉范：《發展心理學》，團結出版社，一九八九年版。

9. P·H·墨森、J·J·康杰：《兒童發展和個性》第十一章，上海教育出版社，一九九〇年版。

10. 黛安·E·普利等著：《兒童世界》第六、八章，人民教育出版社，一九八四年版。

11. 龐麗娟、李輝：《嬰兒心理學》，浙江教育出版社，一九九三年版。

第十章 兒童性別角色的社會化

　　兒童來到世界上，父母急於知道的第一個訊息是「男的」，還是
「女的」。這既是一個生物學的事實，又是一個社會事實。兒童一生
下來就被分別納入由社會劃分好的兩個性別範疇。兒童在成長過程
中，逐漸地獲得了他（她）所生活的那個社會所認為的適合於男子或
女子的價值、動機、性格特徵、情緒反應、言行舉止和態度。這個將
生物學的性別與社會對性別的要求融進個體的自我知覺和行為之中的
過程就是兒童區分性別角色或性別定型化的過程。它是兒童適應社
會，實現社會化的重要內容。男女兒童究竟存在哪些性別差異呢？這
些差異是如何造成的呢？雙性化人格是不是更有利於兒童的社會適應
呢？這是本章討論的重點。

第一節　兒童性別定型化過程

一、性別定型的幾個基本概念

1. 性　別

性別，就是我們通常稱謂的「男性」或「女性」。這是根據生物學特徵對人類群體的基本界定。作為男性，其性染色體由 XY 組成，有性腺、睪丸，而女性的性染色體由 XX 組成，性腺是卵巢。男女性的外部生殖器也不同。

2. 性別角色

性別角色是被社會認可的男性和女性在社會上的一種地位，也是社會對男性和女性在行為方式和態度上期望的總稱。每個社會對男性和女性都會提出種種不同的要求，小到服飾、言談舉止、興趣愛好、性格特徵，大到家庭分工、社會分工，形成一套男女性別有意無意必須遵守的刻板的性別模式。不同的社會有不同的性別模式，並且隨社會本身的變革、發展而發生某些變化。因此，相對於以生物學特徵劃分的性別，性別角色實質上是一種社會性劃分。生物學的性別是扮演社會性別角色的基礎，但個體能否扮演好合適自己性別的性別角色，或者說是否具有「男子氣概」或「女人味」，這與個體對性別及性別角色的認識及意願有關。

3. 性別同一和性別角色同一

　　一個個體要適應社會，發展自我，學會認識自我的性別，並選擇相應的性別角色行為是十分重要的。根據身體結構和功能來確認自己是男性，或是女性，這就是性別同一。根據社會對性別角色的要求來確認自己，則是性別角色的認同。發展心理學主要研究性別認同和性別角色認同的過程，也即性別定型化過程。

二、性別定型化的發展過程

1. 性別恆常性的發展

　　據研究，人們一般認為性別恆常性的發展要經歷三個階段：(1)性別認同（二至三歲）；(2)性別穩定性（四至五歲），即知道人的性別不會隨年齡變化而變化；(3)性別一致性（六至七歲），即懂得人的性別不會隨服飾、形象或活動的改變而轉變。

　　伊頓（Eaton, 1981）等人的研究發現，兒童的性別恆常性沿著先認識自己的性別恆常性，然後認識與其同性的兒童的性別恆常性，再是認識異性兒童的性別恆常性的線路發展。

　　皮姆（Bem, 1989）設計了這樣一個實驗來研究性別同一的發展。他首先給三至五歲的幼兒看一張裸體幼男和裸體幼女的照片，了解幼兒對器官的認識情況；而後，給幼兒看剛才照片上的幼男和幼女穿了衣服的照片。有的照片上的幼兒穿了與性別相符的照片，有的則是穿了相反性別的衣服。他發現，在看過前後兩種照片的孩子中，有40％的幼兒能正確辨認出穿上男孩褲子的女孩，或穿上女孩裙子的男孩照片；在能認識性器官差異的幼兒中，有60％能正確回答這個問題，而在無法認識性器官差異的幼兒中，僅有10％能正確回

答。這個研究表明，認識性器官有助於性別認同的穩定性。

2. 對性別期待的認識

三歲兒童不僅能分辨自己和別人是男的還是女的，還懂得不少有關性別角色應有的活動和興趣。如知道男孩該玩汽車、槍；女孩該玩娃娃、烹飪遊戲。但他們的這種認識十分刻板。

五歲左右的兒童開始認識到一些與性別有關的心理成分，如男孩膽子要大，不能哭；女孩要文靜，不能粗野。

兒童中期的學生對社會性別角色的認識不斷深化。原有的刻板的性別思考降低了，認識到人們可以把女人味和男子氣概結合起來，能較好地接受與規定的性別角色不同的行為。

研究者（S. A. Marantz & A. F. Mans Field, 1977）向七至十一歲的女孩提出各種活動、職業和品質，問女孩這些活動、職業和品質是否比較適合男孩或女孩，或兩者皆可。結果見圖 10-1。圖示表明，年齡小的兒童性別同一十分刻板；隨著年齡增長，到了兒童中期，兒童一方面對文化規定的性別概念有了更多的理解；另一方面則對性別概念的理解變得更加靈活。他們認識到，一個人的性別並不會因從事違背性別規範的活動、職業或品質而有所改變，並開始對自己的角色定型加以反省和修改。

3. 性別偏愛

兒童雖然常常偏愛與自己性別相同成員的活動和角色，但並不總是如此。不少研究指出，男孩更加喜歡男子氣概的活動，並對這類活動感興趣，但女孩不一定喜歡或對所謂女人味的活動感興趣。女孩往往轉向偏愛男子氣概的活動，接受男子氣概的個性特徵。這個發現並不是二十世紀七〇年代社會變化的結果，而在二〇年代、五〇年代、六〇年代就有這種傾向，有人認為這可能與社會上男子更受尊重有關。不少女孩子把自己看成是頑皮的女孩，喜歡男子的遊戲和活動，

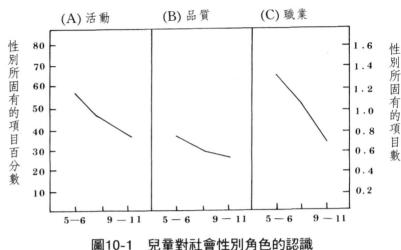

圖10-1　兒童對社會性別角色的認識
(a)活動（如修理汽車或洗碟子）
(b)品質（善良或支配）
(c)職業（要當一名教師或工程師）
從五至十歲，性別角色成規不斷減少，因爲年長的兒
童常把一些特徵看作是對兩性都合適的。

在小學期間尤其如此。

　　人們常用 IT 量表測定兒童性別角色的偏愛。IT 量表是由三十六
張卡片組成的投射測驗。其中一張卡片表示「IT」，這是一個未確
定性別的模糊的形象，其他一些卡片是描繪具有男子氣概或女人味含
義的物體、人物和活動。讓兒童看「IT」圖像，然後要求他們從各
對玩具（如卡車和娃娃）、衣服（如褲子和上裝）以及活動（如運動
和玩娃娃）中加以挑選，並問「IT」喜歡哪一種。假設兒童為
「IT」所作的選擇就是代表自己的選擇。根據「ITSC」所測的結
果，美國女孩對女人味的偏愛在三至四歲有一個迅速增長期，可是從
四至十歲轉向偏愛男子氣概，直到十歲才又突然向女人味偏愛發展。
在對日本兒童的測定中發現，日本男孩與女孩在三至五歲時就有選擇
同性對象的顯著傾向，基本上與美國的男孩變化相似，大多數美國男
孩在學齡前期已偏愛男子角色。

從兒童遊戲的模式中也可看出類似的傾向。學齡前和初級小學的女孩跟男孩相比，並不是十分嚴格地遵循適合自己性別的行為，女孩玩卡車的要比男孩玩娃娃的遊戲更多一些。

4. 性別角色行為的採擇

兒童的行為很早就顯示出性別類型。學齡前兒童已經開始選擇同性別伙伴一起玩遊戲，經常可以看到男孩一組，女孩一組各玩各的適合於他們性別的活動或遊戲。有人研究了學前兒童以成人標準劃分的男性的、中性的、女性的玩具的選擇行為（M. O. Brien & A. C. Haston, 1985）。其結果參見圖 10-2。這個研究發現，即使是兩歲的孩子也喜歡同性玩具。到了小學，這種性別分割的情況更加突出。儘管兒童很早就在活動、興趣和選擇同伴方面顯示出性別差異，但在個性和社會行為方面並未顯示性別差異。

第二節　性別差異產生的因素

男女兒童之間到底存在哪些性別差異呢？造成這些差異的原因何在？這是發展心理學家一直關注的問題。

一、性別差異的表現

1. 身體和動作方面

出生時女孩在身體和神經系統方面的發展比男孩快些。無論走路、說話、長牙齒、青春期的到來，女孩都先於男孩。男嬰出生時身

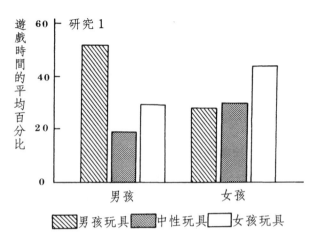

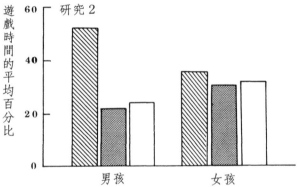

圖 10-2　十五至三十六個月兒童對玩具的選擇
（引自 M. O. Brien & A. C. Haston, 1985）

體比女嬰要長些、重些，有更加成熟的肌肉，比較大的心臟和肺，對
痛的敏感性要低些。從嬰兒期開始，男孩長期維持高效的新陳代謝，
具有較強的活動能力，心臟與肺部發育均衡，血紅蛋白高度集中，這
在青春期更為明顯。男性激素促進了血紅蛋白的形成，而女性激素則
沒有這種直接作用。女嬰的活動比較精細，大部分是面部表情，如張
嘴、微笑和吸吮。男嬰表現了更多的自發性活動，由大肌肉活動構
成。同時，隨著年齡的增長，男嬰在大肌肉動作技能和力量方面顯得
更加優越。女嬰的觸覺和痛覺閾限較男嬰低。

男孩從受精開始就顯示出身體生長的脆弱性。懷孕時男女性別之比為 120：100，到分娩時，這個比例已下降為 110：100，因為自然流產的大多數是男性。到活著生下來時這個比例再次下降到 106：100。這是由於男嬰對出生前後的一些併發症（如缺氧等）十分敏感造成的。男子的一生對疾病都比女子更敏感些。有許多疾病如大腦麻痺、病毒感染、潰瘍、冠狀動脈血栓形成以及精神病，對男子來說更易發生，還有一些與性別有關的隱性異常，如血友病或色盲，對男性的影響遠比女性嚴重。如果 X 染色體攜帶隱性基因，即使在異卵雙生的條件下，男性也會表現異常，而女性除了同卵雙生之外，因受到另一條 X 染色體的保護而表現正常。從這個意義上來說，女性生來就不是一個脆弱的性別。

2. 認知方面

男女兩性在認知方面的差異，可從男女兩性認知差異變化的年齡傾向、認知差異的具體表現兩個方面來看。

⑴男女性別差異的年齡傾向和具體表現

一般的研究都認為，男女兩性在認知上的差異有年齡傾向性，但是對哪個年齡階段女性在認知發展上超過男性，在哪個年齡階段男性超過女性或兩者沒有差別，由於具體使用的研究方法不同，結論常不一致。

學者的一些研究認為，男女兩性認知差異發展的年齡傾向是：男女兩性在學齡前的差異不明顯，尤其是乳嬰兒時期，幾乎沒有什麼差異。幼兒時期女孩的智力略優於男孩，但不顯著。從學齡期起智力上明顯出現性別差異，女性智力優於男性。但是，這種優勢到了青春發育期就開始有所下降。當男性青春高峰期到來時，男性的智力開始逐漸優於女性，並且隨年齡的增長，這種優勢愈益明顯。青春發育期結束才逐漸減弱繼續擴大的趨勢。

男女兩性認知差異的年齡傾向反映了男女兒童在認知差異總體上的平衡性。這種平衡性還反映在另一方面，男性在智力發展分布上智愚兩端都比女性多，而女性的智力發展較為均勻。英國和日本的不少研究也發現，男女兩性的平均智商沒有什麼差別，但男性標準誤差很大。從學習成績來看也有類似的情況，一般看來男生學習成績優異的和差的為多，女生成績以中等的為多，男女的平均成績並無明顯差異。在事業成就的表現上，男女智力差異在總體上的平衡性也同樣存在。創造力強、在事業上成績卓著者男性居多，然而由於視聽和閱讀能力缺陷等原因在事業上無所作為者，也是以男性居多。

(2)男女智力有不同的優勢領域

語言：女孩獲得語言比男孩早，在語言流暢性方面，以及在讀、寫和拼寫方面均占優勢。但是她們在言語理解、言語推理，甚至在詞彙方面就比男孩差（Garai & Scheinfeld, 1968）。這個結論受到廣泛的支持。表 10-1 是能力傾向測驗中三個分測驗的常模，從這張表中，可以進一步看到女性在語言的運用方面占優勢，男性在言語敘述和操作方面占優勢。

感知：男性的視敏度優於女性，至少從青春期起是這樣。女性有較好的聽覺定位和分辨力。有的研究認為，這種情況從嬰兒期起就存在了（Lewis, M.）。他們發現，男嬰對視覺模式特別感興趣，而女嬰則對聽覺模式更感興趣。對於視覺模式，女嬰對臉部十分感興趣，似乎比男嬰更容易分辨這種形狀。男女性別對視覺和聽覺通道有著不同的強化性能。同樣的視覺刺激對男性的強化作用更大些，而同樣的聽覺刺激對女性的強化可能更大些。這種不同性別對視覺和聽覺通道的不同依賴程度不僅在兒童期、青春期可以觀察到，甚至成年期也有這樣的情況。

表 10-1　兩個年齡組男女兒童三個不同能力分測驗的常模

年齡（歲）	性別	言語推理	語言運用 I 拼寫	語言運用 II 句子
13	男	15.8	25.9	20.2
	女	14.6	37.9	28.6
17	男	29.3	59.1	40.9
	女	25.2	72.1	45.8

　　十歲起，男孩的視——空能力開始超過女孩，包括在二維或三維空間操作客體，看地圖和瞄準目標等活動。

　　記憶：男性的理解記憶和抽象記憶較強，而女性的機械記憶和形象記憶較強。日本一學者的研究指出，女性在所有年齡階段上機械記憶和形象記憶都優於男性。

　　思維：男女兒童從幼時起思維活動就各有其特點。有些研究者專門觀察了嬰幼兒的活動，發現女孩主要從事比較安靜的活動，如連接玩具、畫圖、泥塑、剪物品等，而男孩則十分好動，喜歡操作實物，推拉玩具，或蹦蹦跳跳。男孩喜歡探索環境，拆裝玩具，想點子玩，女孩在這方面遜於男孩。

　　以思維類型劃分，男性偏於邏輯思維，女性偏於形象思維。在思維發展的年齡階段上，學齡前兒童中女孩思維發展的速度和水平略高於男孩，到了幼兒晚期，由於男孩在言語的理解和推理方面較好，女孩在思維上的優勢逐漸失去。到了小學階段，這種優勢逐漸轉移到男孩身上。

　　關於男女性在創造性和發散性思維方面有無差異的問題，沒有一致的結論。有的研究發現，在創造性測驗中，女孩的流暢性（對測驗特定項目所作的反應總數）明確地高於男孩，但僅從獨創性（對測驗特定項目所作的獨特性反應數目）方面來看兩者並無差異。有的研究儘管得到了一些獨特性測定有利於男孩的事實，可是並未提及性別差異。還有些研究發現，十六歲的男孩其流暢性比女孩強，但未提到獨

創性方面。因此，關於男女兒童創造性比較測定中的結果有點模稜兩可。還沒有一個確鑿的研究表明，女孩有比較大的獨創性。

　　但是，一些偶然性的和經驗性的證據則認為成年男子的發散性思維和獨創性比女子好。肖克斯密斯（Shouk Smith, 1970）在對智力、推理、問題解決和創造性進行廣泛的研究之後，作了這樣一個總結：「男性和女性思維是不一樣的，女子組的因素比男子組複雜得多，女子的許多行為模式似乎彼此都是排斥的，例如，我們發現女性中創造聯想對立於演繹推理，而在男性中這種對立不甚明顯，真實的創造力依賴於必要時思路轉換的能力。在這點上，你會發現在真正的發明天才或科學發現者的行列中女性寥寥無幾。」

3. 社交和情緒發展方面

　　女孩參加社交方面的活動比男孩多，男孩對物體和事情更感興趣，而女孩似乎對人更感興趣。

　　男孩的攻擊性行為比女孩多。女孩的攻擊主要是漫罵，而男孩更多的是用拳頭和腳。

　　女孩在一起從事合作性的活動多於男孩。女孩傾向於找比自己年齡小的同伴玩，對比她年幼的孩子會表示關心和幫助。男孩傾向於跟年齡比他大的男孩合作，如試著參加大孩子們的比賽。男孩對同伴的苦惱或不舒服有點漠然。一般成人和兒童都傾向於參加與自己同性的人交往。

　　過去人們一直認為，女孩比男孩更膽怯、害羞，但有人（Diener等，1985）發現，在應付各種緊張情境中，並無兩性差異，只是女性比男性更易報告和表現她們的懦弱、膽小和焦慮等感受；在支配性和競爭性方面也未發現性別差異。

二、性別定型化理論

試圖解釋兒童性別差異如何發生的理論假設有幾種：

1. 認知發展理論

柯爾伯格在一九六六年提出，性別類型化是認知發展變化的結果。很小的孩子就獲得了我是男孩或女孩的性別認同。這實際上就是一般性的分類傾向的一部分。一旦建立了性別認同，兒童就會主動地尋找區別男孩和女孩的活動、行為和價值觀等有關的訊息。他們無須得到成人直接的鼓勵和指導，而是自發地構建在他們周圍的每種性別角色的知識，然後又自然地去評價這些與他們的性別有關的模式。一個男孩會說：「我是一個男孩，所以我要做『男孩』的事情。」柯爾伯格還認為，當兒童達到了「性別守恆」時，這個過程就完成了。

這個理論的有些部分得到了證實，如兒童確實並未直接受到成人的指導，而是自發地很早便學會了性別認同和有關性別角色的知識。他們通過觀察父母、教師、鄰居、兄弟姊妹和電視角色，以及遇到的其他人，吸取有關男子和女子行為的信息。但是，並沒有證據表明，性別穩定性對性別類型化的重要性。性別穩定性獲得早的兒童並沒有比性別穩定性獲得遲緩的兒童更可能發現性別定型化。許多研究還指出，幼兒在未達到性別穩定性之前，已經能按性別角色去行為了。而且，也並不是所有的兒童都對性別角色的描述感興趣，儘管他們知道性別角色上的一些差異。例如，女孩就很少按女孩角色的成規來活動。此外，這個理論也無法說明個體在性別定型化上的強度和特徵的差別。

2. 性別圖式理論

　　信息處理理論也用兒童對性別的認知來解釋性別定型化（Liben
& Signorella, 1987; Martin & Halverson, 1981）。按照這個理
論，一旦兒童獲得了性別角色圖式，就會按照這種圖式來解釋世界上
的事情，凡背離性別規範的事情，兒童很少注意它或記住它。

　　讓兒童看許多顯示規範化性別角色的男女圖片（如女護士、男法
官）和與規範化性別角色相反的男女圖片（如男打字員、女牙科醫
生）。幾分鐘後，要求兒童從包含類似圖片的許多圖片中選出原先看
到過的圖片。結果表明，兒童能認出與性別規範一致的圖片多於不一
致的圖片（Cann & Newbern, 1984）。在極端的例子中，記憶竟被
歪曲了。給六歲兒童觀看四部反映醫生和護士的影片中的一部，影片
的唯一差別是兩個角色的性別（兩個男的；兩個女的；男醫生、女護
士；女醫生、男護士）。觀看與傳統角色分工一致的影片的兒童，正
確地記住了演員和他們的角色；那些看了女醫生和男護士的影片的兒
童常常記錯，有人會說男護士是醫生（Cordua, Mcgraw & Drab-
man, 1979）。

　　性別圖式理論認為性別同一是性別定型化的中心任務。獲得了性
別同一，也就獲得了性別圖式—— 一套系統化了的有關男性和女性
的觀點和期望。有兩種重要的性別圖式：組內和組外性別圖式（如女
孩愛哭，男孩不能哭）以及自身性別圖式。形成性別圖式後，兒童就
按照信息加工的原理進行運作。

　　這個理論強調了社會因素對兒童性別定型化的作用，也十分重視
兒童自身構建性別圖式的能動作用。這是研究兒童性別定型化理論中
較新潮的理論，需要進一步探究。

3. 社會學習理論

　　社會學習理論認為，性別定型化行為是通過與其他形式的行為一

樣的過程學會的。兒童從很早開始就因為不同的行為而受到獎勵或懲罰。他們通過對別人的觀察學會期待與性別角色相符的行為。兒童的性別偏愛和適應性別角色的行為主要就是通過獎勵與懲罰、觀察與模仿獲得的。

有一個實驗讓三組兒童分別觀察成人對中性物體（如蘋果和香蕉）的偏愛：(1)第一組兒童看見四個男人選擇一組物體 A，四個女人選擇另一組物體 B；(2)第二組兒童看到三個男人和一個女人選擇 A，三個女人和一個男人選擇 B；(3)第三組兒童看到兩個男人和兩個女人選擇 A，兩個女人和兩個男人選擇 B。然後，這個實驗讓兒童自己選擇 A 或 B。實驗結果顯示，第一組兒童的選擇與同性別範型高度一致；第三組兒童的選擇與同性範型一致性很低。

日常生活中經常可以看到兒童對父母性別行為的模仿。有研究表明，母親外出工作的女孩與母親是家庭婦女的女孩相比，傳統的性別角色概念就少一些，而且，前者教育水平、職業期望也比後者高（Huston, 1983）。父母對性別角色的態度也會對兒童產生重要影響。如果母親認為父親參與家務勞動與男子氣概是一致的，兒童的性別角色圖式中也會結合進父親的非傳統性別角色行為。

兒童對性別角色行為的觀察與模仿，還來自電視這一傳播媒體。許多電視中的人物有顯明的性別規範，如女子總是做洗衣機廣告、化妝品的廣告；男子則是手捧妻子遞過來的名牌咖啡，說一句：「味道好極了！」

父母常常會自覺或不自覺地獎勵兒童從事與性別相符的行為，懲罰與性別不相符的行為。參見表 10-2。

表 10-2　父母對學步走時期男女孩的反應（％）

兒童的行為	父母反應			
	肯定的		否定的	
	對男孩	對女孩	對男孩	對女孩
男子氣概行為				
積木遊戲	.36	.00*	.00	.00
操縱物體	.46	.46	.02	.26*
交通玩具遊戲	.61	.57	.00	.02
劇烈翻滾遊戲	.91	.84	.03	.02
攻擊性的踢、推	.23	.18	.50	.53
跑和跳	.39	.32	.00	.07
爬上爬下	.39	.43	.12	.24*
騎三輪腳踏車	.60	.90	.04	.06
女人味行為				
玩娃娃	.39	.63*	.14	.04*
跳舞	.00	.50	.00	.00
請求幫助	.72	.87*	.13	.06*
玩化妝打扮遊戲	.50	.71	.50	.00
幫助成人	.74	.94*	.17	.06*
圍著父母轉	.39	.79*	.07	.07

註：本表列出了父母對兒童從事行為作肯定反應（如表揚、指導、解
　　釋、參加兒童活動）或否定反應（批評、限制、懲罰、停止遊戲）
　　的百分比，本材料乃通過在家裡觀察父母和二十四個月的嬰兒得到
　　（B. I. Fagot, 1978）。
　　＊代表父母對男女孩的反應有顯著差異。

4. 心理人類學理論

　　這個理論是在二十世紀六○年代由心理學和文化人類學結合而產
生的。它的前身是二○年代就在人類學中出現的文化與人格學派的理
論。這個理論十分重視社會文化對人格的影響，在研究方法上強調心
理實驗研究同人類學的自然主義的調查與現場研究相結合。

　　人類文化學家米德（Mead, M., 1935）對新幾內亞三個現代原
始部落的男女差別作了研究。這三個部落分別是阿拉佩什
（Arapesh）、門杜古莫（Mundugumor）和特哈布利（Tcham
buli）。研究發現，在阿拉佩什和門杜古莫兩個部落幾乎沒有什麼性

別角色的差異，但是阿拉佩什部落裡男女所顯示的行為是在其他許多社會裡被認為是女性的行為，而門杜古莫部落男女所顯示的行為卻是傳統上被認為是男性的行為。阿拉佩什部落裡的人是消極的、合作的、不堅持己見的人，而門杜古莫部落的男女卻是互相敵視的、好攻擊人的、殘忍的。阿拉佩什部落的父親和母親都要負責撫養嬰兒。米德在特哈布利部落發現了與一般社會文化傳統截然不同的性別角色。在那裡，男子在交往上是敏感的，懂得關心人，有依賴性，對藝術和手藝感興趣。相反，女子是獨立的，有進取性的，在對事情下決斷時往往女子起著決定性的作用。

米德指出，因性別不同而顯現的人格特性或角色扮演並非源自生物學基礎，而是因文化模式而定型的。據後來者（Child, I. L.）的調查表明，這種未開化民族的男女角色之顛倒乃是極個別的例子，所以米德的結論似乎有失偏頗。但是，事實畢竟是事實。它擊碎了男女性別差異乃來自先天的絕對論說法。男女不同的第三性徵有明顯的社會文化制約性、時代的制約性，也表明了男女行為有很強的社會可塑性。

儘管性別類型化的發生與兒童性別認知、性別圖式的發展有關，與兒童對成人性別行為的觀察與模仿有關，與成人對兒童性別行為的強化有關，與社會文化的制約有關，但許多研究也證明性別行為的產生有其生物學因素的影響。

三、生物學因素的影響

這方面的研究集中在荷爾蒙對性別區分的影響，以及腦功能的發展與單側化跟性差的關係上。

1. 荷爾蒙的影響

　　荷爾蒙是一種極為強大的、專門化了的化學物質，這種化學物質與能夠接受荷爾蒙信息，並對它作出反應的細胞相互作用。雄性激素即男性荷爾蒙。睪丸激素是一種專門的雄性激素，許多性別差異與此激素有關。雌激素和孕激素即是女性荷爾蒙。男性荷爾蒙和女性荷爾蒙在男嬰和女嬰、青少年和成人以不同的濃度存在。這種差異在學齡前和小學兒童並不顯著。按照有機體對荷爾蒙的反應，有人認為胎兒期和青春發育期是關鍵期。荷爾蒙在胎兒期便把心理的和生理的傾向性組織分成為男性的或女性的，到了青春發育期，荷爾蒙的增加激活了這些早在機體裡被決定的傾向性。

　　有人曾對動物作了荷爾蒙注射來改變性別行為的研究。給懷孕的母猴在其孕期的第二個小週期（註：一個小週期相當於四分之一週期）內注射雄性激素。結果這只母猴生下了假的兩性畸形雌性後代，這個後代不僅生殖器發生了變異，而且行為模式也顯示一些雄性猴的特點，如有更多的威脅別的猴子的姿勢，在遭攻擊時不甘示弱，喜歡攀登等。以後的研究還發現，如果將雄激素注射到出生後正常的，但尚未發育的雌猴體內，雌猴的行為也會發生變異（Beach, F. A., 1958）。

　　對人類的有關這方面的研究，主要是以出生時性別模糊的兩性人為研究對象。由於研究的對象數量較少，所以對這類實驗結論的應用須十分謹慎。有十名三至十四歲的女孩，她們的母親在懷孕期間為防止流產曾服用激素。這些女孩生下來後性器官就是畸形的。她們都被作為女孩來撫養，但在童年期就顯示出許多男孩的社會行為，被稱之為「男孩似的頑皮姑娘」（Money, J. & Ehrhardt, A. A., 1967）。

　　在另一項研究中，十名十三至三十歲的被試者看上去像是女性，其實染色體是男性的，生殖器也是男性的。可是他們這種女性的樣子彷彿是生來就如此。他們有睪丸而沒有卵巢，他們不能生孩子，因為

他們不會排卵。對這種情形可作這樣的解釋：胎兒在母體中有了男性生殖器後，由於某種障礙男性激素在胎兒身上不再發生作用。這些人看上去與正常的女孩沒有什麼兩樣，所以被當作女孩撫養，他們的行為和態度也與正常的女孩一樣（Ehrhardt. A. A. & Money, J., 1968）。

　　從這些研究中可以看到荷爾蒙對性別區分有很大影響。但是，在研究中還發現了另外一種情況，有的孩子出生時被認作女孩，也當女孩來撫養，可作了染色體和激素檢查後被確定為男性。若要改變他們的性別就必須在兩、三歲之前進行，否則，因為與某種性別的角色同一太強烈、太牢固了，很難再改變。由此，有些心理學家認為，性別角色的確定可能有一個關鍵期，約在出生後第十八個月到三歲。這類研究其實也反映了早期經驗對性別行為的作用。

2. 大腦單側化功能對認知性差的影響

　　人類大腦兩半球在功能上存在差異。一般認為右半球對空間訊息處理加工具有更多的能力，左半球對語言訊息處理具有更多的能力。隨著年齡的增長，腦功能日漸專門化、單側化。

　　在大腦發育成熟前，尤其在學齡前，男女兩性智力活動在大腦兩半球上的反應部位存在差異。一些科學家研究發現，男嬰與女嬰在聽音樂或聽童話故事時用腦的部位恰好相反。女孩的反應部位是大腦的左半球，男孩的反應部位是大腦的右半球。當兒童大腦成熟後，這種差別便消失了。在大腦發育成熟的過程中，男女兒童腦的發育情況是不同的。一般而言，女孩的大腦左半球神經細胞的生長和髓鞘化的實現比男孩早些，而男孩的大腦右半球神經細胞的成長及髓鞘化的完成比女孩快些。直到青春發育期，這種差別才趨向平衡。正因為如此，女孩說話、閱讀都較男孩為早，語言能力也較強。

　　男女兩性大腦半球發育速度和水平上的差異造成了腦功能的專門化和單側化。加拿大麥克馬斯特大學精神病學系的威特爾森（S.

Witelson）曾作了有關研究。他選擇了兩百名智力、身體發育正常而慣用右手的兒童作被試者，將這些兒童分成二十五組，每組內六至十三歲兒童都間隔兩歲，要求兒童分別用左右手手指同時摸兩個形狀不同、眼睛看不到的模型十秒鐘，然後挑選出正確的形狀。每個兒童測試十次，結果男女兒童在總的正確性上並無差別，但男女兒童左右手得分的比率很不相同。男孩左手的得分比右手高，女孩則無左右手之別。威特爾森認為，男孩的左右手得分之所以有別，是因為男孩處理空間信息的右腦半球在六歲左右已較專門化，而女孩的這種專門化要到青春期才出現。

一些研究還認為，男子的腦功能比女子的腦功能更加單側化、專門化。同樣遭受左腦半球損傷，婦女比起男子來造成的語言缺陷程度就低些，如果是右腦半球損傷，婦女比起男子來造成的空間缺陷程度也要輕些，這可能表明女子的腦功能具有更多的雙側性（Brvden, N. P., 1978; Meglone, 1977）。

還有一些研究認為，在胎兒發展的關鍵期裡，荷爾蒙也許決定了大腦半球的單側化和腦組織的潛能。以後，腦組織不僅擴展了單側化的差異，還擴展了女子和男子發展語言和空間技能上的性別差異。換句話說，胎兒期的荷爾蒙使女子的腦將來對語言訊息處理更為敏感，使男子的腦對空間訊息處理更有效。男子有較優越的空間訊息處理潛能，可能使男子數學成績較女性優越。男子勝過女子最突出的方面是幾何學，而幾何學必須以空間視覺為基礎。在數學領域裡一些不是單靠幾何學為基礎的學科，如代數就沒有發現這類性差。

不過，即使發現了男女兒童在空間訊息處理能力上存在著生物學的差異，也不能否定或取消社會環境對這類性別差異發展的影響。通常成人往往更多地鼓勵男孩玩弄那些包含空間能力的玩具和遊戲，鼓勵男孩學習數理和從事科學研究。男孩由於從小受到這方面的訓練和強化也對這類活動更感興趣。很難斷言男孩的數理成績比女孩好，應完全歸結於性別荷爾蒙所引起的大腦兩半球功能的單側化。社會教育

的力量使不同性別的兒童從小就從事不同性別的活動，也許正是這種不同的實踐活動，造成了或進一步形成了兒童腦功能的性別差異。

3. 染色體遺傳特性對智力的影響

染色體數量和結構的畸變都會影響個體的智力。據研究，男性比女性更易發生染色體畸變，而且，即使同樣的染色體畸變對男女智力的影響也不同，對男性的影響顯得更嚴重些。另外，還有一些研究指出，某些智力與染色體的遺傳特性有關。如美國芝加哥大學的鮑克（R. D. Bock）和康乃狄格大學的柯蘭庫斯基（D. Kolakowski）在對美國一百六十七個郊區家庭空間能力測驗的研究中發現，空間能力的遺傳為性染色體所致。當然，承認空間能力可以通過性染色體遺傳，並不等於取消個體的學習和環境刺激，而只是說遺傳賦予了大腦可以更好地處理空間信息的潛能。空間潛能的傳遞是一種性連鎖隱性遺傳，女性往往是空間潛能基因的攜帶者，而男性是空間潛能的獲得者或表現者。男性獲得空間潛能的數量遠遠超過了女性獲得空間潛能的數量。

智力因素中可能還存在著類似空間特性為染色體傳遞的情況，但目前這方面的研究還很少。

四、父母和教師對兒童性別差異的影響

心理學家在父母對子女性別角色行為的影響方面看法並不完全統一。如有的認為母親的特徵對女兒的女人味發展有影響，對兒子的男子氣概很少有影響；同性父母的溫暖與教育會增加男女兒童適合性別行為的發展。有的研究為女孩的女人味更多是受到父親的影響。而不是母親的影響，指出母親女人味多，女兒不一定也有更多的女人味。有的甚至認為兒童成年後的性別行為和婚姻關係，也多數受早期與父

親關係的影響，而不是受母親關係的影響。

關於男孩形成男子氣概特徵方面有比較一致的看法，一般都認為是受了父親的影響。如果在一個家庭裡，父親是不太管事的，母親是一家之主，男孩的同一性就會受到嚴重的影響；如果父親既會懲罰孩子，又會教育他們，那就能促進男孩性別行為的發展。家裡父母中哪一個占主導地位對女孩的女人味的影響似乎很少。

如果家庭中缺乏父親會對兒童性別角色行為產生什麼樣的影響呢？不少心理學家認為，家庭因各種原因缺少父親，母親成了承擔子女教育唯一起作用的決定者，男孩往往因為得不到同一的對象而影響男子氣概的發展，在五歲前就與父親分離的男孩身上表現更為明顯。這些男孩在幼兒期他們的積極性要比一般男孩少些，依賴性比一般男性多些，有較多的女子概念，遊戲中也多一些女人味模式的遊戲，吵架時較常用言語的攻擊而較少用身體的攻擊。如果男孩與父親的分離是在六歲或更大時，他們的行為就與核心家庭長大的男孩沒有什麼區別。這就支持了學齡前期可能有一個性別角色敏感期存在的假設。

有的心理學家認為，男孩缺乏男子氣概與男孩從小沒有一個可供模仿的父親有關，現在一些研究已表明，原因並不完全在此。在沒有父親的家庭裡，母親往往更加寵愛自己的兒子，給予過度的關心和照顧。而過度的保護和限制，使他們從小就無法從事男孩的冒險活動。如果他們的母親並不採取這樣的態度，同時又積極地鼓勵他們獨立的探索活動和男子氣概的行為，那麼，這些沒有父親的男孩不一定發生性別角色分裂的問題。

沒有父親或缺少父親對女孩也有影響，只是比對男孩的影響要小些。這種影響主要反映在青春期如何與異性交往的問題上。據有的研究認為，離婚家庭的女孩和父親去世的女孩與異性交往時都有點焦慮，但處理焦慮的方式可能不同。前者渴望結婚，認為這是幸福的保證，後者或者認為世上沒有多少男子可以像父親那麼好，或者認為世上的男子都很好，值得尊敬。

　　西方的研究大多認為，在男女兒童性別角色行為的問題上，雖然父母都起著一樣的作用，但對父親的作用估計得更重要一些。這個結論是否具有跨文化的意義，還得進一步探討。另外，對於家庭中缺少父親或母親以後，如何用其他方式來發展男女兒童合適的性別行為問題也是個值得重視的問題。

　　兒童進入學校以後，往往還會受到世俗偏見的對待。不少教師總認為女孩子聽話、安靜、文雅，但是腦子不夠靈活，喜歡死讀書；男孩子雖然調皮搗蛋、好動，但是腦子靈活、聰敏。一些老師常常對女孩的某些消極的個性特點加以鼓勵，而對男孩的某些積極的特點加以批評甚至懲罰，教師對男生的批評一般多於女生，所以在小學裡，女學生學業成績往往超過男學生，擔任班級工作的女學生多於男學生。這可能也是造成男女性別差異的一個社會原因。

　　到了中學，往往男學生的成績要比女學生好，這是什麼原因呢？一個反饋類型與男女學生對失敗反應關係的研究可能對解釋這個現象有一定幫助。一些教師在女學生解決課題遇到困難時，往往將它歸結為女學生無能；男學生發生同樣的困難時，教師則認為是學習動機問題，是其他一些非智力因素造成的。這樣兩種不同的批評在男女生那裡產生了不同的效應。女學生感到自己學得不好是因為自己是女的，智力水平本來就比男生低，自暴自棄；而男學生往往對教師的這類批評並不關心。漸漸地男女學生根據教師及其他人對自己成功和失敗作出的不同反應，改變了原來對自己的看法，也改變了原來自己的行為，各自發展所謂適合自己性別的能力。

　　現代心理學對兒童性別定型化的研究有三個顯著的變化：(1)父母雖然仍是影響兒童性別社會化的重要因子，但並不是唯一重要的因子。同伴、影視等社會信息渠道對兒童性別概念和合適的性別行為也有重要影響；(2)兒童達到性別定型的年齡範圍擴大了，不再像弗洛伊德那樣只強調出生頭五年的重要性；(3)雙性化理論研究正在興起。

五、雙性化與無性教育

　　過去，心理學家們都十分重視性別定型化的研究，探究男女性別到底有多少差異，產生這些差異的原因何在等問題。從二十世紀七○年代起，以比姆（Sandra Bem）為代表的一些心理學家公然宣稱，要使個體從文化強加的男性化、女性化限制中解放出來，從個體刻板的性別形象束縛中解放出來。許多人證明，既有男子氣概同時又有女人味的雙性化個體是存在的，而且認為雙性化個體要比性別類型化個體更健康，更具適應性。為了證實這一論點，比姆設計了兩個實驗情境：一是需要獨立性的（男性特徵）；另一個是需要照顧別人的（女性特徵）。他對被試者能抵制社會壓力，堅持自己的（正確）意見的獨立性（男性特徵）加以評定（具體情境是同伴咬定滑稽性卡通片一點也不滑稽）。評定照顧人的情境（女性特徵）是讓被試者單獨與一個五個月的嬰兒在一起。結果證明，雙性化個體要比男性化和女性化個體更具靈活性、適應性：男性化和雙性化個體在獨立性測驗中比女性化個體強；女性化和雙性化個體在照顧嬰兒的測驗中，得分比男性化個體高。

　　比姆認為，應該從兒童早期開始就進行無性別歧視的兒童教養，使兒童懂得人與人之間存在許多差異，而不要去強調性別差異。男女之間的差異就像有的男孩喜歡踢足球，有的不喜歡一樣，這樣做的目的是使兒童從小就認識到男孩和女孩基本上是相同的。

　　社會對男女兒童性別角色定型化的要求，其中有些可能與男女兒童的解剖生理特點有聯繫，但有不少可能是社會歷史發展過程中由於男女不同的分工造成的，因而其中有不少人為的不合理的行為要求。隨著社會生產力的發展和科學技術水平的迅猛增長，原先制定的一套男女性別差異的標準，可能已成為阻礙男女兒童潛能發展的障礙。而

在實際生活中，有不少男女已衝破了陳舊的性別行為差異的框框，顯示了新一代新女性和新男性的特點。

　　雙性化人格模式也許能最大限度地發揮個體的潛能，至少不會因為人為的性別限制而限制個體的興趣、愛好和特長的發揮。但是，雙性化人格是不是適合一切社會形態的男女呢？雙性化人格會不會帶來個體發展或戀愛、婚姻、家庭中的新問題呢？如果男女僅剩下生物學性的差別，成為無心理或人格上性別差異的個體的話，社會又會出現一幅什麼圖像呢？這些問題隨著對雙性化人格的研究的深入，都該作出回應。

參考書目

1.傅安球：《男女智力差異與教育》第三、四章，北京出版社，一九八三年版。

2.〔日〕蔭山　莊司等編著：《現代青年心理學》第二章，上海翻譯出版公司，一九八五年版。

第十一章 兒童人際關係的發展

　　兒童個性的發展和社會化過程的實現都離不開人與人之間的相互作用，而且要評定一個兒童的個性特點、社會能力、行爲價值也離不開與別人的相互作用。兒童最初幾年主要是在家庭裡度過的，與其相互作用的基本對象是父母。隨著兒童認知能力的增長，活動範圍的擴大，他們與同伴相互作用的數量越來越多，所占的地位也越來越重要。

　　雖然父母是兒童社會化的主要動因，但同伴也是兒童社會化必不可少的重要動因。父母與同伴對兒童來說是兩種性質的人際關係，父母與兒童基本上是指導與被指導、教育與被教育的縱向關係，而兒童與同伴則是平等的、互相教育的橫向關係。兒童與同伴交往的能力和水平是衡量個性和社會性成熟的重要標誌。兒童隨著年齡的增長，逐漸從生理上斷乳到心理上斷乳，與父母的關係越來越疏離，與同齡人的關係越來越密切，最後成爲一個從思想到行爲完全獨立的人。這是正常發展的必然。擺脫對父母和家庭的依附，走向同齡人社會是兒童社會化的一個重要內容。

　　兒童出生以後，第一個交往最頻繁的對象是母親或別的照料者。不少心理學家認爲，兒童早期與照料者之間形成的關係的性質將會影響兒童以後的發展，所以本章就從這種人際關係開始探討。

第一節　依　戀

一、依戀的涵義和發展過程

1. 什麼是依戀

依戀是嬰兒尋求並企圖保持與另一個人親密的身體聯繫的一種傾向。這個人主要是母親，也可以是別的撫養者或與嬰兒聯繫密切的人，如家庭其他成員。依戀主要表現為啼哭、笑、吸吮、喊叫、咿呀學語、抓握、身體接近偎依和跟隨等行為。

依戀是嬰兒與撫養者之間一種積極的、充滿深情的感情聯結。它對於激發父母和照顧者更精心地照料後代，對形成兒童最初信賴和不信賴的個性特點有著重要的影響。

2. 依戀發展的過程

依戀不是突然出現的。根據一些心理學家的研究，依戀的發展可分為三個階段：

第一階段（出生到三個月）：對人無差別反應的階段。這個期間嬰兒對人的反應幾乎都是一樣的，哪怕是對一個精緻的面具也會表示微笑。他們喜歡所有的人，最喜歡注視人的臉。見到人的面孔或聽到人的聲音就會微笑，以後還會咿呀「說話」。

第二階段（三至六個月）：對人有選擇反應的階段。這時，嬰兒對母親和他所熟悉的人的反應與對陌生人的反應有了區別。嬰兒在熟

悉的人面前表現出更多的微笑、啼哭和咿咿呀呀。對陌生人的反應明顯減少，但依然有這些反應。

第三階段（六個月至三歲）：積極尋求與專門照顧者接近。嬰兒從六、七個月起，對依戀對象的存在表示深深的關切。當依戀對象離開時，就會哭喊，不讓離開，當依戀對象回來時，會顯得十分高興。只要依戀對象在他身邊，他就能安心地玩、探索周圍的環境，彷彿依戀對象是嬰兒安全的基地。

與嬰兒對專門照顧者表現出明顯的依戀的同時，對陌生人的態度變化很大，大多數嬰兒會產生怯生。

依戀發生的時間有很大的個體差異，還有文化差異，但依戀發展的模式基本一致。

二、依戀的測量和類型

1. 依戀的測量

在以下三種情景中，嬰兒的依戀行為表現得最明顯：(1)依戀對象最易撫慰嬰兒，使嬰兒安靜下來；(2)嬰兒為了做遊戲或得到安慰，更可能接近依戀對象；(3)有依戀對象在旁邊，嬰兒感到害怕的可能性降低。

艾斯沃茲等（Ainsworth & Wittig, 1969）利用母嬰分離反應，即利用嬰兒在受到中等程度壓力之後接近依戀目標的程度，以及由於依戀目標而安靜下來的程度，設計了一個「陌生情境」，以測定每個嬰兒的依戀反應和類型。艾斯沃茲創設的陌生情境由一組七個三分鐘的情節組成。在這期間，兒童有時與母親在一起，有時與一個陌生人在一起，有時與陌生人和母親在一起，有時是獨自一個人。（見表11-1）

表 11-1　測定嬰兒依戀反應的情境

	情　節	在場人物	持續時間
1	父親或母親和嬰兒一起進入房間	父親或母親、嬰兒	3'
2	陌生人進房間	父親或母親、嬰兒、陌生人	3'
3	父親或母親離開房間	嬰兒和陌生人	3'
4	父親或母親回到房間，陌生人離開	父親或母親、嬰兒	3'
5	父親或母親離開	嬰兒	3'
6	陌生人回來	嬰兒和陌生人	3'
7	父親或母親回來，陌生人離開	父親或母親、嬰兒	3'

　　其中情節 3、4 和 5、7 是測量依戀的關鍵場景：嬰兒在與母親或父親分離時，以及父親或母親重新回來時，每個嬰兒會有不同的表現，根據這種測定方法的結果劃分嬰兒依戀的類型。

　　儘管陌生情景測驗使依戀的測定得以標準化，但這樣的測量仍存在不少侷限性。如：(1)兒童的依戀類型可能隨家庭環境的變化而發生改變；(2)測驗中被劃入不安全依戀的兒童，主要是根據母親離開時是否哭，及母親回來後是否回到母親懷裡。但是有的嬰兒可能已經適應了母親離去和回來的場合，表明他們已經實現了在不熟悉環境下控制自己焦慮的社會化；(3)不同社會文化對嬰兒在陌生情境的表現可能有不同要求。有的嬰兒很早就接受了「感情含蓄」的指導；(4)嬰兒在陌生情景中的依戀表現一方面與經驗有關，也與母嬰關係有關，但氣質也是個很重要的影響因素。因此，我們在用陌生情景測定嬰兒依戀類型時，對行為的解釋一定要慎重。

2. 依戀類型

　　艾斯沃茲和他的同事長期觀察了烏干達和美國家庭母子間的相互作用，利用嬰兒在陌生環境中的表現作為依戀性質評定的方法，將嬰兒依戀劃分為以下三種類型：

(1)A 類型：迴避的（avoidant）

　　這類兒童對母親在場或不在場影響不大。母親離開時，他們並無特別緊張或憂慮的表現。母親回來了，他們往往也不予理會，有時也會歡迎母親的到來，但只是短暫的，接近一下又走開了。這種兒童接受陌生人的安慰就像接受母親的安慰一樣。實際上這類兒童並未形成對人的依戀，所以有的人把這類兒童稱為「無依戀的兒童」。

(2)B 類型：安全的（securely attached）

　　這類兒童與母親在一起時能安逸地玩弄玩具，對陌生人的反應比較積極並不總是偎依在母親身旁。當母親離開時，他們的探索行為會受影響，明顯地表現出一種苦惱。當母親又回來時，他們會立即尋求與母親的接觸，但很快地又平靜下來，繼續玩遊戲。

(3)C 類型：反抗的（resistant）

　　反抗性依戀的兒童逢到母親要離開之前，總顯得很警惕，有點大驚小怪。如果母親要離開他，他就會表現極度的反抗。但是與母親在一起時，又無法把母親作為他安全探究的基地。這類兒童見到母親回來就尋求與母親的接觸，但同時又反抗與母親接觸，甚至還顯得有點發怒的樣子。如兒童見到母親立即要求母親抱他，可剛被抱起來又掙扎著要下來。要他重新回去玩遊戲似乎不太容易，不時地朝母親那裡看。

　　大多數兒童屬安全依戀類，A、C 兩類又稱不安全依戀，各占 25

％和 10％。蘇建文、丁心平等（1981）基本上也得到類似的結果。

3. 形成依戀類型的原因

　　艾斯沃茲和同事，曾經研究了頭一年母子間相互作用中占優勢的模式，想探索這種模式是否可以預測頭一年嬰兒對母親依戀的強或弱。

　　他們研究了二十六對母子，在頭三個月裡至少每三週一次到家觀察母親餵養嬰兒的情況，並詳細記錄餵食時間的選擇，母親對嬰兒餓了哭時的反應速度，母親是哄嬰兒吃，還是強迫嬰兒吃，是餵得過多還是餵得不飽，母親是否允許嬰兒拒吃新的食物等等。然後在嬰兒一歲時，觀察他們在陌生情境裡的反映。結果表明，母親餵養嬰兒的模式對以後嬰兒形成的依戀類型確有一定的預見性。對嬰兒的食物需要顯示高度敏感性的母親，其嬰兒都屬於 B 類型（安全的）依戀。而在十二位對嬰兒餵食不敏感的母親那裡，有十個嬰兒是屬於 A 類型或 C 類型的，即不安全的依戀，只有兩個嬰兒是屬於 B 類型的。

　　同樣的，實驗是嬰兒半歲後繼續在家裡被觀察。當嬰兒滿十二個月時，重新考察了母親教養類型與嬰兒依戀間的關係。從敏感性——不敏感性、接受——拒絕、合作——干擾、易接近——不理會四個方面評定母親教養嬰兒的行為特徵。結果發現，安全依戀嬰兒的母親，在這四個方面的分數都高於中點，也就是說，這些母親都是敏感的、接受的、合作的，也是嬰兒易接近的。另外兩類不安全依戀嬰兒的母親在這四方面的分數都比較低。所不同的是，A 類型的母親拒絕、不敏感方面表現得更多些；而 C 類型的母親則在干擾與不理會方面表現更多些。

　　克拉克—斯坦懷特（Clarke-Stewart, A. K., 1973）得到的研究事實，進一步證實了艾斯沃茲的看法。克拉克—斯坦懷特用三個維度來衡量母親的教養行為：反應性——對嬰兒的哭、叫喚、語言要求等的反應比例；積極的情緒表達——充滿感情的接觸，加上微笑、表

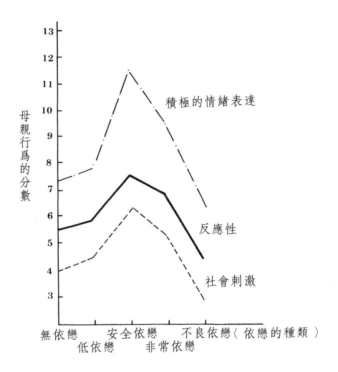

圖 11-1　母親行為與嬰兒依戀類型的關係
（引自克拉克—斯坦懷特，1973 ）

揚、說話等；社會性的刺激——母親接近嬰兒、對嬰兒微笑、談話或
模仿嬰兒的頻率。研究結果可見圖 11-1，安全依戀嬰兒的母親三個維
度的分數都很高。無依戀的（相當於 A 類型——迴避的）與不良依
戀（相當於 C 類型——有反抗的）嬰兒的母親，三個維度的分數都
較低。

　　從這些研究中可以看出，要使兒童獲得安全的依戀，母親或別的
照顧者在撫養嬰兒時，有兩點十分重要：(1)對於嬰兒發出的各種信息
能敏感地及時作出反應，即所謂的敏感性和同步性；(2)與嬰兒相互作
用時，尤其在指導兒童時，充滿熱情、鼓勵和溫和。

　　過去對嬰兒依戀的研究多為母親與嬰兒關係的研究，八〇年代以

來，研究者開始重視父子的親子依戀關係。不少研究指出，父親不僅和母親一樣對孩子敏感和慈愛，還具有母親沒有的親子關係特質。如Yogman 對一至六個月嬰兒與父母相互作用的長期研究發現，父母在喚醒嬰兒感情水平上存在差異，母親的風格是平穩的調整和忍耐，父親則是更劇烈，更富遊戲性；母親更多的是通過言語，父親更多的是通過身體運動（Green Baum, 1982）。

Lambe 和 Parke 等研究指出，父母的遊戲方式與抱嬰兒的理由都不相同。母親經常是用玩具與嬰兒作傳統的遊戲，身體接觸較多。父親往往是將孩子往上扔、晃的劇烈的身體刺激或出乎意料的遊戲。實際上這兩種不同特點的相互作用模式反映了性別的社會化模式，對嬰兒行為的發展起著相得益彰的功效。

依戀的發展是個雙向過程，既有嬰兒對父母的依戀，也有父母對嬰兒的依戀，因而嬰兒的依戀向哪種類型發展，不只是與父母的教養活動有關，還可能與嬰兒本身的氣質特點有關。只是這方面的研究目前還不多。

在一項縱向研究中，研究者發現，有些嬰兒從出生第一天起就不喜歡別人抱，平時顯得不太安寧，不願讓被子等東西壓著他。研究者訪問了三十七名嬰兒的家庭。在出生頭一年裡每隔四週就訪問一次，到第十八個月時再訪問一次。他們發現其中十九名嬰兒喜歡成人抱，九名不喜歡成人抱，九名介於兩者之間。那些不喜歡被人抱的嬰兒不喜愛緊密的身體接觸，但願意有其他形式的接觸，如眼光對眼光，呵癢、親吻、搖晃身體等。

嬰兒早先的這些氣質特點很可能影響母親對他們的態度。那些見人便笑，喜歡被人抱的嬰兒更容易贏得成人的歡心，而那些不容易被撫慰而安靜下來的嬰兒就易遭到成人的冷落，與人交往的機會就會大大減少。

最近還有一些研究表明，耳聾嬰兒的依戀發展比正常兒童慢，唐氏綜合症的兒童與母親的相互作用甚至有異常。

可以這樣認為，母親對兒童的反應性，部分是由兒童自身的氣質特點以及母親本身先前存在的傾向造成的；同時母親的反應又影響了兒童依戀的性質。要使兒童獲得安全的依戀，母親必須學會合理地養育兒童的行為方式。

三、依戀的理論

在正常的情況下，每個健康的嬰兒都會形成一種依戀。依戀是怎樣產生的呢？是先天固有的？還是後天獲得的？至今存在幾種解釋。

1. 習性學理論

以英國精神病學家鮑爾貝（John Bowlby）為代表的習性學理論，認為依戀是一套本能反應的結果。這些本能反應對於種系的保護和生存有著極為重要的意義。正是嬰兒的微笑、抓附、哭、跟隨等行為表現，引出了母親對孩子的興趣和愛護，同時也通過這種交往增強了母子間的聯繫與接觸。鮑爾貝認為，母親已在生物學上作好了對嬰兒反應的準備，就像嬰兒被預先地安排好如何對照顧者為他們提供食物、形象、聲音時如何作出反應一樣。依戀無須學習，它可以被環境中所存在的合適的刺激所激起。

奧地利科學家洛倫茲（Konrad Lorend, 1937）曾用「印刻」一詞來描繪小動物的依戀過程。如小雞、小鴨、小鵝在出殼後，對第一次看到的那個大的活動客體──通常是母禽，發生依戀。那個被依戀的客體，不論走到哪裡，牠們就會緊緊地跟隨到哪裡。當這個對象不見時，牠們就會出現焦慮。如果我們有意地改變原先的自然條件，讓小雞自幼接觸的不是同類母禽，而是別的動物、人，甚至是活動的汽球等，那些小雞竟然也像愛自己的「母親」那樣愛它們。到了性成熟期，這些小動物不是向自己的同類求愛，而會向與「母親」同類的動

物求愛。

　　習性論者強調了嬰兒早期的社會信號——哭、笑、依附等在依戀形成中的作用，還把依戀看成是由母子雙方共同協調發展起來的雙向過程。

2. 心理分析理論

　　心理分析理論強調嬰兒在與能夠滿足其生物學上需要的對象保持接觸時投入具有性特徵的能量「里必多」的重要性。按照心理分析理論，出生後的頭兩年，嘴是滿足本能需要的源泉。由於母親為嬰兒提供食物，於是母親便成為與滿足需要相聯結的對象，也自然地成了依戀的對象。心理分析模式的一個關鍵概念是：依戀是由內部的、直接的成熟過程所激起的自然現象，並以需要的滿足為中介。

　　心理分析理論十分強調餵食方式、大小便訓練的方式和時間對依戀發展的影響。雖然嬰兒與照顧者間接觸的性質會影響嬰兒依戀的發展，但還沒有足夠的證據表明，奶餵的方式比瓶餵的方式更易造成依戀。同樣，也沒有理由認為大小便訓練的方式和年齡會造成不同的依戀類型和依戀強度。

3. 社會學習理論

　　社會學習理論與心理分析理論一樣十分重視餵食在依戀形成中的作用。按照社會學習理論者的觀點，由於照顧者總是與滿足嬰兒的食物需要相聯結，減少了餓這個基本的內驅力，從而使照顧者獲得了二級強化，成了滿足嬰兒需要的客體。於是，嬰兒就產生了對母親的依戀。在學習理論者看來，依戀是一組通過學習獲得的行為。

　　無論是心理分析理論，還是社會學習理論，都強調嬰兒的依戀行為是由母親的餵食引起的。嬰兒的依戀行為確實是由母親的餵食行為引起的嗎？美國威斯康辛大學著名動物心理學家哈洛（Harry F. Harlow, 1958）為了證實這種解釋，設計了別具一格的羅猴研究。哈

洛原先是研究靈長類動物學習問題的，偶然中發現一些小猴與母猴隔離後，雖然身體上並無什麼疾病，行為上卻出現了一系列不正常的現象。同時，他還發現，這些被隔離的猴子對放在籠內的一些粗布織物變得十分依戀起來。後來，他又訪問了孤兒院，發現那裡的孤兒都很可憐地蜷縮在角落裡。

為了探討母猴在幼猴早期生活中的作用，解釋為什麼幼猴會對粗布織物表示依戀，為什麼被隔離的幼猴在發展上會不正常，他設計了下列實驗。哈洛製造了兩種假母猴以代替真母猴。一個是由金屬絲構成的圓筒，稱「金屬母猴」；另一個是在圓筒外面蓋上一層柔軟的毛巾的「布母猴」。這兩個母猴都裝有可供幼猴吸吮的奶瓶。籠子的設計可讓幼猴自己在兩個「母猴」間自由選擇接近哪一個。實驗的結果是，不論布母猴是否供應食物，幼猴除了吃奶時間之外，大部分時間是與布母猴在一起度過的。哈洛把一只大的發條玩具熊放進籠內，那隻單由布母猴撫養的幼猴會立即逃到布母猴那裡，緊緊地抓住它。然後，牠會大著膽子去探索這個「不速之客」。而那個單由金屬母猴撫養的幼猴，一看到那個「怪物」不是逃向「母猴」，而是猛力地想把那怪物推開，或者將自己摔在地板上，或者靠著籠子去摩擦身子。為了測定幼猴與兩種代理母猴的依戀程度，將幼猴與代理母猴分離一段時期。然後再放回原處。此時，兩種代理母猴撫養的幼猴，其行為表現很不一致。由布母猴撫養的幼猴，回到原處時似乎感到了一種安慰，依然保持著對布母猴的依戀。而由金屬母猴養大的幼猴並無類似的表現，也並未因見到「母猴」而安靜下來。

在這個實驗裡，兩種代理母猴撫養的其他條件都相同，唯一不同的是布母猴披有一層柔軟的毛巾布。於是哈洛推斷，身體接觸的舒適比食物對依戀的形成起著更重要的作用。

現在，社會學習理論者已不再專門強調餵食的重要性，認為照顧者與嬰兒接觸時為嬰兒提供觸覺的、視覺的、聽覺的刺激已成為嬰兒最重要的、最可信賴的刺激。與此同時，照顧者便成了依戀的對象。

學習理論者與習性論者一樣，認為依戀是母子相互作用的雙向過程。也許嬰兒一出生，父母對嬰兒的依戀也即開始，而嬰兒對父母的依戀大約要到生後第六、七個月時才漸漸發展起來。

4. 認知理論

跟以上幾種理論不同，認知理論並不強調滿足需要的動機在依戀中的作用。認知理論推測，嬰兒的依戀必須具有某些認知能力。首先，嬰兒必須學會區分環境中不同的人，若缺乏這種能力，就會把周圍接觸的人都看成是同樣的，既不能發展對專門人的依戀，也不會在見到陌生人時感到害怕。

凱根（Jerome Kagan）設想，嬰兒逐漸發展了一些與他接觸的人、東西和事件的圖式（schemata），類似於那些圖式的刺激源傾向於被嬰兒所接受，而跟原先的圖式有細微不同的刺激源則會引起興奮，並引出探索性行為和微笑。如果刺激源與原先的圖式差別相當大，就會引起嬰兒的害怕。嬰兒在六至九個月時已對經常接觸的人形成了專門的圖式，於是嬰兒能夠區別熟悉的人和陌生的人。那些陌生人不具有熟悉人的圖式特點，就會使嬰兒害怕，表現強烈的焦慮。而當嬰兒的圖式不斷擴大時，原先曾引起害怕的陌生人就可能同化到新的圖式中，這樣，對陌生人害怕的情緒就漸漸減弱直至消失。

其次，嬰兒必須具有認知永久客體的能力。當他所依戀的對象不在眼前時，依然知道這個對象還存在，並期望他重新出現，分離的焦慮特別依賴這類能力。

到目前為止，還沒有哪一種理論能完滿地解釋依戀的產生，而上述幾種理論都只是從各自的理論體系出發，對依戀作了說明。

四、早期依戀對後期行為的影響

　　兒童早期形成的依戀對後期行為是否有影響？這種影響是暫時的，還是長久的？由不良依戀造成的行為方式是可逆的，還是不可逆的？這一系列問題頗受發展心理學工作者的關注。下面我們先來看看動物依戀行為對後期行為的影響。

　　哈洛和他的同事在對羅猴的研究中發現，隔離時間長的嬰猴，不論牠是由金屬猴撫養，還是由布母猴撫養，都會造成心理上的失調。這些猴子與由母猴撫養並與其他小猴在一起遊玩的猴子相比，顯示了許多異常的行為模式。如自己咬自己，前肢爪子緊握，表示害怕的怪相，走路身子搖晃，喜歡獨自蜷縮在角落裡，還有許多刻板的動作。幼猴行為失常的嚴重性與隔離時間的長短、隔離所選擇的時間有關。根據這個研究，哈洛確信，嬰─母聯結在靈長目動物生活中處於中心地位，母親的教養是所有靈長目動物正常發展的中心。

　　為了確定這些由隔離造成的心理失調是暫時的，還是持久的，薩克特（Sackett, G. P., 1967）追蹤研究了這些猴子「社交」能力發展的情況，發現這些猴子在青年和成年時期仍不適應於「社交」。完全隔離的猴子，在性成熟時缺乏交配能力，對自己生育的嬰猴也不會給予照料。但是，後來的一些研究發現，早期未形成依戀的猴子在合適的條件下可以恢復正常的行為。諾瓦克與哈洛（Novak, M. A. & Harlow, H. F., 1975）將四隻猴子分別隔離了整整一年（以前認為這樣長時間的隔離必然會造成永久性的傷害），而後允許這些猴子彼此注視，然後又讓它們注視未曾隔離過的猴子，接著又讓這些隔離過的幼猴一起玩，最後把牠們帶到那些比牠們年幼的猴子那裡去。令人驚訝的是，病態的猴子在與這些天真活潑的小猴子共同的生活中竟恢復了常態。這些小猴子真可以稱得上是「治療家」。這個實驗至少可

以證實母愛剝奪造成的影響並不是完全不可逆的，只要條件適宜，異常的行為模式仍有可能逐漸恢復。

鮑爾貝（Bowlby）從二十世紀四〇年代就開始了母嬰分離對兒童發展影響的研究。他認為，可以確信心理健康最基本的東西是嬰幼兒應當有一個與母親（或一個穩定的代理母親）溫暖、親密的連續不斷的關係。在這裡，兒童既可找到滿足，又可找到愉快。如果依戀這個節目能被合適地演出，它將導致一個人的信賴、自我信任，並且成功地依戀自己的同伴與後代。相反地，一個人未能在早期形成與母親的依戀，他將可能成為一個缺乏來自依戀力量的不牢靠的成人，不能發展成為一個好的父親或母親（在鮑爾貝看來，依戀一直延續到兒童期末期。甚至把青年人需要尋找愛的對象、老年人想依靠年青人，也看成是一種親密的依戀，依戀植根於人的天性之中）。

對於鮑爾貝的觀點，有人支持（如艾里克森），有人反對或表示懷疑，批評鮑爾貝過度地誇大了母親的作用。

繆森（Mussen, 1984, 1990）和他的合作者在他們編寫的《兒童心理和個性》（第六版、第七版）一書中介紹了這方面的最新研究，並闡述了自己的觀點。他首先強調，給嬰兒提供住宿的機構，照看兒童的成人數量和提供的智力刺激是個關鍵因素。生長在這種環境中的「有些兒童」是更加地依賴，欲從成人處尋求更多的注意，比在學校裡（與在家裡撫養長大的兒童相比）有更多的破壞性行為（Rutter, 1979）。但是，對幼兒而言，沒有一個固定的依戀對象是否會造成長期的不良後果並不清楚。

繆森引用了一個早期依戀剝奪（即母愛剝奪），而後環境改善兒童的發展得到恢復的例子：一組嚴重營養不良的孤兒，二至三歲時被另一國家的中產階級家庭收養。六年後，他們在小學情況良好，身高、體重都超過對孤兒的期望數，平均智商是 102。這個分數要比回到最初被剝奪的家庭環境中的類似兒童的平均分數高 40 分。他還引用了另一個研究（Rutter, 1987）。這個研究發現，一組孤兒院撫養

的英國女孩成年後，如果有了一個忠實可靠的丈夫，他們便不會顯示出焦慮的跡象。然而，他們中有許多很難找到滿意的丈夫，有許多人最後竟找了不正常的人作為配偶。這些婦女顯得很焦慮，主要是對婚姻不滿。

對送嬰幼兒入托兒所會影響發展的擔憂基本上已被一些實驗所否定。關鍵不在於嬰兒是不是離開了母親，而是是否給兒童提供良好的撫育條件。高質量的日托有時還能促進兒童的認知發展（Ramey, Yeates, & Short, 1984），對那些來自會阻礙兒童發展的家庭的兒童而言更是如此。

我們根據一些研究，把早期依戀對兒童發展的影響歸結如下：(1)對照料者（父母）的依戀為嬰兒提供了情緒安全的基地，也為日後父母教育兒童打下了基礎；(2)依戀的強烈程度不能決定兒童發展的方向。如果父母能按社會化的目標鼓勵、教育兒童，依戀強烈的兒童就能健康地沿著社會化目標順利地成長，但是，如果父母對兒童的期待與教育不符合社會化要求，強烈依戀的兒童就會產生不適應社會的行為；(3)兒童與照料者父母的依戀關係不是一成不變的，它會隨著家庭內部關係的變化而變化；(4)兒童個性是兒童經驗的歷史與現實活動統一的產物，它既是發展過程中的一個連續體，又具有相對的可塑性。年齡越小可塑性越大。因而必須十分重視早期依戀的形成，同時也要正視現實環境對兒童個性的影響。

第二節　兒童同伴關係的發展

一、同伴的作用

1. 同伴是強化物

帕特森（Patterson, G. R. & Littman. R. A., 1967）等人為了研究同伴的反應在強化幼兒攻擊性行為方面所起的作用，專門訓練一組學生觀察幼兒園兒童互相攻擊的情況。實驗對象是十八個男孩和十八個女孩，共觀察三十三次，每次二‧五小時。詳細記錄被攻擊者的反應態度對攻擊者攻擊行為的影響。研究發現，當一個兒童猛衝過去，去搶另一個兒童的玩具時，若受害者做出哭、退縮或沉默的反應，那麼這個進攻者以後還會用同樣的方式去對付別的兒童，也就是說，消極的反應會強化兒童的攻擊性行為。相反，如果一個兒童受到攻擊時立即給予反擊，或者老師立即制止攻擊者的行為，批評攻擊者並將東西歸還原主，那麼，這個攻擊者的攻擊行為就可能要收斂一些，或者改變這種行為，或者另覓進攻的對象。

不但攻擊性的行為可以為受到攻擊的兒童行為的反饋而有所變化，而且受到攻擊的兒童也可以學習攻擊行為。由於他的反擊，成功地阻止了別人對他的進攻。這種情況若經常出現，實際上又會強化受害者的攻擊性行為。同伴間行為的影響是交互的。

2. 同伴是範型

　　同伴不僅是一種強化物，而且可以作為一種社會模式或榜樣影響兒童的行為發展。如果讓幼兒和那些更成熟的兒童在一起玩，他們就會變得更加合作，更多地採用建議或請求的方式，而不是用武力來對付人。如果經常跟那些慷慨的兒童在一起，或經常看到他們慷慨的行為，兒童也會變得大方。兒童還沒有足夠的評定自己行為的能力，於是就常把同伴的行為作為衡量自己的尺碼。這種社會化比較過程是兒童建立自我形象與自我尊重的基礎。

3. 同伴幫助去自我中心

　　兒童，尤其是年幼的兒童，認知上常有自我中心的特點。他們只有在與同伴的互動過程中才會認識到別人的觀點、需要與自己並不相同，學會了解別人，理解別人，約束自己，改變自己不合理的行為與想法，學會與同伴相處。

4. 同伴給予穩定感和歸屬感

　　兒童在成長過程中會遇到許多發展中的困惑與煩惱，產生焦慮和緊張。兒童、青少年可以從同伴中得到宣洩、寬慰、同情和理解，相互幫助克服情緒上和心理上可能產生的問題。

5. 同伴是社會化動因

　　在哈洛的恆河猴實驗中，一些自幼被隔離的幼猴產生許多病態行為。以後實驗者將這些幼猴與比牠們小的、正常的幼猴在一起生活，一段時期後，發現這些異常的猴子竟恢復了常態。這一方面說明早期剝奪刺激可以得到恢復，另一方面也說明了同伴的作用。

　　此外，第二次世界大戰中的一個實例，也反映了同伴使兒童正常社會化的功能。當時，六個嬰兒在集中營與父母分離，三歲時一起住

在托兒所。在這之前他們很少與成人接觸，主要是自己照管自己。六個人產生了強烈的依戀，長大後沒有一個身心有缺陷，或有過失，都成為正常有為的成年人。這不能不說是同伴的力量使他們獲得社會化。

二、同伴關係的發展

1. 嬰幼兒的早期交往

　　頭六個月的嬰兒就能互相接觸、互相注視。一個嬰兒哭的時候，另一個嬰兒也會以哭來反應。不過，這些早期反應還稱不上是真正的社會反應，因為嬰兒並不想去尋找或期待從另一個嬰兒那裡得到相應的反應。他們直到後半年起才開始有社交行為。

　　有個研究者曾觀察了八至十個月日托嬰兒互相作用的情況。發現其中有個嬰兒，他的同伴總是迴避他，而另一個嬰兒似乎很受其他嬰兒的歡迎。那個受歡迎的嬰兒在與別的嬰兒交往時，往往是看看別人或摸摸別人；可是那個不受歡迎的嬰兒往往去抓別的嬰兒的身體或他們的玩具。當別的嬰兒要求與其交往時，那個受歡迎的嬰兒作出的反應是積極的，而不受歡迎的那個嬰兒經常不予理睬或作出不合適的反應。觀察指出，甚至十個月大小的嬰兒就不喜歡好攻擊人的嬰兒和不作出友好反應的嬰兒。

　　另一個短期的縱向研究對十二至二十四個月的嬰兒作反覆的觀察（每隔四週到六週）。該研究的情境十分自然，讓嬰兒和自己的母親、幾個小同伴以及幾個陌生成人（小同伴的母親）在一起遊戲，還有幾樣玩具。在遊戲開始、中間和結束三個階段分別取五分鐘活動的樣本，觀察記錄他們社交的情況，如微笑、一瞥、看、伸出手臂、說話等，觀察到了一些極為有趣的結果。這個年齡的兒童極大部分的社會反應非常簡短，四分之三的社會反應不超過三十秒鐘，大部分社會

接觸不是真正的相互作用，往往是一個兒童產生了某種社會反應，但從另一個兒童那裡引出的反應至多是凝視或瞥一眼。在頭兩年裡，這種社會相互作用的性質很少變化。這個年齡的兒童很少有真正相互作用的遊戲，只是到第二年末才有所增加。真正的社會相互作用，即一種社會行動可以引出另一個人的社會行動，最經常的表現就是爭奪玩具或占有玩具。在第二年，兒童為爭奪玩具打架、咬人、抓頭髮的現象增多。

關於嬰幼兒早期交往的一個橫向研究指出，第二年的兒童一對一地放在一起活動，比把許多兒童放在一個大房間裡一起活動更有利於社交。這個研究把六至二十五個月的嬰兒成對地放在兒童圍欄裡，觀察他們之間的相互作用，發現隨年齡增長，相互作用也發生了穩定的變化。六至八個月的嬰兒通常互不理睬，只有極短暫的接觸，如看一看、笑一笑或抓抓同伴；九至十三個月的嬰兒對同伴的注意增加了，如果其中一個嬰兒試圖去奪另一個嬰兒的玩具，那就會發生衝突；十四至十八個月的嬰兒把同伴作為一個個體來注意的興趣有極大的增長，同時為玩具而發生的衝突相對地有所下降；十九至二十五個月的嬰兒微笑和互相注視的社會接觸更多了，遊戲時也更友好了。但是，總的說來，頭兩年內嬰幼兒的社會交往還是極有限的。

繆勒和白萊納（Mueller & Brenner, 1977）把嬰兒同伴相互作用劃分成三個階段：

(1)客體中心階段

兒童的相互作用更多是集中在玩具或東西上，而不是兒童本身。十個月之前的嬰兒，即使在一起，也只是把對方當作活的玩具，互相拉扯，咿咿呀呀說話。

(2)簡單互動階段

兒童已經對同伴的行為作出反應，經常企圖去控制另一個兒童的

行動。

(3)互補性互動階段

出現了更複雜的社會交往，可以看到模仿已較普遍，還有互補或互惠的角色。如一個躲起來，一個去找，一個逃，一個追。此外，在發生積極的相互交往時，還常常伴隨有哭和微笑之外的反應，如語詞的、情緒的反應。

兒童進入托兒所後社會性發展大大加速。兒童與同伴的接觸次數增加，強度也增加了。

伊克曼（Eckerman C. O., 1975）和同事曾一起研究了兒童願意與同伴玩，不願與父母玩的轉變情況。她選擇了十至十二個月、十六至十八個月、二十二至二十四個月的嬰兒三組，讓嬰兒與自己的母親及另一對母子在遊戲房玩，觀察嬰兒究竟喜歡跟誰玩。結果表明，年齡大一點的兒童比起年齡小一點的兒童在社會性遊戲方面所花的時間更多。所謂社會性遊戲，是指兒童在用非社會性的物體進行活動時，還包括其他人，如母親、同伴。另外，隨著年齡的增長，兒童更喜歡與同伴玩，沒有一個人願意與陌生成人玩（參見圖 11-2）。

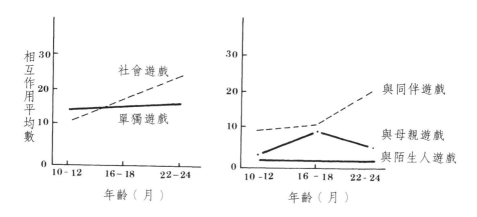

圖 11-2　社會性遊戲的發展
（引自 Eckerman, Whatley & Kutz, 1975）

2. 學齡兒童同伴交往的發展

隨著年齡的增長，兒童與同伴的交往漸漸超過了與父母的交往。

有人（Wright, 1967）曾對一組兒童從兩歲到十一歲作追蹤研究，儘量把兒童的活動記錄下來。兒童的「行為流」（stream of behavior）被分成一個個獨立的事件，如吃飯、梳頭，標出每次事件中涉及父母、同伴、教師的次數。這個研究發現，隨年齡增長，兒童與父母、教師相互作用的次數在減少。按照本實驗的結果，兒童到十一歲，與同伴相聯結的事件與成人相聯結的事件恰好相等。（見圖11-3）

八○年代有人對二至十二歲的兒童在家裡和街區附近的活動作觀察，研究兒童與同齡人、成人及年齡相差兩歲以上的兒童隨年齡變化的情況。結果發現：⑴隨年齡增長，兒童與同伴的互動增長，與成人互動減少（與 Wright 結論一致）；⑵兒童與近似年齡或大於自己兩歲年齡的同伴的互動超過同齡兒童的交往。

陳枚、李輝賢等人研究了初中生在不同情況下：⑴課餘時間最喜歡和誰在一起；⑵遇有趣事先想告訴誰；⑶心中有苦惱最想告訴誰；

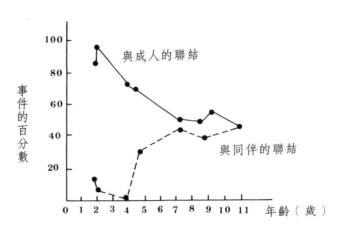

圖 11-3　兒童與同伴、成人相互接觸的數量
（Wright, 1967）

⑷遇學習有困難先找誰幫助；⑸生活有困難先找誰幫助。選擇交際對象的情況，發現除生活有困難仍要找母親外，其餘各項都把同伴列在第一位。這兩項研究都充分地說明了同伴在兒童心目中的地位隨年齡而增長，但這兩個研究還不能反映父母的地位是否下降了。兒童在遇到重大的問題（如升學、職業或專業選擇、人生觀等）時父母的立場、觀點可能仍有相當的分量。

賽爾曼（Selman）曾將兒童的友誼發展分為五個階段：

第一階段（三至七歲），這時兒童還未形成友誼的概念。同伴就是朋友，一起玩就是友誼。

第二階段（四至九歲），單向幫助階段。兒童要求朋友聽從自己的願望和要求。順從自己的同伴就是自己朋友，否則就不是朋友。

第三階段（六至十二歲），雙向幫助階段。兒童對友誼的互動性有了一定的了解，但有明顯的功利性，還不是患難與共的合作。

第四階段（九至十五歲），親密的共享階段。友誼隨時間推移而發展，兒童逐漸懂得忠誠、理解、共同興趣是友誼的基礎。他們互相傾訴秘密、互相幫助、解決問題。但這時的友誼有強烈的排他性。

第五階段（十二歲開始），是友誼發展的最高階段。擇友嚴密，建立的友誼能保持很長時間。

同伴交往不僅有助於兒童認知技能的學習、情緒安定和愉快，更重要的是在與同伴的交往中學會與人相處的社會技能。我們從日常生活中就能發現，有的兒童很受朋友歡迎，有的兒童不為朋友所接納。綜合許多學者對交往個別差異的研究，可將兩類兒童的特徵歸納為表11-2。

心理學研究認為，早期與父母建立了安全依戀的兒童一般都較自信，也信任別人，能發展良好的社會交往能力，有較多友好相處的朋友（Frankel & Bates, 1990; Sroufe 等，1989）。

表 11-2　受歡迎或不受歡迎兒童的特徵

受歡迎的兒童	不受歡迎的兒童
學習成績優良（Coie, 84）	學習成績差，成就感低
外表漂亮（Langlois, 85）	外表沒有吸引力
體型有吸引力	不友好
行為舉止平靜、出色、合作、助人（Wass, 85）	喜怒無常、吹牛、小氣、攻擊性強
熱情、外向	對人持批評態度

　　總之，隨著兒童年齡的增長，同伴對兒童發展的影響越來越重要。同伴既是兒童學習社會化技能的強化物和榜樣，又是認識自己、發現自己、完善自己的鏡像。但是，由於青少年尚未具備正確的辨別是非能力和行為自律能力，成人仍應關心和引導青少年的同伴交往問題。

三、社會人際關係技能的學習

　　一個兒童能不能為同伴所接受，受到許多因素的影響，如外貌、學習成績、性格特點、對同伴的態度等，但不少兒童不為同伴所接受是由於缺乏理解別人觀點的能力，以及缺乏社交技能。

1. 觀點（或角色）的採擇

　　賽爾曼採用兩難故事的方法，研究了兒童採擇觀點或角色採擇能力。這個研究通過兒童對兩難故事問題的回答，引出兒童對社會或道德情景的推理。下面是向四至十歲兒童呈現的兩難故事及幾個推測性問題。

　　霍莉是個八歲女孩。她喜歡爬樹，在周圍鄰居中爬得最好。一天，她從一棵高高的樹上爬下來時，跌落在樹枝上，但沒有受傷。父親看見她跌下來，心感不安，於是要霍莉答應不再爬樹。霍莉允諾了。

　　過了些時候，霍莉和朋友們遇見了肖恩。肖恩的小貓爬到樹上卻不敢下來。必須立即想辦法，否則小貓有可能跌下來。霍莉是唯一能爬上去抓住小貓，並把他抱下來的人。但她想起了自己對父親許下的諾言。

　　實驗者問：「霍莉是否知道肖恩對小貓的感情？為什麼？」「如果霍莉的父親發現她爬樹，會怎樣？」「霍莉對父親發現她爬樹會有什麼想法，是怎麼想的？」研究者把兒童的反應記錄下來，看兒童對兩難故事中提到的一個人的思想和感情，是如何說明各人不同觀點之間的關係的。

　　賽爾曼根據兒童的反應，將角色採擇分成四個階段：

(1) 0 階段——自我中心的觀點

　　兒童還不能將自己對事件的解釋與別人的理解區分開來。例如，當問到「霍莉的父親發現此事時，他會有什麼感受」時，兒童說：「高興，他喜歡小貓。」

(2) I 階段——社會信息的角色採擇（六至八歲）

　　兒童已意識到別人有不同的解釋和觀點。他們對上一個問題的回答可能是：「霍莉的父親會惱火的，因為他不讓霍莉爬樹。」

(3) II 階段——自我反省（八至十歲）

　　兒童知道每個人都認識到別人有自己的思想和情感，知道不僅別人有不同的觀點，而且別人也能理解兒童的觀點。如果問：「霍莉的

父親會懲罰她嗎？」兒童回答：「她知道父親會理解她為什麼爬樹，所以不會懲罰她。」

(4)Ⅲ階段——相互角色採擇（十至十二歲）

兒童能從第三者、旁觀者、父母或朋友共同的觀點看兩個人之間的相互作用。這個階段的兒童可能會說：「霍莉和她父親互相信任，所以他們能談論為什麼爬樹。」

(5)Ⅳ階段——社會和傳統體系的角色採擇（十二至十五歲以上）

兒童知道存在綜合性的觀點，而且也認識到「為了準確地同別人交往和理解別人，每個自我都要考慮社會體系的共同觀點」。

賽爾曼用實驗法評定兒童觀點採擇的能力或水平，主要根據是兒童對故事的理解和回答，它們都離不開語言。這種方法可能對語言表達能力尚未成熟的幼兒來說有一定的侷限性，兒童不能用語言來表述，並不能說明不理解對方的觀點。

2. 社交技能的訓練

在費城的哈內曼社區心理健康中心工作的肖（Shure）和斯伐克（Spivak）認為，兒童在社會交往中體驗到的困難部分是由於缺乏對人的理解和解決人際問題的技能。他們試驗通過訓練計畫來提高兒童的社交技能（1980）。

實驗者隨機將兒童分成兩個組：接受訓練的實驗組和不接受訓練的控制組。教實驗組兒童三種技能：

(1)發現可供選擇的方法

如向兒童呈現一些圖片，並告訴他們：「甲想玩這把鏟子，但乙一直自己在玩。甲怎樣做才能玩這把鏟子呢？」鼓勵兒童想出儘可能

多的方法來解決這個問題。

(2)預料活動結果

如描述一個兒童沒有告訴大人，自己拿走了一樣東西，如手電筒。要兒童預料大人會有什麼反應。

(3)理解原因和結果

有個故事的情景是：一個女孩在哭著和母親說話。鼓勵兒童推測，為什麼會發生這樣的事情。

他們在每學年的開始和結束，對兒童解決人際問題的認知技能測驗一次。結果表明，接受訓練的兒童其三種技能都明顯地優於控制組。

訓練之前，教師對兒童的調節行為能力進行評定。調節能力差的兒童很難等待或延緩滿足，易發怒，有極端的情緒反應和攻擊行為，而另一組兒童則過分抑制，很少表現自己的情緒或自信。訓練後，這兩類兒童的行為調節能力也有所提高。

總之，認知技能訓練有利於兒童處理社會人際關係能力的提高，而且對提高自信、適度表達情緒、抑制極端衝動有用。

奧登和阿瑟（S. Oden & S. Asher, 1977）訓練三年級和四年級的被孤立的兒童學習與別人玩耍、注意、合作、輪流、分享、交往、支持和鼓勵同伴，結果使他們受同伴的歡迎程度明顯提高，一年後依然如此。

3. 角色扮演

研究證明，角色扮演可以幫助兒童克服衝動與攻擊性行為，還有助於利他行為的實踐。

斯托帕（Staub E. A., 1971）曾用實驗的方法檢驗了兒童扮演角色的活動對兒童道德行為發展的影響。他先把幼兒一一配對，然後

讓其中一個兒童擔任需要別人來幫助他的角色。如他想搬一張凳子，可是凳子太重，搬不動。或他恰好站在自行車迎面飛來的馬路上。另一個兒童扮演幫助別人的角色，他要想出合適的方法來幫助別人，並且要表現出來。然後兩個人交換角色。訓練一週後，為兒童提供如下的機會，以便測定兒童幫助人的行為是否有進步：(1)一個兒童在隔壁房間裡從椅子上跌下來正在哭；(2)一個兒童想搬一張對他來說很難搬得動的椅子；(3)一個兒童因為積木被另一個孩子拿走了而感到苦惱；(4)一個兒童正站在自行車道上；(5)一個兒童跌倒受傷了。實驗結果發現，受過這類互惠訓練的兒童比起沒有受過這種訓練的兒童表現出更多的幫助行為。該實驗雖未揭示究竟是扮演幫助人的角色對兒童培養利他主義行為有重要作用，還是被幫助的角色對利他主義行為的培養有作用，但無論如何，這樣的訓練對扮演兩種角色的兒童利他主義行為的培養都是有作用的。

斯托帕還認為，讓兒童自己負責也是一個培養關心人的行為的有利因素。如向幼兒和一年級學生交代，成人不在有些事情請你們處理。在這種情況下，兒童若聽到隔壁房間有哭聲，就更有可能表現關心人的行為，小學一年級學生更是如此。

第三節　　遊戲與人際關係

遊戲是兒童喜愛的一種活動形式，也是兒童，尤其是嬰幼兒與同伴互動的主要活動形式。什麼是遊戲，遊戲與兒童從事的別的活動有何區別，兒童怎樣遊戲，遊戲如何發展，遊戲對兒童個性的發展有何作用，這些問題一直是發展心理學家關心的問題。

兒童的活動有三種基本形式：遊戲、學習和勞動。這三種活動形式由於各自不同的特點，各年齡階段占有不同的地位。幼兒的基本活

動是遊戲，學齡期兒童的基本活動是學習，隨著年齡的增長，勞動逐漸增多，而遊戲逐漸在減少。

　　雖然我們每個人都很熟悉哪些活動是遊戲，可是要給遊戲下個確切的定義，或者解釋一下嬰幼兒為什麼特別喜愛遊戲，遊戲究竟是怎樣產生的，就存在許多分歧了。

一、遊戲的理論

　　對遊戲的解釋曾有過不少理論。霍爾（Hall）的「種族復演說」認為，遊戲是遠古時代人類祖先的生活特徵在兒童身上的重演，不同年齡的兒童以不同形式重演祖先的本能活動。如八至九歲是女孩復演母性的本能時期，她們愛玩洋娃娃；在六至九歲時是男孩狩獵本能復演期。席勒—斯賓塞（Schiller-Spencer）的精力過剩說把遊戲看作是兒童借以發洩體內過剩精力的一種方式。彪勒的「機能快樂說」強調兒童在遊戲中可以使機體不受外界的任何約束，從中獲得快樂。格羅斯（Groos）的「生活準備說」與以上幾種理論不同，強調了遊戲的功用，把遊戲看成是兒童對未來生活無意識的準備。如女孩抱娃娃是為將來當母親作準備，男孩狩獵、搜集是為將來負擔家庭作準備。目前，主要的遊戲理論有以下幾種：

1. 認知動力說

　　皮亞傑認為遊戲是兒童學習新的、複雜的客體和事件的一種方法，是鞏固和擴大概念和技能的方法，是思維和行動相結合的方法。兒童認知發展的階段決定了兒童在特定時期的遊戲方式。因此，感知運動階段的遊戲是具體方式的遊戲，兒童通過身體和擺弄有形的物體來遊戲。隨後，在發展了象徵功能（語詞和表象）時，就可以從事假裝性遊戲，把眼前並不存在的東西假想為存在的，可以在心裡遊戲，

而不必借用身體動作來遊戲。用皮亞傑的話來說：「遊戲的特徵是同化現實世界中的要素，而不需要對接受順應這些要素的限度進行平衡約束。」也就是說，兒童在遊戲時並不發展新的認知結構（調適），而是努力使自己的經驗適合於先前存在的結構（同化）。

2. 心理分析理論

按照弗洛伊德和艾里克森的理論，遊戲能幫助兒童發展自我力量。通過遊戲，兒童可以解決本我和超我間的衝突。遊戲是由愉快原則促動的，它是滿足的源泉。遊戲也是緩和心理緊張和使兒童掌握大量經驗的淨化反應。如孩子給娃娃「打針」，就是幫助自己克服自己在打針時產生的恐懼和無可奈何的感覺。

3. 學習理論

桑代克認為遊戲是一種習得行為，遊戲遵循「效果律」。效果律強調強化會增加一種反應出現的可能性，而懲罰則會減少它出現的可能性。遊戲雖然不同於工作，但它仍受學習的影響。遊戲依靠社會上成人對它的強化，在很大程度上受文化的制約。每種文化和次文化都重視和獎勵不同類型的行為，所以不同文化社會中兒童的遊戲反映了這些差別。

有人研究了不同社會的兒童所玩的遊戲與兒童教養方式兩方面的差異，發現這兩個因素本身很有關係。一些強調責任和按吩咐辦事的社會，兒童傾向於做碰運氣的遊戲。這些遊戲是遊戲者在生活中被動性的反映，也是使他們產生擺脫這種單調的被動性生活的希望。有的社會很重視成就，這些兒童就喜歡玩身體技能方面的競賽性遊戲，這種遊戲競賽不會像日常生活中造成的那種結果會對他們產生壓力，因為遊戲競賽的結果不是至關重要的。

以上三種遊戲理論從各自的角度解釋了遊戲產生的原因，都有合理的一面。兒童的遊戲與兒童認知結構的水平有關，與社會強調學習

的行為類型有關，與兒童需要滿足身體上的愉快有關。

　　兒童在與成人的交往中，越來越渴望參加成人社會的一些活動，可是兒童身心發展的水平限制了兒童參加成人活動的可能性，就在這樣的矛盾中產生了為兒童特有的活動形式——遊戲。兒童遊戲時，既能在假想的情境裡自由自在地從事自己嚮往的活動，如開火車、燒飯、當學生，又可以不受真實活動中許多條件的限制，如工具、技能和體力的限制；既可以充分展開想像的翅膀，又能真切地重視或體驗成人生活中的一些感情與關係；既可滿足認知的慾望，又能獲得身體上的快樂。所以，遊戲是一種現實與想像相結合的，為了滿足認識和身體需要的輕鬆自由的學習活動。

二、遊戲的種類

1. 按照遊戲進行的目的性分類

(1)創造性遊戲

　　這是由兒童自己想出來的遊戲，目的是為了發展兒童的創造力和培養兒童的道德品質。如扮家家酒，開餐廳，當太空人等。

(2)建築性遊戲

　　是創造性遊戲中的一種形式，利用建築材料（如積木、石頭、沙子）建造各種建築物。通過兒童在建築中的想像與模擬，發展兒童的設計才能，培養有關的技能和技巧。

(3)教學遊戲

　　結合教學目的而從事的遊戲活動。可以有計畫地培養兒童的語言能力、記憶力、觀察力、注意力等良好的智力品質。

(4)活動性遊戲

是發展兒童體力的一種遊戲，通過這類遊戲可使兒童掌握基本的身體動作，如走、跑、跳、投擲、攀登等，使動作更加正確、靈活。還能培養勇敢、堅毅、關心團體等個性品質。

此外，還有表演性遊戲、娛樂性遊戲、智慧遊戲等。

2. 按智力發展水平分類

(1)感官接受新奇的、愉快的刺激引起的遊戲

如手舞足蹈、反覆撕紙張、敲打手中拿著的物體、反覆扔掉拾起的東西、逗引時的嬉笑等。

(2)簡單動作模仿的遊戲

有直接模仿，如仿照成人用筷、匙吃飯；有延緩模仿，如看過電視後，復演演員幾個令他高興的動作。

(3)象徵性遊戲

利用表象和語言等象徵性符號做遊戲，如扮家家酒、摺疊手絹。

(4)創造性遊戲

如搭積木、主題遊戲等。

3. 按社會化程度分類

(1)無所用心的行為

兒童不是在做遊戲，而在注視碰巧暫時引起他興趣的事情。如果沒有發生令人興奮的事情，他就玩弄自己的身體，在椅子上爬上爬下，東站站西望望。

(2)旁觀者行為

兒童觀看其他兒童的遊戲，有時還與正在遊戲的兒童談話、出主意、提問題，但自己並不參加遊戲。

(3)單獨一人的遊戲

獨自一人專心玩自己的玩具，根本不注意別人在做什麼。

(4)平行遊戲

兒童在別的遊戲兒童旁邊玩，互相不影響、不干預，各按各的方式玩。

(5)聯合遊戲

兒童在一起玩同樣的或類似的遊戲，但每個人可以按自己的願望玩，沒有明確的分工和組織。

(6)合作性遊戲

兒童組織起來，為了達到某個具體目標所作的遊戲。遊戲時有領導、有組織、有分工。遊戲成員有屬於這個小組或不屬於這個小組的明顯意識。

隨著年齡的增長，兒童從喜歡獨自一人的遊戲，逐步發展到社會性程度較高的合作性遊戲。

圖 11-4 顯示了兩歲兒童與四歲兒童從事遊戲活動時在社會性程度上的差別。兩歲兒童主要做單獨遊戲和平行遊戲，四歲兒童主要做後三種形式的遊戲。總體傾向是年齡越小，遊戲時的同伴越少，互相合作的程度越低。

學前兒童作遊戲時還有一個特點，即沒有固定的玩伴。他們對玩伴的選擇幾乎一直在變，說明他們還未形成一個團體，最多只能說是「個體的集結」。年幼兒童在遊戲時還表現出自我中心主義，「你的

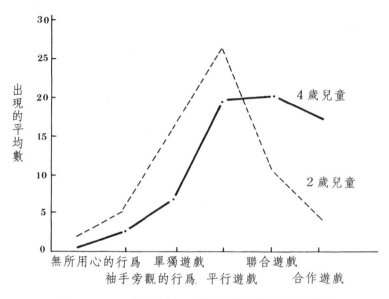

圖 11-4　兩歲兒童與四歲兒童遊戲類型的差異

（帕騰，1932）

就是我的，我的就是我的」。嬰幼兒在遊戲時常為分玩具而爭吵，只是在成人和哥哥姊姊的幫助下，才逐漸學會要互讓、互愛，同時遊戲本身也會使他們懂得要開展遊戲必須互相合作。

　　現代的兒童，由於住宅獨門獨戶、活動空間縮小，家庭中兄弟姊妹減少，家庭中供個人遊戲的玩具增多，如電視機、遊戲機、手掌機、魔術方塊等，所有這一切使兒童在社會性遊戲方面所花費的時間大大減少。這是要引起父母和社會重視的問題。

三、遊戲的作用

　　遊戲在幼兒的心理發展中起著重要的作用。首先，遊戲可以推動兒童認知的發展，允許兒童自由地探索各種客體，解決問題。其次，遊戲可以推動兒童社會能力的發展，尤其在想像性遊戲中，兒童學會

了解別人，還可實踐自己想要擔任的角色。最後，遊戲還可以使兒童解決一些情緒上的問題，在沒有成人的威脅下，學會處理焦慮和內心的衝突。

1. 遊戲和認知的發展

伯萊納（Berlyne, D. E., 1966）曾經提出，遊戲是激動人心的、使人得到愉快的活動，因為它是滿足探索內驅力的一種途徑。探索內驅力包括一個人對新經驗、新信息，以及對新奇的客體和事件的需要。滿足探索需要的遊戲形式會隨兒童年齡的變化而變化。一般地說，由於年齡的增長，訊息處理能力的提高，兒童就喜歡在遊戲裡增加複雜的、新奇的、自相矛盾的對象與情境。如果一樣客體太簡單了，太熟悉了，就喚不起兒童去探求它的興趣，反而會感到厭倦。如果客體太複雜了，那又會使兒童感受壓力，感到不耐煩，學習也得不到效果。

兒童在沒有外界評定的壓力下，自由地對客體進行探索、觀察和試驗，是推動兒童認知發展的一種特殊形式。布魯納和雪爾華（Bruner, J. Sylva, K., 1976）曾經作了這樣一個比較性研究：要求三全五歲兒童取一支粉筆。這支粉筆放在兒童拿不到的盒子裡。如果要解決這個課題，就必須把兩根短棍夾在一起，然後才能伸到盒子裡去拿。實驗分三組進行。一組兒童看著成人表演如何操作棍子、夾子，最後取到粉筆；另一組兒童只是看到成人解決問題的部分示範；還有一組兒童玩弄這些工具，在遊戲中解決問題。結果發現，看著成人解決問題的一組兒童，在自己解決問題時並不比做遊戲的那組兒童更好一些，而做遊戲解決問題的兒童比看成人部分解決問題的兒童完成得更好些。從這個簡單的實驗中可以看出遊戲有助於兒童任務的完成。

兒童在遊戲時早期表現出來的探索性與好奇心的差異，可能跟兒童以後的認知發展和人格發展的差異有聯繫。一個在遊戲中喜歡積極

探索的幼兒進學校後很可能成為好奇的、愛冒險的、有創造性的小學生。而那些在蹣跚學步時經常受到成人限制，不願對周圍環境探究的孩子，以後在個性、社會關係方面的發展可能就差一些。

2. 遊戲和社會能力

遊戲，尤其是想像性遊戲在兒童社會能力的發展中起著重要的作用，兒童可以在假想的情境裡，按照自己的意願扮演各種角色，體驗各種角色的思想和情感。通過遊戲還可教會兒童如何在團隊遊戲中發揮自己的作用，學會如何使自己的行動與自己扮演的角色以及別的兒童相協調。

想像性遊戲約於出生第二年中期首次出現。通常有單獨的想像性遊戲，如給布娃娃吃飯、穿衣。三歲時開始出現合作性遊戲。它常常以怪誕、誇張和取鬧的形式出現。想像性遊戲的高峰期大約在六歲。那時兒童的想像力已高度協調，能迅速地從一種角色轉換成另一種角色，從一種情境轉化成另一種情境。兒童進入學校後開始從事有組織的規則性遊戲，想像性遊戲開始衰退。為什麼想像性遊戲會衰退呢？可能現在還沒有人能真正弄清楚。皮亞傑曾經指出，當個體認識了世界的邏輯和現實時，幻想就不能與現實共存。而辛格（Singer, J. L., 1977）則認為，這個年齡的兒童幻想並未真正消失，只是通過白日夢、閱讀或看電視等另一種形式表現出來。

3. 遊戲與情緒

兒童遊戲不僅對兒童獲得一定的社會能力提供了重要的機會，而且在發展兒童的自我控制、活動方式以及改造兒童問題行為方面也起著重要作用。有些心理學家認為，假裝性遊戲的一個重要特徵是它為表現情感和控制情感提供了種種機會，因為衝突或令人害怕的情境或遭遇只是以小型化的形式存在。那些做冒險性或有仇恨的假裝性遊戲的兒童可以從中獲得某種能力和力量，或者產生移情作用。實際上它

可能正在建立一種觀察別人的情緒、表現或控制自己情緒的比較好的組織圖式。兒童在成長的過程中要學會把攻擊性行為與恰當的自我堅信區分開來，把衝動與有義的行動區分開來，把自我中心與共享區分開來。一些兒童心理治療家強調遊戲活動是使兒童表現這類課題，並學會加以區分的重要場所。

　　兒童的遊戲在某種程度上反映了兒童的情緒狀態。一些情緒失調的兒童，他們的遊戲模式往往比較刻板、混亂，在遊戲中還常常會出現偏差，不受同伴歡迎。想像性遊戲特別容易感受心理上的壓力。一個兒童長期不能開展想像性遊戲，也許是心理病態的徵兆。那些在心理上承受了某種壓力（如父母離婚）的兒童，其想像性遊戲缺乏豐富的想像性，同一樣客體很少在遊戲中被變換地使用，兒童自己則常常受遊戲中所使用的客體的束縛。他們很少能使自己超脫現實，缺乏逆轉能力。如一根棍子當劍玩了以後，就很難再把它變成棍子了。情緒失調兒童遊戲的另一個特點是，遊戲者喜歡攻擊人，喜歡擔任攻擊人的角色，不能承擔遊戲中需要擔任的角色，他們很難進入角色，一旦進入以後，又很難使自己走出角色。有的心理學家曾注意到，兒童從一直在遊戲中使用「我」到使用為兒童所替換角色的名稱（如我是醫生、我要當司令員），大約在三‧五至四歲之際發生。那些到了年齡還一直使用「我」的兒童可能與缺乏自我控制有關，與精神病有關（ Gould. R., 1972 ）。

4. 遊戲與個性

　　兒童的個性特徵對兒童的遊戲技能、遊戲習慣有深入持久的影響。同時遊戲也會對兒童個性特徵的形成產生影響。辛格等人的一些研究發現，一些想像力豐富的兒童似乎更有耐心。他先經過初步測驗與談話，把兒童分成想像力強的與低的兩組。談話內容是提出如下問題：「你跟一個動物或一個假想的人一起談過話嗎？」並告訴兒童：「我們正在找一個未來的太空人，這個太空人在星際航行時要經過很

長一段與周圍人隔離的時期。」然後他要求每個未來的太空人安靜地坐下來駕駛飛船，誰什麼時候不想坐了，可以打信號告訴實驗者。他發現那些想像力豐富的兒童可以坐很長時間。

　　想像力豐富的兒童一般與父母有密切的感情。父母的關心、對想像力的鼓勵，提供機會讓兒童想像，這些都是促進兒童想像力的有利條件。

　　有些心理學家還認為，鼓勵兒童想像可以當作使過度活動的兒童安靜下來，並增加其注意廣度的手段。投射測驗證實了這種看法。那些在墨跡測驗中能覺察到人的活動的兒童，傾向於能較好地控制自己的行動，而那些很難覺察到人的活動的兒童則傾向於是衝動的、好動的。很顯然地，一個人如果能在心裡想像動作，就不必把動作統統顯露出來了。

　　幻想的傾向在五歲兒童那裡已很好地形成了。有人給五歲兒童一種有結構的、開放的材料，要求他們每人編一個故事。令人驚奇的是，每個兒童編造故事的複雜程度，與所給材料的類型沒有多少關係，而與兒童自身的想像力有關。因此，可以這樣認為，想像力低的兒童創造性也低，思維缺少靈活性。研究還發現，想像力低的兒童身體活動比較多，這個發現與辛格的發現——想像力低的兒童比想像力高的兒童身體攻擊性行動要多些——是一致的。

　　一些研究發現三至十歲的兒童中有 15～30％的兒童有一些無形的、假想的伙伴。兒童把這些想像中的人或動物當成是真實的，會跟他們說話，跟他們一起玩。在這個年齡兒童與一個不存在的人或動物一起玩，並不是一種病態。有假想伙伴的兒童平時仍能跟其他兒童一起玩得很好，只是在沒有兒童同自己玩的情況下才與心目中的伙伴玩，這是兒童不甘寂寞的巧妙辦法。一般看來，獨生子女和頭生子女比有哥哥姊姊的兒童，更可能有假想的伙伴，同時聰敏伶俐富有創造性的兒童，也更可能有假想的伙伴。

　　總的說來，遊戲不僅可以擴大兒童的知識面，掌握必要的生活和

學習的技能，還可以調節和治療兒童情緒失調，可以促進兒童想像力、創造性、耐心和持久性、靈活性，以及人與人交往能力的發展。

參考書目

一、中文部分

1.王耘、葉忠根等：《小學生心理學》，浙江教育出版社，一九九三年版。

2.申繼亮、李虹：《當代青少年心理學的進展》，浙江教育出版社，一九九三年版。

3.張欣戊等：《發展心理學》，臺灣空中大學出版社，一九九五年版。

4.龐麗娟、李輝等：《嬰兒心理學》，浙江教育出版社，一九九三年版。

二、英文部分

1.E. F. Zigler, M. F. Stevenson: *Children in A Changing World*, 1993.

2.E. M. Hetherington: *Child Development – A Contemporary Viewpoint*, 1979.

3.Mussen, P. H.: *Child Development and Perosnality*, 1990.

第十二章　兒童道德的發展

　　兒童社會化的核心內容就是使兒童成爲一個有道德感的人，能遵守社會規定的道德規範和行爲準則的人。衡量一個兒童的道德水平，不僅要看他的行爲動機、對自己和別人的行爲的判斷和認識，更重要的是看他實際行爲的性質和意義。道德行爲是一個人道德水平的外在表現，也是道德認識和道德情感的見證。道德行爲造成的結果又會反饋給個體，從而進一步強化或修正原有的道德判斷，並產生相應的道德體驗。

　　道德行爲規範主要包括兩個方面：一是禁止做社會規定不允許做的事；二是去做社會規定應該做的事。簡單地説，就是避免反社會行爲和提倡親社會行爲。這兩方面的行爲，都需要個體的自我控制。

　　兒童的道德認識是如何發展的呢？兒童的道德行爲該如何培養訓練呢？兒童的自我控制如何測量呢？這是本章要討論的主要內容。

第一節　兒童道德認知的發展

　　兒童的道德認知主要是指兒童對是非、善惡行為準則及其執行意義的認識。它包括道德概念的掌握、道德判斷能力的發展，以及道德信念形成三個方面。

一、皮亞傑的道德認知發展理論

　　皮亞傑是第一個系統地追蹤研究兒童道德認識，確切地說是研究兒童道德判斷發展的心理學家。他在一九三二年出版的《兒童道德的判斷》是研究兒童道德發展的里程碑。

1. 皮亞傑的研究方法

　　皮亞傑認為，道德是由種種規則體系構成的，道德的實質或者說成熟的道德包括兩個方面的內容：一是對社會規則的理解和認識；二是兒童對人類關係中平等、互惠的關心，這是公道的基礎。他和他的同事從以下幾個方面著手，揭示兒童道德的開端和發展規律：(1)兒童對遊戲規則的理解和使用；(2)對撒謊和說真話的認識；(3)對權威的認識。

　　皮亞傑在研究兒童道德發展的課題中採用了他獨創的臨床研究法（談話法）。這種方法先是通過觀察和實驗向兒童提出一些事先設計好的問題，然後分析兒童所作的回答，尤其是錯誤的回答，從中找出規律性的東西。

⑴研究兒童對遊戲規則的意識和執行的發展情況

皮亞傑與他的同事分別同大約二十名四至十二、十三歲不同年齡的兒童一道玩彈子遊戲，或觀察兩個兒童比賽打彈子遊戲，記錄對規則認識的發展程序。

第一階段：規則還不是有遵守義務的運動規則。兒童常常把自己認定的規則與成人教給的社會規則混在一起。

第二階段：以片面的尊重為基礎的強制性的規則。兒童認為規則是外加的、絕對不能變的東西。年幼的兒童與較大年齡兒童一起玩時並不了解為什麼要有規則，只是因為較大年齡兒童要強迫他們遵守。

第三階段：規則成為彼此同意的合理的規則。兒童不再把規則看作是神聖不可侵犯的，只要在遊戲中維持雙方對等的原則，規則即使變更也無所謂。規則是由兒童們自己商定的，是可變的，一旦確定了規則，參加遊戲的人就有義務遵守它。在皮亞傑看來義務的意識或義務感是兒童道德發展的一個重要標誌。

與對規則認識相應的是對規則執行（遵守方式）的發展。第一階段是單純的個人運動規則階段。兒童只憑個人的意願和習慣進行彈子遊戲，與規則意識的第一階段相對應；第二階段是以自我為中心向較大年齡兒童模仿的階段。兒童模仿較大年齡兒童作遊戲，但不找玩伴，只顧自己單獨玩，或者即使與別的兒童一起玩，但並未想到要勝過對方。這表明遊戲還不具有社會的意義，而只有個人的意義，與規則認識的第一階段末、第二階段相對應；第三階段是初期協作階段。兒童努力想勝過對方，互相監督，要求雙方在對等條件下進行遊戲。這時的遊戲已帶上了明顯的社會目的。不過，兒童在遊戲時還常常不遵守規則，互相爭吵。這一階段與規則認識的第二階段相對應；第四階段是規則確定化階段。兒童已在規則上取得完全一致，即使有些爭執亦可利用豐富的規則知識加以處理。這時的兒童要求嚴格遵守規則。這一階段與規則認識的第三階段相對應。

(2)研究兒童有關過失和說謊的道德判斷的發展

皮亞傑認為，要研究兒童的道德判斷的性質，採用直接的提問法是不可靠的，把兒童放在實驗室裡剖析更是不可能，只有從兒童對特定的行為的評價中，才能分析他們的道德認識。因此，皮亞傑與他的合作者採用了間接故事法，設計了許多包含道德價值內容的對偶故事來研究兒童的道德判斷。

例如，在研究兒童對過失行為的判斷時，向兒童敘述了諸如下面這樣的故事，然後要求兒童說出評定的理由。

> 一個叫約翰的小男孩，聽到有人叫他吃飯，就去開飯廳的門。他不知道門外有一張椅子，椅子上放著一只盤子，盤內有十五只茶杯，結果撞倒了盤子，敲碎了十五只杯子。

> 有個男孩名叫亨利，一天，他媽媽外出，他想拿碗櫥裡的果醬吃。他爬上椅子伸手去拿，因為果醬放得太高，他的手搆不著，結果在拿果醬時，碰翻了一只杯子，掉在地上碎了。

下面是實驗者與一個六歲兒童的對話。

> 「這個故事你懂嗎？」
> 「懂。」
> 「頭一個孩子做了什麼？」
> 「他敲碎了十五只杯子。」
> 「第二個孩子呢？」
> 「他不小心敲碎了一只杯子。」
> 「第二個孩子怎麼會打碎杯子的呢？」
> 「因為他笨手笨腳，拿果醬的時候杯子倒了下來。」

「這兩個孩子哪個更調皮？」

「頭一個，因為他敲碎了十五只杯子。」

「如果你是父親，你對哪個懲罰得更厲害些？」

「打碎十五只杯子的那個。」

「為什麼他會打碎十五只杯子呢？」

「門關得太緊，被撞倒的。」「他不是有意打碎的。」

「那麼第二個男孩呢？」

「他想拿果醬，手伸得太遠，杯子敲壞了。」

「他為什麼要拿果醬呢？」

「因為他只有一個人，他媽媽不在那兒。」

（皮亞傑，1932）

　　在這個研究中，五歲以下的兒童沒法作比較，六歲以上的兒童能作出回答。小學低年級七至八歲兒童說約翰更壞些，約翰打破了十五只杯子，亨利只打破了一只杯子，因此約翰比亨利壞。他們根據杯子打破的數量作出道德上的判斷，也就是說根據主人公的行為在客觀上造成的後果，即行為的客觀責任去作出判斷。與此相反，十、十一、十二歲的兒童則說亨利壞些。約翰是開門時不知道有杯子在門後無意中打碎的，亨利則是趁媽媽不在偷東西吃時打碎的。這時的兒童已注意行為的動機和意圖，即從行為的主觀責任去作判斷。一般的趨勢是：根據客觀責任作判斷在年幼兒童身上出現，隨年齡的增長而減少，根據主觀責任作判斷出現稍遲，並隨年齡增長而遞增。這兩種道德責任判斷在兒童身上有一個階段是重疊的，主觀責任的判斷逐漸取代客觀責任判斷而居於支配地位。皮亞傑把兩種道德判斷部分重疊的時期，稱為「道德法則的內化階段」。至於兒童的道德判斷究竟是怎樣從外部服從權威的判斷向自己控制的、內在的法則支配所作的判斷過渡，皮亞傑的研究並未作出滿意的回答。

　　再舉一個兒童對說謊反應的例子。

　　甲兒童在回家的路上碰到了一條狗，非常害怕。他跑回
家裡告訴媽媽說，他碰到了一隻像牛一樣大的狗。

　　乙兒童放學回家，告訴媽媽說老師給了他一個好分數。
事實上老師既沒有給他高分數，也沒有給他低分數。可是他
這麼一說，媽媽很高興，表揚了他。

　　對於這個問題的回答與上述的過失問題一樣，低齡兒童說甲更壞
些，因為那麼大的狗是不可能有的事。他們根據兒童所說的話跟客觀
真實性相差的程度大小來評定謊言的嚴重性，而不看是否有意欺騙的
程度。可是年齡大一點的兒童則認為乙更壞些。甲即使說了這樣的話
也不算說謊，而乙是故意地在說謊。這就是說，隨著年齡的增長，兒
童的道德判斷已從效果論轉向動機論。

(3)關於兒童公正觀念的研究

　　兒童的公正觀念是皮亞傑兒童道德發展研究中的一項主要課題。
皮亞傑從教師和家長偏愛順從他的學生或孩子的日常事例中設計了許
多故事，講給孩子們聽，要求他們對「偏愛行為好的孩子是否公平」
這個問題作出判斷。皮亞傑和他的合作者在對這個課題進行了大量的
研究後指出：「七歲、十歲和十三歲是公正觀念發展的三個主要時
期。」這三個年齡階段兒童的公正判斷分別以服從、平等和公道為特
徵。年幼兒童對公正概念尚不理解，他們以成人的是非為是非，好壞
的標準就看服從還是不服從，還不會分辨服從和公正、不服從和不公
正的區別。十歲左右的兒童道德判斷的基礎發生了質的變化。他們已
能以公正、不公正或平等不平等為是非標準了。十三歲左右的兒童已
能根據自己觀念上的價值標準對道德問題作出判斷，能用公道不公道
作為判斷是非的標準。他們已不再按刻板的、固定的準則來判斷，而
是在依據準則作出判斷時，先考慮具體的情況，從關心和同情出發去

作出判斷。所以,在皮亞傑看來,公道感不只是一種判斷道德是非的準則關係,而是一種出於關心和同情人的真正的道德關係,是一種「高級的平等」。

皮亞傑根據上述幾個方面的考察與研究,概括了兒童道德認識發展的三個階段。

2. 兒童道德判斷發展的階段

(1)前道德判斷階段(一・五至七歲)

這個階段有兩個分階段:

①集中於自我時期(一・五至二歲),與感知動作思維相對應,所有的感情都集中於身體和動作本身。

②集中於客觀永久性時期(二至七歲),與前運算思維相對應,從集中兒童自身,轉向集中注意權威——父母或其他照料者。

道德認知不守恆。如,同樣的行為規則,若是出自父母就願意遵守,出自同伴就不遵守,認為對父母要說真話,對同伴可以說謊話。分不清公正、義務和服從,他們的行為既不是道德的,也不是非道德的,隨著年齡的增長,才能對行為作出一定的判斷。

(2)他律道德階段或道德實在論階段(五至十歲)

這是比較低級的道德思維階段,具有以下幾個持點:

①認為規則是萬能的、不變的,不理解這些規則是由人們自己創造的。

②在評定行為是非時,總是抱極端的態度,或者是好的,否則便是壞的,還以為別人也這樣看。

③判斷行為的好壞是根據後果的大小,而不是根據主觀動機。前面所舉的六歲兒童對打破杯子的判斷就是一例。

④兒童把懲罰看作是天意,贊成嚴厲的懲罰。

⑤單方面尊重權威,有種遵守成人標準和服從成人規則的義務感。

⑶自律道德或道德主觀主義階段（九至十一歲以後）

這個階段的道德具有以下幾個特點：

①認為規則或法則是經過協商制定的，可以懷疑，可以改變。

②判斷行為時，不只是考慮行為的後果，還考慮行為動機。

③與權威和同伴處於相互尊重的關係，能較高地評價自己的觀點和能力，並能較現實地判斷別人。

④能把自己置於別人的位置，判斷不再絕對化，看到可能存在的幾種觀點。

⑤懲罰較溫和、貼切，帶有補償性，以幫助錯誤者認識和改正。

總的說來，皮亞傑認為兒童的道德認識是從他律道德向自律道德轉化的過程。所謂他律道德是根據外在的道德法則所作的判斷。兒童只注意行為的外部結果，不考慮行為的動機，他們的是非標準取決於是否服從成人的命令或規定。這是一種受自身之外的價值標準所支配的道德判斷。後期兒童的道德判斷已能從主觀動機出發，用平等或不平等、公道或不公道等新的標準來判斷是非，這是一種為兒童自身已具有的主觀的價值所支配的道德判斷，因而稱為自律水平的道德。皮亞傑認為，只有達到了這個水平，兒童才算有真正的道德。

3. 道德判斷轉化的因素

低年齡兒的道德不成熟主要由兩個原因造成：一是認識上的侷限，即自我中心（把別人看成和自己一樣）和實在論（把主觀經驗同客觀實在混同，如把夢境看成是現實存在的事物）；二是對權威的服從，兒童服從成人指示，視規則為神聖不變的東西（Hoffman）。

兒童要獲得道德認識上的發展必須擺脫自我中心和實在論，理解到別人有著與自己不同的看法，從而發展自己與別人不同的自我概念。皮亞傑認為，要使兒童從自我中心和實在論中解放出來，最重要的途徑是與同伴發生相互作用。只有在與同伴的交往中，兒童才會把自己的觀點與別人的觀點相比較，從而認識到自己的觀點與別人有

別，對別人的觀點可以提出疑問或更改意見。也只有在與同伴的交往中，才認識到同樣的行為也許會被別人以不同的方式所理解，導致不同的結果。正是在與同伴的交往中，他們開始擺脫權威的束縛，互相尊重，共同協作，發展了公正感。雖然皮亞傑特別重視同伴在發展兒童道德認識中的關鍵作用，但他並未完全否定父母的作用，只是有一個條件，成人必須改變傳統的所謂權威的地位，與兒童平等相處。只有這樣，父母才能成為促進兒童道德認識發展的積極力量。

皮亞傑認為，兒童道德推理的發展與兒童認知能力的發展存在著互相對應、平行發展的關係。他律道德與自律道德間的差異相當於前運算認知階段與具體運算認知階段間的差別。皮亞傑的這個觀點受到了有關實驗的支持（M. Hardeman, 1972），實驗發現守恆程度低的兒童在道德判斷上也是低水平的，道德概念和倫理價值觀的教學純認知的教學一樣，需要同兒童按照他現有的認知結構加以同化的東西相適合（見表 12-1）。

4. 對皮亞傑道德認知理論的批評

許多跨文化研究（除少數研究之外）已證實皮亞傑關於兒童的道德認知從效果論──動機論，從客觀責任──主觀責任，從受外部權威的控制──受內部道德原則支配，從他律──自律，從道德實在論──道德主觀主義的發展階段具有一定的普遍意義。如，中國兒童道德發展研究協作組於一九八二年在全國十八個地區對五至十一歲兒童道德判斷的發展作了大規模的調查，隨機選取的被試者共二千七百八十八名，分五、七、九、十一歲四個年齡組。研究採用了皮亞傑使用的對偶故事法，用了三組對偶道德故事。第一組是關於動機意向和財物損壞的道德判斷；第二組是關於擺脫成人懲罰影響的道德判斷；第三組是關於人身傷害和財物損壞的道德判斷，實驗結果與皮亞傑道德認知發展的結論基本一致。

但是，近年來的研究表明，兒童對行為意圖的理解比皮亞傑所發

表 12-1 皮亞傑的認知發展與道德發展平行示意表

認知階段	認知結構	道德階段	道德發展（情感結構）
感知動作階段（出生～2歲）	用可變反射獲取知識 活動積極 自我中心 決定因果概念 到了後期，對象永久性有所發展	前道德階段（出生～3歲）	不能把自己從「別人」中分化出來 隨個人需求而活動 後期對對象間的關係有所認識 出現分化現象；開始依戀護理人
前運算階段（2～7歲） 前概念階段（2～4歲）	語言開始 無可逆性守恆 注意單方面 缺乏邏輯	他律階段（3～7歲）	服從雙親 單方面尊重 無合作 缺乏道德上的自主性或自我決定（他律） 傾向於權威 屈從於懲罰
直覺階段（4～7歲）	可逆過程開始 可逆性或否定性能守恆 具體對象的重要性		自律開始 相互尊重和合作開始 同輩間平等 注意具體的情境、人和物 開始有公正感
具體運算階段（7～12歲）	邏輯思維過程 關心具體事物 理解數和關係的邏輯	自律階段（7～12歲）	自律性增強 能與雙親和別人合作 同輩間平等有所發展 公正感更為發展

引自 Lee C. Lee, 1974.

現的更為複雜。當兒童在判斷別人的行為時，如果偶然犯錯誤與故意犯錯誤的差異是相當明顯的話，即使是學齡前兒童也能考慮行為的動機。一些學齡前兒童在犯了錯誤時，會說：「我不是故意的。」其實，幼兒在評估一個人的行為時，會考慮許多因素，如行為的結果是積極的，還是否定的；作用的對象是動物，還是非動物，或者是人。

二、柯爾伯格的兒童道德認知發展理論

柯爾伯格（ L. Kohlberg ）是皮亞傑道德認知發展理論的追隨者，但他又對皮亞傑道德發展理論進一步作了修改、提煉和擴充，在二十世紀五○年代提出了自己的兒童發展階段論。他的代表作有《階段與繼續：對社會化的認知發展》（ 1969 ）、《兒童對道德準則的定向的發展》（ 1973 ）。

柯爾伯格與皮亞傑一樣，承認道德發展有一個固定的、不變的發展順序，都是從特殊到一般，從自我中心和關心直接的事物到基於一般原則去關心他人的利益；都肯定道德判斷要以一般的認知發展為基礎；都強調社會相互作用在道德發展中的作用。除上述共同點外，柯爾伯格道德發展理論也有他的獨到之處。

1. 柯爾伯格的研究方法

皮亞傑用編成對偶的故事與兒童談話，來研究兒童道德認知的發展，柯爾伯格則採用道德兩難故事，讓兒童在兩難推理中作出選擇並說明理由。

柯爾伯格最重要的樣本是七十二個男孩，他們來自芝加哥中產階級和較下層的家庭，年齡分別為十、十三和十六歲。以後他又在樣本中加入了較小年齡的兒童、犯過錯誤的兒童以及來自美國其他城市和鄉村的男孩和女孩（ 1958, 1967, 1970 ）。

柯爾伯格運用的一系列兩難推理故事中，最典型的是海因茲偷藥的故事：

> 歐洲有個婦人患了癌症，生命垂危。醫生認為只有一種藥才能救她，就是本城一個藥劑師最近發明的鐳。製造這種藥要花很多錢，藥劑師索價還要高過成本十倍。他花了兩百元製造鐳，而這點藥他竟索價兩千元。病婦的丈夫海因茲到處向熟人借錢，一共才借得一千元，只夠藥費的一半。海因茲不得已只好告訴藥劑師，他的妻子快要死了，請求藥劑師便宜一點賣給他，或者允許他賒欠。但藥劑師說：「不行！我發明此藥就是為了賺錢。」海因茲走投無路竟撬開商店的門，為妻子偷來了藥。

講完這個故事，主試者就向被試者提出了一系列的問題：這個丈夫應該這樣做嗎？為什麼說應該？為什麼說不應該？法官該不該判他的刑？為什麼？

柯爾伯格與皮亞傑一樣，他真正關心的並不是兒童對問題回答的「是」或「否」，而是回答中的推理。所以在與被試者交談中不斷地提出問題，以了解兒童是怎樣推理的。

2. 柯爾伯格道德認識發展的階段

根據橫向研究中不同年齡兒童對這些兩難問題的反應，柯爾伯格把兒童道德發展劃分為三個水平六個階段（參見表 12-2）。

在前習俗水平，兒童基本上按行動的結果判斷是非。在最初的階段（階段 1），兒童對是否的定義，是說一個人為了避免懲罰，應該服從規則。在第二階段（階段 2），兒童發展了簡單的交互的道義。人們應該滿足自己的需要，並讓別人也這樣做，做事「公平」或組成平等的交換。「你奉承我，我也奉承你」這個諺語適用於這個階段。

表 12-2　柯爾伯格道德認識發展階段的內容

水平和階段	什麼是正確的	對正確做法的論證	階段的社會觀點
水平Ⅰ— **前習俗水平** 　階段 1： 　法律道德	避免破壞由懲罰所支持的規則，爲了自己而服從，避免對人和財物進行物質上的損害。	避免懲罰，權威的優勢。	自我中心觀點。不考慮其他人的利益或不認識它們和行動者的不同，不把兩種觀點聯繫起來。從身體上而不是根據他人心理上的利害關係來考行動。混淆權威的觀點和自己的觀點。
階段 2： 　個人主義、 　工具性目的 　和交換	只有在與某人的直接利益有關時才遵守規則；爲滿足自己的需要和利益而活動，讓別人也這樣做。權利也是公平的，是平等的交換，是協議、協定。	在這個你必須認識到其他人也有自己利益的世界上，爲自己的需要或利益服務。	具體的個人觀點。認識到每個人有自己追求的利益。它們是矛盾的，因此權利是相對的（在具體的個人意義上）。
水平Ⅱ— **習俗水平** 　階段 3： 　個人之間的 　相互期待、 　相互關係和 　一致性	不辜負接近你的人的期望，或按人們一般對你作爲兒子、兄弟和朋友這個角色的期望去做。「做好人」是重要的，意味著有良好的動機，關心別人，也意味著保持諸如信任、忠誠、尊重和感激的相互關係。	在自己和別人的眼光中成爲一個好人，照顧別人。相信金科玉律，渴望保持那些固定化了的好行爲的規則與權威。	個人和其他人有關係的觀點。認識到有共同的情感、協議和期望，它們代替了個人的利益而成爲最重要的東西。通過具體的金科玉律，將觀點聯繫起來，把自己放在別人的地位，還沒有考慮一般化的系統的觀點。
階段 4： 　社會體系和 　良心	履行已經應允的實際責任，擁護法令，除了在法令和其	保持機構作爲一個整體，避免體系的破裂，「如果每個	對社會觀點和個人之間的協議或動機的區分。採取規定角色和

水平和階段	什麼是正確的	對正確做法的論證	階段的社會觀點
	他固定的社會責任有矛盾的極端情況下。權利也對社會、團體或機構起著作用。	人都這樣做」，或者命令良心去符合一個人規定的義務（容易和階段3的信任規則和權威混淆，見課文）。	規則的體系的觀點，按照在體系中的地位考慮個人的關係。
水平Ⅲ—後習俗或原則性水平 階段5：社會契約或功用和個人權利	認識到人們有各種價值觀和意見。大部分價值觀和規則，與一個人所在的團體有關。然而，為了公正，同時因為這些規則是社會契約，所以通常應擁護這些規則。某些不是和某個團體有關的價值觀和權利，如生命和自由，在任何社會，也不管大多數意見如何，都必須擁護。	對法令具有義務感，因為人們有這樣的社會契約：為所有人的幸福和保護所有人的權利而制定並遵守法令。對家庭、友誼、信任和工作責任已開始有契約義務感。關心法令和職責應該建立在對「為最大多數人的最大利益」進行合理分析的基礎之上。	比社會更重要的觀點。明智的人認識到價值觀和權利優先於社會依附和契約的觀點。通過協議、契約、客觀的公正和適當的過程等形式的機制，把各種觀點結合起來，考慮道德和法律觀點；認識到這些觀點有時是矛盾的，難以把它們結合起來。
階段6：普遍的倫理原則	遵守自我選擇的倫理原則。特定的法令或社會協議通常有效，因為它們依據這樣一些原則。當法令違背這些原則時，就按照原則辦事。原則是公正的、普遍的：人類權利平等，尊重人類個體的尊嚴。	作為明智的人，信任普遍道德原則的有效性，個人有對這些原則承擔義務的意識。	道德著眼點，社會安排來源於此。這是任何一個明智的人的觀點。他們認識到道德的本質或人自身就是目標，必須如此對待他。

兒童的道德定向基本上仍是個人的、自我中心的、具體的，雖然他們將他人的權利看成是以某種方式和兒童的權利共存的。

在習俗道德水平，重點在社會需要方面，價值觀放在個人興趣之上。在第三階段（階段 3），兒童最初可能強調做一個「自己和他人眼光中的好人」，意思是有良好的動機，表現出對別人關心。一般說來，很強調遵守大多數人刻板的思想或「自然」的行為。作為認知日益得到發展的反映，隱藏在行為後面的意圖，在這個階段顯得很重要，兒童通過「做好人」而尋求認可。在第四階段（階段 4），社會觀點取得了優先地位。兒童不僅關心對社會秩序的遵守，而且也關心對這個秩序的維持、支持和論證。「正確的行為包括履行一個人的責任，尊敬權威和為了自己而維持已有的社會秩序」。

在後習俗或原則性水平（階段 5 和 6），人們的道德判斷是根據考慮過和接受了的原則。因為這些原則有內在的正確性而不是由社會確定它們是正確的。柯爾伯格稱這個水平是從「比社會更重要」的觀點出發的。馬丁‧路德‧金（Martin Luther King）說，不服從隔離法律，在道德上是正確的，因為他服從了一個更高級的法律，這時他是在進行一種後習俗的道德爭辯。這個水平的特點是向著抽象的道德原則進行重要的推進。這些原則是普遍適用的，不拘泥於某一特定的社會團體。這反映了兒童獲得了形式運算思維。

柯爾伯格根據他對兒童道德判斷的考察，斷言兒童道德認識的發展是按著一個不變的階段順序進行的，這個不變的階段順序或發展模式適用於一切文化社會。圖 12-1 是四個年齡階段兒童使用六種道德判斷類型的情況，從中可以看出兒童年齡越小，一、二階段的判斷使用得越多，隨著年齡的增長，較高階段的判斷類型占優勢。在這一點上，柯爾伯格與皮亞傑又有些不同。柯爾伯格認為在同一個年齡階段可以同時存在幾種道德判斷類型。

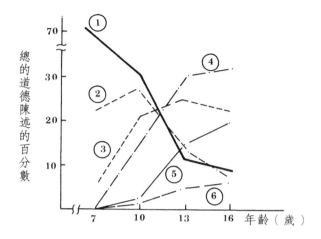

圖 12-1　四個年齡階段兒童使用六種道德判斷類型
（柯爾伯格，1963）

①服從與懲罰；②相對論者的快樂主義；③好孩子定向；
④維護社會制度與權威的道德；⑤民主地承認法律；⑥普遍的原則。

3. 道德認識發展階段的推移與道德教育

　　柯爾伯格與皮亞傑一樣，認為兒童道德認識的發展由個體認知發展的水平所決定。他們既不同意成熟與道德認識發展有什麼直接的聯繫，也不主張社會學習論者所提倡的觀察與模仿，而是強調道德認識是以認知結構為基礎的自然的發展。「道德發展是一種不斷增長著的認識社會現實或組織和聯合社會經驗的那種能力的結果，有原則的道德的必要條件──但不是充足條件──是邏輯推理能力（它是由形式運算的各階段表示的）的發展。」（柯爾伯格）

　　柯爾伯格主張採用類似皮亞傑的平衡發展模式的教學法──認知衝突法來促進兒童道德的發展。皮亞傑的平衡模式是先讓兒童考慮一個維度，然後再讓兒童考慮另一個維度。中間必然會發生衝突和混亂，經過兒童自己思考，最後修正自己的思維結構，學會能同時考慮兩個維度。

認知衝突法基本上分兩步驟程序：第一步驟，教育課程的焦點集中在由教師和學生進行的道德兩難問題的討論上。選擇這類道德兩難問題就是為了引起認知上的衝突；第二步驟，引起兩個相鄰發展階段學生的討論。由於兒童並不都是在同一階段內思維的，他們之間的討論也處於不同的發展水平。在這裡，教師要支持和澄清超過這些學生中最低水平的一個階段之上的觀點。當這個觀點為學生理解時，教師又提出新的情境向這個階段的思維挑戰，並澄清超過先前發展階段的那種論點。就這樣引導學生一步步發生矛盾衝突，使他們找到思維方式中的前後矛盾和不當之處，並發現解決這些矛盾的方法。

柯爾伯格還十分重視角色扮演的作用。他認為兒童僅僅接受他人的勸告，或者是作為一個沒有相互交流作答小組的一員，是絕不會引起道德發展的。兒童從自我中心向考慮別人的感情、觀點和動機的轉化是道德認識發展的關鍵。一個兒童扮演其他人的角色技能與道德判斷水平有直接的聯繫。道德認識由低級向高級發展要以扮演角色的技能增長為前提。有些研究結果支持柯氏的這個設想，發現經常有機會扮演懲辦別人的角色，或堅持對別的兒童施加規則影響的兒童，更可能成為守規則的人；如若限制兒童的社會環境，不讓他與人來往，每日僅與幾個簡單的社會角色發生聯繫，那就會限制兒童扮演角色的能力，並進而阻礙兒童道德能力的發展。

柯爾伯格按照他對道德認識發展階段推移的看法，對如何進行道德教育提出了以下建議：①了解兒童道德認識發展的水平；②提供通常稍高於兒童已達到的發展水平的思維模式，使之與現有的水平加以比較，引起衝突；③幫助體會衝突，使他意識到採用下一階段的判斷更為合理；④培養兒童對各種問題進行道德方面判斷及提出問題的能力；⑤把即將繼起的道德階段作為道德教育的目標。

4. 對柯爾伯格理論的批評

柯爾伯格道德認知理論在產生廣泛影響的同時也遭到各種批評。

(1)關於道德階段的普遍性問題

柯爾伯格認為，他提出的系統代表了各種文化背景下普遍的道德等級狀態，但是批評者認為，任何道德都與社會文化有關，一種道德思想高於另一種道德思想是種族中心主義。與社會法律相反的原則性判斷，在另一種文化或在另一個時代，可能並不是最先進的道德思維形式（Baumrind, 1978）。

(2)關於學齡前兒童的道德判斷

柯爾伯格認為，幼兒的道德判斷完全是根據獎勵、避免懲罰、服從權威，但是有人認為幼兒對道德的認識要比他們表達出來的深刻得多。「幼兒有一種直覺的道德能力，表現在回答關於道德規則的問題上，和原諒自己違反規則、別人違反規則的反應上」（Schweder, Turiel & Much, 1981）。

此外，幼兒已能將道德問題和社會習俗區分開來，這也是幼兒直覺的道德能力的反映。如對五至十一歲的兒童講兩類假設性的故事。一個是說一所學校有允許兒童互相打架的規定；另一個是說一所學校允許兒童脫光衣服。要求兒童評價這兩所學校的做法。各種年齡的兒童大都說，學校不應該允許打架，但是可以允許兒童脫光衣服。類似的情況是，這些兒童對沒有懲罰規定的打人、偷東西行為都說不對，而對沒有禁止叫教師名字的規定，則認為是可以的（Weston & Turiel, 1980）。

(3)關於認識階段的真實性問題

一些批評者認為，柯爾伯格的階段次序都建立在假設的情境反應上，而不是兒童事實上遇到的情境，因而對這種階段系統的意義和概括化程度表示懷疑（Baumrind, 1978）。有些人批評柯爾伯格道德發展階段評分有偏向。柯爾伯格的道德階段的評分依據是公正，而公正是西方社會男性社會化的要點，女性社會化的重點是養育、移情和

照料。雖然有研究指出（Walker, 1985; Rest, 1986），在柯爾伯格的兩難問題上女子的得分並不比男子低，但是如果要求婦女回答一些與之切身相關的問題，如不要懷孕，相信婦女與男子的回答會有不同。婦女自己的回答也會與自己對柯爾伯格的兩難問題的回答有所不同。

　　批評柯爾伯格道德發展階段真實性的另一個重要理由是，他的實驗依據不足，因為他得出這個結論的主要方法是橫向法。在同一個時間裡對不同年齡的兒童進行調查或實驗就很難保證每個兒童確是按預見的階段順序發展。雖然後來柯爾伯格也作了一些縱向研究，但實驗對象的起始年齡太大，且結果也模棱兩可，大多數被試者或停留在一個階段上，或上升一個階段，也可能是跨越了一個階段。因此，有些心理學家認為，對柯爾伯格理論更有力的支持還須等待進一步縱向研究的結果。

　　社會學習理論者對道德認知說強調的階段性提出了針鋒相對的看法。他們設計的一些實驗研究指出，兒童道德判斷的發展並不像道德認知理論所說的那樣有明顯的階段性。班圖拉和麥克唐納（A. Bandura & Mcdonald, F. J., 1963）曾作了這樣一個研究，向五至十二歲的兒童呈現與皮亞傑所用的一樣的配對故事。他們發現年齡較長的兒童大部分提出主觀的道德判斷，這個結論與皮亞傑的結論一致，但是也發現了年齡變異，有的較小年齡的兒童反倒能作出高級的道德判斷，而較大年齡的兒童卻用的是低級道德判斷。

　　另外，社會學習理論者認為，道德判斷也是一種社會學習，可以通過模仿榜樣或觀察模式而獲得。他們企圖運用榜樣和鼓勵來訓練兒童，改變兒童原有的道德判斷。有個典型的實驗是：先讓兒童個別地對兩難故事作出道德判斷，了解其道德判斷的主要傾向。然後，讓他跟一個成人一起輪流對所提出的道德問題作判斷。這個成人模式一直提出與兒童原來的判斷相反性質的判斷。實驗者對其中一組兒童是只要他有模仿成人判斷的行為就給予獎勵，對另一組是兒童與榜樣都受

到獎勵。其後再讓兒童對另外十二對故事作出道德評價，這時發現兒童的判斷明顯地受到了榜樣的影響。科萬（Cowan, 1969）、克羅萊（Crowley, 1968）採用與班圖拉基本相似的方法，也改變了小學生、青少年的道德判斷，承認榜樣對兒童道德判斷有深刻影響。「所謂發展的階段是易於通過成人規定的模式改變的……」（班圖拉）。

一些認知心理學家也重複了班圖拉的模式處理，他們感到模式雖然可以影響道德判斷，但這種影響是很小的，即便使判斷發生了變化，也只是在這一階段順序（發展）方向上的前進。

總之，皮亞傑與柯爾伯格在兒童道德發展，尤其是道德判斷發展上為後人的研究開闢了一條道路，但是，無論是研究方法，還是對道德評分的標準及道德階段的推移都還須作進一步的研究。

第二節　兒童道德行爲的發展

一、班圖拉的社會學習理論

社會學習理論的創始人之一班圖拉（A. Bandura），一九二五年生於加拿大，大學畢業後進入美國伊愛華大學研究所，專攻臨床心理學，對學習理論在臨床上的運用很感興趣。一九五二年獲博士學位後，他到斯坦福大學從事兒童攻擊性行為的研究。他的理論兼具耶魯大學和哈佛大學的發展研究傳統。

早期的社會學習理論是在行為主義學習理論的基礎上建立起來的，特別重視刺激——反應的接近性原理和強化原理，也十分重視動物研究，試圖從動物行為研究的模式中推論人的社會行為。這樣的研

究存在極大的侷限性。

到了六○年代，班圖拉突破了傳統的行為主義理論框架，從認知和行為聯合起作用的觀點上解釋人的學習行為。他認為社會學習乃是一種訊息處理理論和強化學習理論綜合的過程。強化理論無法闡明行為獲得過程中的內部活動，而訊息處理理論又忽略了行為操作因素。班圖拉通過大量的實驗研究和臨床行為矯正，建立了現代社會學習理論。這個理論具有以下幾個特點：

1. 三位一體的交互決定論

班圖拉認為的「三位」，就是指個體的行動或行為、周圍環境，以及個體的認知、動機及其他因素。這三者是互相決定、共同起作用的，可以是一果多因，或一因多果。用圖 12-2 表示：P 代表個人因素；B 代表行為因素；E 代表環境因素。

圖 12-2 交互決定論圖示

2. 替代強化

行為主義理論強調行為的獲得主要是通過直接的強化，運用聯想式和操作式條件反射。社會學習理論者通過對兒童和成人的大量研究，發現兒童的許多行為並未直接受到強化，而是在觀察別人行為時，別人所受到的強化會影響兒童去學習或抑制這種行為。這個過程被稱為間接強化或替代強化。如一個小孩看到鄰居的兒子與別人吵架，受到了周圍人的斥責，那麼這個小孩就可能不會去學習這種吵架的行為。反過來，若跟人吵架還受到讚賞，他就很可能想去試一試。在這種情況下，兒童本人既無行動，也未受到什麼直接強化，但模式

所受到的強化會影響兒童以後的行為，這正是替代強化的表現。

3. 觀察和模仿

　　班圖拉在實驗中發現，兒童在觀察範型的過程中，即使未受到外部強化或替代強化，仍能獲得範型的行為。強化只能影響行為的出現率，而不影響行為的模仿。行為的獲得不是由強化決定，而是由觀察（認知）決定的。

　　將六十六名男女各半的幼兒隨機分為三組，觀看一成年人攻擊玩偶娃娃表現的錄影帶。三組錄影帶結尾對攻擊性行為的處理各不相同：

(1)獎　　賞
錄影帶中另一位成人對攻擊者成人給予口頭讚賞和糖果獎勵。

(2)懲　　罰
第二位成人怒氣沖沖地指責攻擊者的行為。

(3)無強化
成人攻擊玩偶後放映便結束。然後，將三組兒童帶到與錄影帶中情境相同的實驗情境中，讓他們自由活動十分鐘，觀察和記錄兒童的行為表現。接著實驗者給予誘因：告訴兒童如果模仿錄影帶中的成人行為，就給予獎勵。結果顯示：(1)範型的攻擊性行為受到強化，明顯地影響兒童的反應；(2)示範者的攻擊行為是否受到的強化，不影響兒童模仿行為的獲得。班圖拉根據這個研究，認為應該把操作與習得區分開來，替代性強化可以阻礙新反應的操作，但並未阻礙新反應的習得。

　　這個研究以及隨後的許多重複研究具有一定的實踐意義。兒童平時對電視、電影、小說中的打鬥情境的觀察，雖然未能直接地、自發

地加以模仿，但並未阻止他們的學習，即使是對這些反社會行為給予懲罰，也不能阻止他們對這種行為的無意識學習。只要遇到與影片或小說中類似的情境，這些行為很可能在實際生活中再現。

觀察學習並不是機械地模仿或複製模式的行為。有兩種觀察學習：一種是直接的模仿和反模仿，即兒童受到模式的影響，即刻或以後在環境有利的條件下準確地複製模式行為。或者是兒童觀察到模式的行為與結果，作為一種教訓接受下來，以後指導自己不准做這類事，這是直接的反模仿。模仿或反模仿可以表現為只是與模式的某個特定行為相同，也可以表現為與模式的行為同屬一類的行為，換句話說，模仿或反模仿並不限於某個具體行為，也可以是同一類行為；另一種觀察學習是抑制和抑制解除。如兒童看了持械殺人的影片後，對弟妹表現得不那麼親密了，常常發脾氣，叫叫嚷嚷。這個兒童雖未有意地模仿電影裡的行為，但自然而然地恢復了以前習得的同類行為。在這種情況下，原先受到抑制的攻擊性行為已被解除抑制。同樣，一個兒童上學第一天看到老師處分在課堂上搗亂的同學，他也許以後不敢草率地完成作業或遲交上去。這兩種行為雖然表現不同卻屬於同一類，都違背了教師的命令。由此可見，第一個兒童的行為後果可以抑制第二個兒童產生同一類的行為。

觀察學習是一個複雜的過程，它不是單純地重演示範者的行為，而是在模式影響下，學習和回憶他所看到過的行為，經過對行為的抽象歸類，然後指導自己的行動。

班圖拉還指出，模式可以影響兒童和成人的自我強化。所謂自我強化，是指兒童已經建立了自己內部的行為準則，當兒童的行為符合這個準則時，就自己獎勵自己；違反了這個準則時，兒童就會自己懲罰自己。由於兒童形成了自我調節的模式就無須依靠外界的強化。讓一組兒童觀察一個模式，這個模式在得到高分時就會獎勵自己，在得到低分時就批評自己；另一組兒童觀察另一個模式，這個模式自我獎賞比較低；第三組兒童是不看任何模式的控制組，以後發現，看過模

式和自我獎賞的兩組兒童在遊戲時都能採用自我獎賞的形式。控制組兒童因從未見過模式的自我強化，因而對自我獎賞並無一定標準，自己什麼時候想獎賞自己就對自己強化一下。因此，學習理論者認為模式的行為可以影響兒童的自我評價和自我強化。

二、兒童的攻擊性行為

　　攻擊性行為是指對人與事物帶來有害結果的行為。根據班圖拉的社會學習理論，兒童攻擊性的行為是通過外部強化、替代性強化和觀察與模仿範型獲得的。

　　根據挫折─侵犯假說，攻擊性行為與四個因素有關：(1)受挫驅力的強弱；(2)受挫內驅力的範圍；(3)以前遭受挫折的頻率；(4)隨著侵犯反應可能遭受懲罰的程度。

　　道奇（Dodge）的社會訊息處理理論是八〇年代解釋攻擊性行為的新理論。他認為兒童受到挫折或挑釁後的反應不僅依賴於情境中的社會線索，還依賴於個體對這種訊息的處理或解釋。它要經過五個認知步驟：譯碼過程──解釋過程──尋求反應過程──決定反應過程──編碼過程。

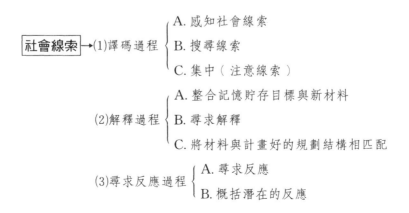

社會線索→(1)譯碼過程
　　A.感知社會線索
　　B.搜尋線索
　　C.集中（注意線索）

(2)解釋過程
　　A.整合記憶貯存目標與新材料
　　B.尋求解釋
　　C.將材料與計畫好的規劃結構相匹配

(3)尋求反應過程
　　A.尋求反應
　　B.概括潛在的反應

(4)決定反應過程 {
　A. 估計潛在反應的後果
　B. 評價潛在反應的恰當性
　C. 決定最佳反應

(5)編碼過程 {
　A. 搜尋全套反應
　B. 發出反應

　　按照訊息處理理論，攻擊性強的兒童與他們記憶中貯存的「同伴對我有敵意」的觀念有關。他們往往會把不明情況的傷害歸結為對方的敵意，於是他們的行為傾向於攻擊性。發出攻擊性行為又會激起別人的反擊，又強化了原有的同伴有敵意的觀念，選擇再攻擊的反應方式，從而形成惡性循環。

　　兒童的攻擊性行為很早就已經出現。據海伊和羅斯（Hay & Ross, 1982）的研究，二十至二十三個月的嬰兒在遊戲爭執中就已顯示操作性攻擊行為，不同年齡階段的兒童表現了不同的攻擊形式，不同性別的兒童攻擊數量和表現形式也不同。男孩攻擊性行為多於女孩。男孩的攻擊主要是身體形式，女孩主要是謾罵。

　　心理學家通過對兒童攻擊性行為產生原因的分析，提出了控制和減少攻擊行為的方法。如樹立正面的非攻擊性的榜樣，不接觸或少接觸具有攻擊性行為的範型；強化兒童的積極行為，不強化攻擊性行為或阻斷攻擊性行為；角色扮演和移情能力訓練等等。

三、兒童的親社會行為

　　親社會行為是西方心理學家用來表示對別人、對社會有利的社會行為。如幫助人、與人共享、合作、謙讓、利他主義等。

　　西方對親社會行為的研究還只是近十幾年的事。資本主義社會的經濟騷動和青少年犯罪率的不斷上升促使一些心理學家去注意那些於

社會有利的行為是怎樣形成的課題。社會學習論者在這個領域裡居領先地位。他們主張用呈現模式的方式來培養親社會行為。這一個較典型的實驗例子：讓七至十一歲的兒童觀看一個成人玩滾木球的遊戲，這個成人把贏得的一部分獎品捐贈出來作為窮苦兒童的基金；然後讓這些兒童單獨玩這類遊戲，結果他們把獎勵所得捐獻出來的數量遠遠超過沒有觀看過成人模式的控制組兒童。即使實驗後過了兩個月，這些實驗組的被試者與不同的實驗者在一起時仍然那麼慷慨，說明模式的影響是長期的（Rushton, J. P., 1975）。

由柯爾伯格創立的親社會行為的認知理論十分強調認知的影響，認為親社會行為發展要經歷以下三個階段：

(1)皮亞傑的前運算階段（七歲前）

兒童存在自我中心的特點，他們對親社會行為的考慮往往是與自我享樂聯繫起來，在為別人做好事時，也考慮是否會給自己帶來好處。

(2)皮亞傑的具體運算階段（七至十一、十二歲）

兒童能把別人合理的需要作為親社會行為的依據，移情和同情起到重要作用。

(3)皮亞傑的形式運算階段

青少年開始理解並尊重抽象的親社會行為規則，更多地考慮親社會行為接受者的利益，如果違背了親社會行為規則會感到內疚或自責。

此外，認知理論的研究還表明兒童的移情能力與親社會行為有一定的關係。

第三節　兒童道德情感的發展

　　我們判斷一個兒童道德品質的發展水平，不僅要看他對道德概念的理解、判斷，同時還要考察他的行為表現是否符合道德規範。從某種意義上來說，後者比前者更為重要，因為這是一個人道德認識的直接體現，是真實道德面貌的反映。

　　道德認知理論著重研究道德認識的發展，相對說來，忽視了道德感情與道德行為在整個道德發展中的地位和作用，故有人指責道德認知理論是一種「冰涼」的理論（E. E. Maccoby）。

　　道德情感是人的道德需要是否得到滿足所引起的一種內心體驗。它滲透在人的道德認識和道德行為之中，「沒有情感的道德就變成了乾枯的、蒼白的語句，這語句只能培養偽君子」（蘇霍姆林斯基）。

　　道德情感在道德品質中的重要地位雖然已受到心理學家的重視，但到目前為止，累積的資料仍較貧乏。西方在這方面的研究較多的是精神分析學派。前蘇聯在四〇年代和五〇年代對道德情感的研究也不夠重視，直到五〇年代末才開始引起重視。不少心理學文獻強調：如果不培養兒童的道德情感，道德教育就不能達到目的。六〇年代在前蘇聯出現了一些獨創性的研究成果，如雅科布松（Якобсон, Л. M.）的《關於學生道德情感與道德評價的實驗研究》（1960）、庫爾奇茲卡婭（Кульчиլкая, E. H.）《對學齡前兒童羞愧感的實驗研究》（1966）等。但是，由於前蘇聯的德育心理研究受活動理論過分強調環境和活動作用的影響，相對地忽視了個性的主觀積極性，貶低了情感的作用。

一、良心與道德的內化

　　弗洛伊德認為，兒童道德的發展與兒童早期跟父母感情的聯結有密切的關係。父母很早就向兒童提出了社會化的要求，可是兒童常因感受到這種外部的壓力而對父母產生不滿的情緒。此種不滿的情緒卻又會給兒童帶來新的情緒反應，那就是焦慮。兒童焦慮因為自己對父母的不滿而招來父母的懲罰，更為焦慮的是生怕失去父母對他們的愛。由此，他們不得不把對父母的不滿轉向自己，變成自我懲罰。

　　弗洛伊德也假設兒童道德發展的過程是一個逐步內化的過程。這個內化有其特定的含義，它不單是指兒童能負責監督自己的行為，執行行為規則，而且象徵性地與父母結合在一起。有一個與父母聲音一樣的輕輕的「良心」在對兒童說話，告訴兒童做正確的事，警告兒童不要做不好的事，申斥違法行為，讚揚正直的行為。照弗洛伊德的看法，「良心」的形成實際上首先是父母批評的體現，而後才是社會批評的體現（1914）。良心或超我代表了內化了的父母，它是相當嚴厲的、懲罰性的。良心的發展可以幫助兒童在父母不在跟前時，也能按照道德規範來行動，抵制外界的誘惑。因此，在精神分析學派看來，自居作用、自我懲罰、內疚是兒童道德發展的強大推動力。

二、移情作用

　　移情是指兒童在覺察他人情緒反應時所體驗到的與他人共有的情緒反應，是理解和共享其他人的感情的能力。幼小的兒童就有移情作用的表現，他們能夠感受到別人正在感受的東西。有個十八個月的孩子，看到另一個孩子跌倒哭了，他也跟著哭了起來，或者吮著自己的

拇指，看上去好像也很難過的樣子。它發生於頭一、二年間，這時的反應還不能真正反映兒童理解了別人的情緒狀態。

有人認為移情是人類的先天特徵，具有生存的價值。但也有人用經典條件反射的理論解釋這種反應的產生原因。一個周歲兒童，起碼已在各種場合哭了上百次，這種哭聲也反覆地跟兒童自己的苦惱或痛苦聯結在一起。通過這種簡單的結合，另一個兒童的哭聲就可能喚起兒童的痛苦或對先前痛苦的回憶。如果年幼兒童能想出一個使另一個兒童停止哭的辦法，他自己或許也會感覺好一些。兒童能夠推測別人的情緒意味著兒童能夠回憶起自己早先體驗過的情緒。

移情包括兩個認知成分和一個感情成分。認知成分：(1)辨認和稱呼別人的情感狀態；(2)採取別人的觀點。感情成分即是能引起相應的情緒。

有一個使用很廣泛的移情測定方法，是讓兒童觀看幾張有關處於情緒激起情景的故事幻燈片：

幻燈片 1　一個男孩和一條狗。男孩跑到哪裡，狗就跟
　　　　　到哪裡，有時狗會跑開去。
幻燈片 2　狗在跑開去。
幻燈片 3　男孩找不到狗。
問兒童：「你感到怎樣？」

從孩子的回答中可以了解他對幻燈片中男孩的情感和觀點，以及對男孩痛苦的情緒反應。

一歲或一歲以內的兒童就已經具有區分別人情緒的能力，對周圍人們高興、憤怒和其他情緒有不同反應。三歲兒童能區別高興和不高興的臉；四歲或五歲時能可靠地區分表示高興、恐懼、憤怒和悲傷的臉。

很小的孩子就能在活動中表現出採擇別人觀點的能力。如十五個

月的冬冬，在與小朋友平平玩時搶玩具。平平哭了，冬冬放了手，平平還是哭。冬冬不知道怎麼辦，把另一個玩具熊給了平平……。雖然孩子還不能用語言描述自己和別人的情緒與觀點，但從他的行動中可以看出冬冬知道平平不高興了，並試圖用玩具熊來安慰平平。

隨著兒童年齡的增長，移情能力也表現出個別差異。這與父母平時對孩子的教養方式有關。父母注重孩子觀察自己的行為對別人的影響，並含有使兒童採用他人觀點的說明，有助於兒童移情。

三、羞愧感

羞愧感與兒童個性發展的道德圈有密切聯繫，它是人的良心受到譴責時產生的心理狀態。

庫爾奇茲卡婭用實驗法研究了幼兒的羞愧感。她實驗設計了可以引起兒童羞愧感的情境，以了解產生羞愧感的條件（兒童對自己的哪些行為感到羞愧感，在哪些人面前感到羞愧）。

實驗有四種情境：

①把兒童領進房間，讓他玩一些玩具，並且告訴他其中有個玩具是別人的，不能動。當兒童按捺不住，打開了包著玩具的紙或裝著這個玩具的盒子時，就把他帶出房間，同時觀察他的情緒反應。

②組織兒童玩「請你猜」的遊戲，用小手絹蒙住被試者的眼睛，讓他去找一樣東西，找到就發給獎品。若為了找到東西而在手絹下偷看，就把這種行為告訴全體小朋友。

③讓被試者說出一首能從頭到尾背出來的歌謠的名字，然後讓他當著大家的面念這首歌謠。當他有什麼地方忘記或背錯時就羞辱他：「你不是說全背得出嗎？」觀察被試者的情緒反應。

④給小朋友布置任務，回家後用紙做餐巾，作為送給小朋友的禮物。為了激發他們的責任感，強調餐巾是急需的，不管誰都要做好。

第二天當眾檢查任務完成的情況，並注意觀察未完成任務的兒童情緒反應。

為了探索兒童在哪些人面前感到羞愧，以及到哪個年齡會受輿論影響，她還設計了「去學校」的遊戲情境，要求兒童正確地、富有表情地朗誦一首歌謠。參加者分別為本班教師、本班部分兒童、全班兒童、陌生教師、大班兒童。

實驗結果指出：

①兒童只有形成了個人自尊感，理解了自己的各種品質，首先是哪些優良品質，才能認識到自己的過失和錯誤，才能從道德角度對自己作出評價，才懂得哪些行為引起了成人不好的評價，並為之羞愧。

②三歲兒童已出現萌芽狀態的羞愧感，這種羞愧感還沒有從懼怕中「擺脫」出來，往往與難為情、膽怯交織在一起。它們並不是由於認識到自己的過失而產生的，而是由於成人直接刺激——帶有責備和生氣的口吻才產生。這個年齡兒童的羞愧感全部顯露在外部。

③學齡前期兒童已不需要成人的刺激，能自己認識到行為不對而感到羞愧。懼怕感已與羞愧感分開。

④小班和中班兒童只在成人面前才感到羞愧，大班兒童在同伴面前，特別是在本班同伴面前也會感到羞愧，表明集體輿論已越來越重要。

⑤隨著年齡的增長，兒童羞愧感的範圍在不斷擴大，而且越來越「社會化」，但羞愧感外部表現的範圍在縮小，對羞愧感的體驗再加深。兒童還會記住產生這種情緒的條件，以後遇到類似的情境便會努力克制可能使他再做錯事的行為和動機，將成人對他們的要求逐漸變為對自己的要求。

庫爾奇茲卡婭最後認為，兒童羞愧感的產生意味著兒童個性正在發生變化，當它成為個性中一種穩定的形成物時，就會改變個性的結構。

弗洛伊德研究良心和焦慮，庫爾奇茲卡婭研究羞愧感，雖然這些

概念的內涵並不完全一致，對它們的產生和解釋也不相同，但是從他們的研究中都可以看到，道德情感的發展是一個從外部控制向內部控制轉移的、不斷內化的過程，有了這種良心或羞愧感，就有可能使兒童自覺地克制不良行為。但要注意，極度強烈的羞愧感會束縛兒童的發展。

第四節　兒童的自我控制

自我控制是指個體在無人監督的情況下，從事指向目標的單獨活動或集體活動。自我控制既是個體社會化的重要內容，也是個體實現社會化的重要工具。兒童要避免社會道德不允許的行為，要完成社會賦予的任務，就必須學會自我控制。

一、自我控制的測量

測量兒童自我控制水平的方法有好幾種，如注意力集中與分散的測驗，圖形配對測驗（見〈感知覺發展〉一章）、迷津測驗、抵制誘惑和延緩滿足測驗等。

延緩滿足，即為了得到以後更有價值的東西，願意延緩立即能得到的獎勵。這個測驗是心理學家常用的工具。例如，讓兒童在兩者之間作一種選擇：一種是立即可以得到的，但不太具吸引力的東西；另一種是須延緩一段時間才能得到的更具吸引力的東西。測驗者認為選擇立即要得到東西的兒童為缺乏自我控制力的兒童。

研究表明，一般有自我控制力的兒童和能延緩滿足的兒童，相對地比較成熟，即使在無人監督的情況下，仍有責任感，有較高的成就

動機，更能遵守規則。

二、自我控制訓練

　　自我控制的水平可以通過訓練來提高。這裡介紹提高自我控制水平的幾種訓練方法。

1. 有意轉移注意力

　　延緩滿足是測定兒童自我控制的一種手段。缺乏自控力的兒童不能等待一段時間以得到更想得到的東西。為了能延緩滿足，讓孩子學會不去想渴望得到的東西的特徵，或把這些東西誘人的地方想像為不能食不能用的東西是有效的方法。如將噴香的奶酪想像為是棉花、雲彩。

2. 自我暗示

　　例如，兒童從事一段枯燥乏味的抄寫任務後可以得到一樣可愛的玩具，工作時會有「小丑」玩具來打擾他們。實驗者事先告訴兒童不能看小丑先生。實驗者教一組兒童在工作時不斷提醒自己「我要工作，我不要看小丑先生」；另一組兒童未授予此法，結果前一組兒童完成工作的情況遠比後一組兒童好。這說明自我暗示能提高自我控制水平。

3. 自我監督

　　有的兒童上課喜歡做小動作，回家做作業時也經常做些與做作業無關的事。家長或教師可以教兒童自己監督自己的行為。若兒童出現了離開任務的行為，讓他們立即將這行為記錄下來，並作為重新回到學習中去的提示。兒童可以根據自己的分心情況計算每次完成任務時

分心的次數，並逐漸提高要求，直至最後做到集中注意，一次也不分心。

4. 積極鼓勵

實驗者準備讓兒童做一個玩糖果的遊戲，遊戲機每隔一分鐘發一顆糖，累積的糖全歸兒童所有，但是他不能去拿。拿一顆糖，機器就自動停止發糖。實驗前實驗人員與兒童聊天，對其中一半兒童加以肯定：「我聽說你們這些孩子平時很有耐心，為了得到一樣好東西願意等待。」而對另一組兒童只是談些無關的事情。結果顯示，被認為有耐心等待的兒童比沒有受到這種表揚的兒童延緩時間長得多（Toner, Moore 等，1980）。這說明積極鼓勵能提高兒童自我控制的水平。

5. 榜　樣

觀察一個延緩滿足的榜樣也能改善兒童自我控制。讓兒童經常觀察可立即得到小的獎勵，而不願等待大的獎勵的兒童，這個兒童也會變得不願等待；若榜樣是個不為小刺激所動，通常選擇延緩後得到更豐富獎勵的兒童，觀察的兒童也會學會耐心等待。

6. 對工作難度的準備性

先用測驗來確定兒童願意選擇做難的工作的基本水平。兒童可以選擇或者是從事一件較難的事情，一分鐘得到三塊錢；或者是從事一件容易的事一分鐘得兩塊錢。選擇可以重複幾次。接下來是將兒童隨機分成三組。一組兒童訓練較難的工作，另一組兒童做較容易的工作，但獎勵是一樣的，第三組兒童未作接受努力的訓練。經訓練一段時間後，重測其基準水平。結果發現，經過努力訓練做較難的工作一組的兒童選擇較難工作的比例高於低努力組的兒童，說明高努力獎勵的訓練有利於提高兒童選擇高目標和高成就的獎勵。

此外，也有一些研究指出，兒童對班級環境的感受也會影響其自

我控制，這既說明了集體環境對兒童自我控制培養具有重要作用，也反映個體認知環境對自我控制的重要性。

三、自我控制度

自我控制有一個適宜度。兒童自我控制過低，常常表現為很容易分心，情緒表現有很多的自發性，無法延緩滿足，易衝動，在人際交往中喜歡攻擊人。

自我控制並非越強越好。過度自我控制的兒童表現為有很強的抑制性和一致性（與成人的要求保持同一），沒有主見，不分心。過度延緩滿足的兒童，對新環境缺乏探究興趣，情緒表達很少，興趣狹隘、刻板，不願直接表達應該表達的需要。這類兒童平時很少在班級、家裡惹麻煩，很容易被成人忽視。這樣的兒童容易焦慮、抑鬱、不合群。

自我控制最適宜的兒童可稱為彈性兒童。他們的特點是「管得住，放得開」，能隨環境的變化改變自己的控制程度。在需要控制自己的時候能牢牢地管住自己，在不需要控制時，則能放鬆自己。這就是平時我們所謂的會學習，也會玩的兒童。他們有很強的靈活性。

參考書目

一、中文部分

1.王耘、葉忠根等：《小學生心理學》，浙江教育出版社，一九九三年版。

2.申繼亮、李虹等：《當代兒童青少年心理學的進展》，浙江教育出版社，一九九三年版。

3.J・皮亞傑著：《兒童的道德判斷》，山東教育出版社，一九八四年版。

4.朱智賢著：《兒童心理學》（下冊）第九章，人民教育出版社，一九八一年版。

5.R・M・利伯特等著：《發展心理學》第七、十一章，人民教育出版社，一九八三年版。

6.威廉・C・格萊因：《兒童心理發展的理論》第六、十三章，湖南教育出版社，一九八三年版。

7.高月梅、張泓：《幼兒心理學》，浙江教育出版社，一九九三年版。

8.陳會昌編譯：《蘇聯德育心理研究》，山西省教育科學研究所，一九八二年版。

9.遼寧等四省小學教師進修中師教材協編組：《兒童教育心理學》第三章，湖南教育出版社，一九八三年版。

10.龐麗娟、李輝：《嬰兒心理學》，浙江教育出版社，一九九三年版。

二、英文部分

1. E. E. Maccoby: *Social Development,* Ch.8、9, 1980.
2. E. M. Hetheringtong: *Child Psychology – A Conemporary View-poing,* Ch.16, 1979.

國家圖書館出版品預行編目資料

兒童發展心理學／劉金花主編. -- 三版.
-- 臺北市：五南圖書出版股份有限公司，
2022.10
　　面；　公分
ISBN 978-626-343-107-2（平裝）

1.CST: 兒童心理學　2.CST: 發展心理學

173.1　　　　　　　　　111011463

1BF7

兒童發展心理學

主　　編 ― 劉金花

校　　訂 ― 林進材

發 行 人 ― 楊榮川

總 經 理 ― 楊士清

總 編 輯 ― 楊秀麗

副總編輯 ― 王俐文

責任編輯 ― 金明芬

封面設計 ― 王麗娟

出 版 者 ― 五南圖書出版股份有限公司

地　　址：106臺北市大安區和平東路二段339號4樓

電　　話：(02)2705-5066　　傳　　真：(02)2706-6100

網　　址：https://www.wunan.com.tw

電子郵件：wunan@wunan.com.tw

劃撥帳號：01068953

戶　　名：五南圖書出版股份有限公司

法律顧問：林勝安律師

出版日期：1999年12月初版一刷
　　　　　2019年 8 月二版一刷
　　　　　2022年10月三版一刷
　　　　　2024年 5 月三版三刷

定　　價：新臺幣550元

經典永恆・名著常在

五十週年的獻禮 —— 經典名著文庫

五南，五十年了，半個世紀，人生旅程的一大半，走過來了。

思索著，邁向百年的未來歷程，能為知識界、文化學術界作些什麼？

在速食文化的生態下，有什麼值得讓人雋永品味的？

歷代經典・當今名著，經過時間的洗禮，千錘百鍊，流傳至今，光芒耀人；

不僅使我們能領悟前人的智慧，同時也增深加廣我們思考的深度與視野。

我們決心投入巨資，有計畫的系統梳選，成立「經典名著文庫」，

希望收入古今中外思想性的、充滿睿智與獨見的經典、名著。

這是一項理想性的、永續性的巨大出版工程。

不在意讀者的眾寡，只考慮它的學術價值，力求完整展現先哲思想的軌跡；

為知識界開啟一片智慧之窗，營造一座百花綻放的世界文明公園，

任君遨遊、取菁吸蜜、嘉惠學子！